Falafel, Hummus und Döner, Couscous, Dolma und Marzipan – die Köstlichkeiten des Orients haben längst auf unserem Speiseplan Einzug gehalten, und einstmals kaum erschwingliche Gewürze wie Nelken, Kardamom, Safran und Zimt gehören heute in jede besser sortierte Küche. Aber was wissen wir über die orientalischen Küchen?

Der famose Kenner Peter Heine erklärt, warum Muslime kein Schweinefleisch essen, einem Glas Rotwein aber oft nicht abgeneigt sind. Er schildert, was in den Tausendundeinen Kochtöpfen der Omayyaden, Abbasiden, Osmanen, Safawiden und Moghuln zubereitet wurde und warum Almosen zum guten Benehmen bei Tisch gehörten. Er erzählt von den großen Köchinnen und Köchen, von der Verbreitung von Gemüsen und Früchten in der orientalischen Welt und ihrer Reise nach Europa und davon, welch enormen Wirtschaftsfaktor die Herstellung von Halāl-Produkten heute darstellt.

Und weil Heine auch ein leidenschaftlicher Esser ist, wird diese einzigartige Kulturgeschichte garniert mit über hundert Rezepten: alltagstauglichen der modernen Küche, klassischen etwa der Moghul-Köche und solchen, die uns die kulinarischen Genüsse des Paradieses verheißen.

Peter Heine

KÖSTLICHER ORIENT

Eine Geschichte
der Esskultur

Verlag Klaus Wagenbach   Berlin

Einleitung

Der Schweizer Adam Mez war wohl der erste Orientalist, der sich intensiver mit Fragen von Essen und Trinken in islamischen Gesellschaften auseinandersetzte. Dazu konnte er nur literarische oder historische Quellen verwenden. Auf diese Weise entstand ein etwas schiefes Bild von der mittelalterlichen orientalischen, vor allem der arabischen Küche. Ein erstes mittelalterliches arabisches Kochbuch, das erst 1934 von dem irakischen Gelehrten Daoud Chelebi ediert wurde, übersetzte der britische Orientalist Arthur John Arberry 1939 ins Englische. Einen großen Sprung vorwärts in der Erforschung der kulinarischen Geschichte der islamischen Welt bedeutete die Dissertation von Maxime Rodinson (1915 – 2004) mit dem Titel: ›Recherches sur les documents arabes relatifs à la cuisine‹ aus dem Jahr 1949. Es ist die erste Darstellung der mittelalterlichen arabisch-islamischen Küche auf der Grundlage eines Kochbuchs. Rodinson, der von der französischen ›Annales-Schule‹ beeinflusst war, behielt vor allem auch die gesellschaftliche und politische Bedeutung der Kochkunst in seinen Forschungen im Auge, und er befasste sich mit dem Einfluss der arabischen auf die europäische Küche. Es folgten Untersuchungen von arabisch-andalusischen Kochbüchern sowie zu muslimischen Küchen zwischen Marokko und Indonesien, die unser Wissen über Essen und Trinken in muslimischen Gesellschaften deutlich erweitert haben.

Der Boom bei der Veröffentlichung von Kochbüchern in den vergangenen zwei Jahrzehnten ist auch an den orientalischen Küchen nicht vorbeigegangen. Die wichtigste Kochbuchautorin in diesem Feld ist angesichts ihres weiten Überblicks über die nahöstlichen Küchen und ihre Traditionen wohl Claudia Roden (geboren 1936), die seit Ende der 1960er Jahre auch in deutscher Übersetzung Rezeptsammlungen im Zusammenhang mit kulturgeschichtlichen Erläuterungen, Anekdoten und autobiographischen Bemerkungen veröffentlicht. Die

Mehrzahl der orientalischen Kochbücher zu einzelnen Ländern widmet sich der Küche Marokkos. Die älteste Autorin solcher Bücher ist Zette Guinaudeau-Franc. Ein erstes deutschsprachiges Buch über »Die Kultur der marokkanischen Küche« von 1987 als Übersetzung aus dem Französischen stammte von Robert Carrier. Weitere Hinweise über Kochbücher und Werke zur Kulturgeschichte von Essen und Trinken finden sich im Anhang und in der Bibliographie.

Kein Schwein und kein Wein

»O, ihr, die ihr glaubt, esst von den köstlichen Dingen, die Wir euch bereitet haben, und danket Gott, so Ihr ihm dient«, sagt der Koran, das heilige Buch der Muslime, in Sure 2,172. Der Islam sieht im Gegensatz zu anderen Religionen Essen und Trinken also nicht nur als etwas Lebensnotwendiges an, sondern auch und vor allem als einen Beweis für die Vollkommenheit der göttlichen Schöpfung. Daher ermuntert der Koran die Menschen, sich des Essens und Trinkens zu erfreuen. Der Prophet Muhammad, der nach muslimischer Überzeugung die tiefste Kenntnis des Korans hatte, nennt das »unerschaffene Wort Gottes« ein Gastmahl (ma'duba), zu dem jeder eingeladen sei. Er biete, so hat er weiter ausgeführt, für jeden, der in ihm liest, die unterschiedlichsten Speisen, pikant, süß oder sauer. Auf der anderen Seite ermahnt der Koran die Gläubigen, sich nicht der Völlerei hinzugeben: »Esst und trinkt, aber seid nicht maßlos. Er [Gott] liebt die Maßlosen nicht« (Sure 7,31).

Selbstverständlich kommt auch der Islam nicht ohne Gebote und Verbote aus. Im Vergleich mit den jüdischen Speiseregeln sind diese aber recht einfach. Es gibt im Islam Regeln für das Speisen und das Fasten. Vor dem Essen soll man sich die Hände waschen und vor dem ersten Bissen den Namen Gottes anrufen. Ebenso wichtig ist es, nur mit der rechten Hand zu essen. Was das Fasten angeht, so gibt es Tage und Perioden, an denen man sich der Speisen und Getränke ganz enthalten muss, andere, an denen das Fasten erlaubt ist, und schließlich solche, an denen das Fasten verboten ist. An den Festtagen des Opferfestes und des Festes zum Ende des Fastenmonats Ramadan darf man nicht fasten, wie auch am Freitag einer jeden Woche, von denen im Ramadan abgesehen. Speisetabus hingegen beziehen sich fast ausschließlich auf den Konsum von Schweinefleisch und alkoholischen Getränken. Schweinefleisch in jeder Form ist für den gläubigen Muslim harām, also absolut untersagt. So heißt es zum Beispiel in Sure 2,173: »Verboten hat Er euch nur Verendetes, Blut, Schweinefleisch und das, worüber ein anderer als Gott angerufen worden ist ...«

Warum kein Schweinefleisch?

Muslimische Exegeten und Kommentatoren des Korans wie auch jüdische Gelehrte, die sich zu dem vergleichbaren Verbot im Alten Testament (Levitikus 11,7) geäußert haben, und schließlich westliche Kulturwissenschaftler haben sich zahlreiche Gedanken darüber gemacht, warum es zu dem Verbot von Schweinefleisch gekommen ist. Häufig werden dabei medizinische Argumente vorgetragen. Trichinen im Schweinefleisch könnten schwere Erkrankungen hervorrufen. Als diese Krankheitserreger im 19. Jahrhundert entdeckt wurden, sahen jüdische, christliche und muslimische Theologen darin den Beleg für die Weisheit und Wahrheit ihrer Heiligen Bücher. Die eigentliche Ursache für das Verbot muss aber eher im theologischen Denken gesucht werden. Schweine waren im Nahen Osten Opfertiere zu Ehren antiker heidnischer Göttinnen und Götter. Das Verbot des Konsums von Schweinefleisch sollte Juden und Muslime von den Verehrern altorientalischer und antiker Gottheiten auch in der Alltagspraxis unterscheiden.

Muslime empfinden gegenüber Schweinefleisch eine heftige Abneigung, ja Ekel. Auch wenn sie sich von ihrer Religion innerlich weit entfernt haben, lehnen sie den Verzehr von Schweinefleisch ab. Es kann geschehen, dass ein arabischer Kommunist muslimischer Herkunft, der einem Glas Whisky nicht abgeneigt ist, eine ägyptisch-muslimische Kollegin für den Verzehr von Schinken kritisiert. Auch Tataren haben oft kein Problem damit, Alkohol zu trinken. Sie essen aber nur ganz selten Schweinefleisch. Trotz der langen Zeit der anti-religiösen Propaganda der Sowjetunion hat sich ihre Abneigung gegenüber Schweinefleisch gehalten.

Das Tabu bezieht sich übrigens nicht nur auf den Verzehr von Schweinefleisch, sondern auch auf den Gebrauch von Schweineleder und

Schweineborsten. Muslime meiden auch Gelatine, selbst bei der Medikamentenherstellung. Immerhin gestatten heutige muslimische Rechtsgelehrte Muslimen, als Kellner in Restaurants zu arbeiten, in denen Gerichte mit Schweinefleisch angeboten werden. Sie raten ihnen aber, diese Jobs nur dann anzunehmen, wenn kein anderer Arbeitsplatz zur Verfügung steht.

Nach den als *Hadīth* tradierten Aussprüchen und Handlungen des Propheten, die ebenfalls zu den autoritativen Texten des Islams zählen, sollen sich Muslime außerdem des Verzehrs von Raubtieren oder Raubvögeln enthalten. Überhaupt sollen sie alle Nahrungsmittel meiden, die als eklig empfunden werden. Das rührt daher, dass im Allgemeinen alles, was als unangenehm empfunden wird, als unrein gilt. Durch den Kontakt mit Unreinem wird der Mensch selbst unrein. In der Konsequenz sind dann alle seine religiösen Handlungen, wie die Erfüllung der rituellen Glaubenspflichten, ungültig und müssten im Zustand der rituellen Reinheit wiederholt werden.

Rituelles Schlachten

Wenn der Koran in der oben zitierten Sure 2,173 von Verendetem spricht, meint er damit Fleisch von Säugetieren oder Vögeln, die nicht rituell geschlachtet sind. Bei Fischen und anderen Wassertieren greift diese Regel also nicht. Für die rituelle Schlachtung gibt es spezielle Vorschriften. Das Tier muss möglichst in Richtung Mekka gewendet werden. Dann muss die Formel »Im Namen Gottes« *(bi-smi-llah)* ausgesprochen werden, bevor das Tier geschächtet wird, indem man die Halsschlagader durchtrennt, und ausblutet. Diese Praxis wird nicht nur für die rituellen Schlachtungen am Opferfest (arabisch: *ʿīd al-adhā*), dem höchsten muslimischen Feiertag, angewandt, sondern auch sonst. In traditionellen muslimischen Gesellschaften, in denen die Schlachter und Metzger mit dieser Praxis vertraut sind, fühlen sich Muslime sicher, rituell reines *(halāl)* Fleisch zu erhalten. Angesichts der weltweit wachsenden Nahrungsmittelindustrie und der internationalen Verbreitung ihrer Produkte entstand schon in der 1970er Jahren unter muslimischen Rechtsgelehrten eine Debatte darüber, ob zum Beispiel Tiefkühlhähnchen aus Spanien oder Dänemark als *halāl* angesehen werden dürften. Die Mehrheit der Gelehrten bezog sich in ihren Gutachten auf einen Ausspruch des Propheten Muhammad, der seinen Anhängern erlaubt hatte, die Einladung zum Essen bei Juden oder Christen anzunehmen. Denn man durfte unterstellen, dass über den Tieren bei der Schlachtung nicht der Name eines heidnischen Gottes angerufen wurde. Vielmehr bestand die Möglichkeit, dass der Name des gemeinsamen monotheistischen Gottes genannt worden war. Die Gelehrten legten sich jedoch in dieser Debatte eindeutig darauf fest, dass Fleisch aus Ländern mit kommunistischem Regime nicht konsumiert werden durfte, weil Atheisten Gott sicherlich nicht angerufen hätten. Große internationale Fleischproduktionsfirmen lassen heute durch entsprechende Zertifikate von muslimischen Autoritäten die rituelle Reinheit ihrer Produkte dokumentieren. In Hühnerschlachtereien, auch in Europa, die von muslimischen Besitzern betrieben werden, sind bei der automatisierten Schlachtung des Geflügels muslimische Geistliche anwesend, die ständig die Formel »Im Namen Gottes« rezitieren; angesichts des maschinellen Vorgangs, des Tempos und des Lärms vermittelt dieses Ritual dem nicht-muslimischen Beobachter einen befremdlichen Eindruck.

In einigen europäischen Ländern wie Dänemark, Island, Norwegen, Polen oder der Schweiz gibt es Tierschutzregelungen, die das Schächten von Tieren selbst zu ausschließlich rituellen Zwecken nicht gestatten. Fleisch aus ritueller Schlachtung muss daher importiert werden. Wichtigster Produzent ist Frankreich. Muslimische Fleischproduzenten in Deutschland haben sich seit vielen Jahren bemüht, Genehmigungen für rituelle Schlachtungen zu erhalten. Sie waren mit ihren Eingaben unterschiedlich erfolgreich. Man gewinnt heute aus den zahlreichen Debatten in den Internetforen den Eindruck, dass rituelle Schlachtungen in verschiedenen deutschen Schlachthöfen durchgeführt werden, wenn für eine Elektrobetäubung der Tiere gesorgt ist. Tierschützer organisieren gegen diese Praxis immer noch Proteste.

Wenn Muslime gezwungen sind, bei Nicht-Muslimen zu essen, befürchten sie trotz gegenteiliger Versicherungen häufig, dass das ihnen angebotene Fleisch nicht den rituellen Bedingungen des Islams entspricht. Sie weichen dann gerne auf Fisch oder auf ein vegetarisches Gericht aus. Die Skepsis gegenüber Fleisch von fremden Metzgern lässt sich auch zwischen den verschiedenen muslimischen Konfessionen feststellen: In den 1980er Jahren hatte das Regime von Saddam Hussein ägyptische Bauern unter attraktiven Bedingungen zur Umsiedlung in den Irak eingeladen. In dem Siedlungsgebiet, das im schiitischen Teil des Landes lag, wollte man auf diese Weise wohl die oppositionelle schiitische Bevölkerung schwächen. In einer Studie einer arabischen Soziologin lobten alle ägyptischen Befragten das gute Verhältnis zu ihren schiitischen Nachbarn. Ob aus politischem Opportunismus oder Überzeugung, mag dahingestellt bleiben. Auf die Frage allerdings, ob sie ihr Fleisch bei einem schiitischen Metzger kaufen würden, kam die Antwort: »O nein, wer weiß, was die mit dem Fleisch machen.«

Das Alkoholverbot

Während Schweinefleisch seit dem Beginn der islamischen Religionsgeschichte eindeutig verboten war, stellt sich der Sachverhalt bei Alkohol (von dem arabischen Wort al-kohl) komplizierter dar. In den frühen Offenbarungen wird Wein aus Weintrauben als etwas Positives betrachtet. Der Koran sagt in Sure 16, 67:

»Und Wir geben euch von den Früchten der Palmen und der Weinstöcke, woraus ihr euch ein Rauschgetränk und einen schönen Lebensunterhalt nehmt. Darin ist ein Zeichen für Leute, die verständig sind.«

Noch werden die Früchte und die aus ihnen hergestellten alkoholischen Getränke als Zeichen für die Güte Gottes beschrieben. In der später offenbarten Sure 4, 43 liest man dann bereits die Aufforderung: »O ihr, die ihr glaubt, kommt nicht zum Gebet, während ihr betrunken seid, bis ihr wisst, was ihr sagt.« Und in Sure 5, 90 f. wird schließlich ein Meidegebot entwickelt:

»O ihr, die ihr glaubt, der Wein, das Glückspiel, die Opfersteine und die Lospfeile sind ein Greuel von Satans Werk. Meidet es, auf dass es euch wohl ergehe. Der Satan will ja durch Wein und Glücksspiel Feindschaft und Hass zwischen euch erregen und euch vom Gedenken Gottes und vom Gebet abbringen. Werdet ihr wohl nun aufhören?«

Die Ablehnung von Alkohol hat sich zunächst aber nicht so strikt durchgesetzt wie das Verbot von Schweinefleisch. Wein wurde also zu Beginn nicht als *harām* verstanden, von muslimischen Gelehrten jedoch als »widerwärtig« *(makrūh)* bewertet. Verkompliziert wurde die Beurteilung dadurch, dass in den Paradiesbeschreibungen von Wein gesprochen wird. In Sure 56, 18–19 ist von ist von »Humpen und Krügen und einem Becher aus einem Quell« die Rede, »von dem sie weder Kopfweh bekommen noch sich berauschen«.

Wie bei zahlreichen anderen Äußerungen des Korans haben sich auch in dieser Frage in den vergangenen 14 Jahrhunderten muslimische Kommentatoren daran versucht, zu einem eindeutigen Urteil zu kommen. Manche haben sich dabei sogar um eine Rechtfertigung des Weins bemüht. Sie gingen zunächst strikt philologisch vor und stellten fest, dass das Wort für Wein im Koran auf Arabisch *khamr* lautet, also »Wein aus Weintrauben«. Man kann jedoch bekanntlich auch Wein aus anderen Früchten herstellen. Verbreitet war zum Beispiel Wein aus Datteln. Dieser Wein heißt *nabīdh*, also nicht *khamr*. Da der Koran den *khamr*, nicht aber den *nabīdh* kritisch sieht, wurde der Dattelwein für erlaubt erklärt. Da das Arabische mehr als 150 verschiedene Bezeichnungen für Wein kennt, ist die Spannbreite für die Ethik des Weinkonsums doch recht beträchtlich. Die mittelalterliche arabische Literatur hat dies in einer Vielzahl von Anekdoten persifliert: Da bietet man einem frommen Gelehrten einen *nabīdh* an, den er gerne trinkt, dann einen Wein mit dem Namen *kumait* (einen Rotwein), den er ebenfalls trinkt. Schließlich, als er genug konsumiert hat oder man ihm nichts mehr ausschenken will, bringt man *khamr*, den er entrüstet von sich weist.

Eine originelle Argumentation stammt von dem Gelehrten al-Jubbā'ī (gestorben um 915). Er hielt den Wein aus Datteln für erlaubt. Er meinte, dass Gott Dinge in dieser Welt erschaffen und erlaubt habe, die so ähnlich seien wie die, an denen sich die Seligen im Paradies erfreuen könnten. Auf diese Weise würden sich die Menschen durch ein gottgefälliges Leben bemühen, das Paradies zu erlangen. Das gelte dann auch für *nabīdh*, der im Vergleich zu *khamr* als qualitativ minderwertiger angesehen wurde. Eine andere Argumentation geht nicht auf philologische Aspekte ein. Vielmehr heißt es, dass der Koran nur den Rausch verbiete, nicht aber das alkoholische Getränk an sich. Ein mäßiger Genuss sei also immer möglich. Angesichts dieser zahlreichen Unsicherheiten hielten sich Muslime aus allen Schichten der Gesellschaft bis in das 14. Jahrhundert nur begrenzt an das Alkoholverbot. Hinzu kam, dass die zahlenmäßig großen Minderheiten der Juden und Christen unter muslimischer Herrschaft nicht nur aus rituellen Gründen alkoholische Getränke produzieren und konsumieren durften. Der christliche Wirt und seine Kneipe wurden zu einem häufigen Motiv in der reichen Weindichtung in arabischer, persischer oder türkischer Sprache. Und schließlich gab es auch Muslime, die sich überhaupt nicht an das Alkoholverbot halten und ganz offen ihrer Liebe zum Wein frönen wollten. So singt der Dichter Abū Nuwās (gestorben 815):

Auf, schenk mir Wein ein.
Und sagt dazu: 's ist wirklich Wein.
Und gib ihn mir nicht insgeheim.
Wenn Offenheit sollt' möglich sein.

Der persische Dichter, Astronom und Mathematiker Omar Khayyām (gestorben 1131) greift die Verfechter des Alkoholverbots sogar an, wenn er sich in einen fiktiven Dialog mit dem Propheten Muhammad begibt:

Zu dem Propheten sollt ihr gehen und sagen:
Es lässt Khayyām dich grüßen und dich fragen:
Wie kommt's, dass saure Milch du mir erlaubst
Und dass ich süßem Weine soll entsagen?

Auf diese Fragen lässt der Dichter den Propheten antworten:

Geht zu Khayyām und lasst ihm sagen:
Ein Tor nur kann so unvernünftig fragen.
Den Weisen trifft ja nicht mein Weinverbot.
Allein dem Toren muss ich ihn versagen.
(Übersetzung von Friedrich Rosen)

Der syrische Theologe Ibn Taimīya (gestorben 1328) stellte sich in verschiedenen Rechtsgutachten (*fatwa*) den unterschiedlichen Argumentationen für eine liberalere Haltung zum Alkoholkonsum entgegen und kommt zu dem Satz: »Wovon viel betrunken macht, davon ist auch wenig verboten.« Diese rigide Einschätzung setzte sich in der Folge mehr und mehr durch.

Mit der Übernahme westlicher Konsumgewohnheiten vom späten 19. bis in die Mitte des 20. Jahrhunderts wurde in den Mittel- und Oberschichten muslimischer Gesellschaften wieder vermehrt Alkohol konsumiert, nun aber vor allem hochprozentige europäische Getränke wie Whisky und Cognac. Das geschah entweder im privaten Lebensumfeld oder in internationalen Bars und Hotelrestaurants. Daneben wurde auch der einheimische Anis-Schnaps (Arrak oder Raki) getrunken, der mit Wasser vermischt eine weiße, milchige Färbung annimmt, weshalb die Syrer den Arrak auch *halīb al-asad* (Löwenmilch) nennen.

Seit der Re-Islamisierung, die in den späten 1960er Jahren einsetzte, wurde die Frage des Alkoholkonsums mit wachsender Schärfe in politischen Auseinandersetzungen instrumentalisiert. Vertreter islamistischer Parteien warfen den Herrschenden vor, den Islam nicht ernst zu nehmen. Das merke man daran, dass auf staatlichen Fluglinien alkoholische Getränke ausgeteilt würden oder dass man sie in staatlichen Geschäften kaufen könne. Viele Regime verschärften angesichts dieser Kritik aus politischen Gründen ihre Haltung gegenüber allen Arten von Alkoholika. Eine vollständige Prohibition führten sie in der Regel nicht ein. Nur in wenigen Staaten, zum Beispiel in Saudi-Arabien oder in Iran, besteht ein allgemeines und striktes Alkoholverbot. In anderen muslimischen Ländern sind vor allem Personen aus dem Westen nicht davon betroffen. Der weltweit größte Produzent von Rotweinen ist Algerien. Diese Weine werden exportiert, um mit höherwertigen Weinen der jeweiligen Anbauregionen verschnitten zu werden. Gegen diese Praxis erheben die Religionsgelehrten kaum Einwände.

Blut

Während sich muslimische Gelehrte über die Speiseregeln zu Schweinefleisch oder Alkohol bis heute immer wieder Gedanken machen, haben sie zum Verbot des Konsums von Blut weit seltener Überlegungen angestellt. Auch für Muslime ist Blut »ein besonderer Saft«. Einerseits heißt es, dass der Konsum von Blut durch Übertragung von Erregern zu Krankheiten führen kann. Aber diese Erklärung ist eine Nachrationalisierung. In vielen Kulturen wird Blut als der Sitz des Lebens betrachtet, auch im Islam. Bei der Schächtung von Tieren wird es nicht aufgefangen, sondern tropft auf den Boden. Während das Fleisch des Opfertiers von den Gläubigen konsumiert oder an Bedürftige verteilt wird, ist das eigentliche Opfer also das Blut. Es gehört Gott allein. Darum ist es *harām*. Der Begriff zeigt hier seine Doppeldeutigkeit. Das Blut ist heilig, und weil es heilig ist, ist es auch verboten. (Gegen Bluttransfusionen erhebt die Mehrheit der muslimischen Gelehrten übrigens keine Einwände.) Blut ist natürlich als Zutat für jede Art von Speisen undenkbar, das geht so weit, dass selbst roter Fleischsaft fromme Muslime mit Abscheu erfüllt. So mancher Koch bei offiziellen Besuchen orientalischer Potentaten in westlichen Hauptstädten, der mit Rücksicht auf die Gäste Lammfilets zubereitet hatte, musste schon bitter zur Kenntnis nehmen, dass den Fremden das Fleisch eher zugesagt hätte, wenn es durchgebraten serviert worden wäre.

Noch mehr Regeln

Neben diesen strikten Nahrungstabus gibt es noch eine Reihe von weiteren Regeln. Dazu gehört, wie schon angemerkt, dass Muslime nicht das Fleisch von Raubtieren oder Raubvögeln verzehren sollten. Es gibt Debatten darüber, ob Fische wie Aal oder Stör und vor allem der Kaviar erlaubt sind. Der Prophet Muhammad weist seine Gläubigen an, mit dem Konsum von Zwiebeln und Knoblauch vorsichtig zu sein. Er forderte sie auf, vor dem Besuch der Mosche auf beides in ungekochter Form zu verzichten. Gleiches sagte er über Porree. Wörtlich wird von ihm überliefert: »Der, der Zwiebeln, Knoblauch oder Porree isst, sollte nicht in die Nähe unserer Moschee kommen. Denn die Engel werden davon in gleicher Weise gestört wie die menschlichen Wesen.«

Schließlich muss noch auf ein Verbot hingewiesen werden, das auf den ersten Blick nichts in einem kulinarischen Zusammenhang zu suchen hat. Die Verwendung von Gold und Silber ist zumindest für Männer untersagt. Das gilt für Kleiderstoffe wie Brokat und Schmuck aller Art, aber eben auch für Geschirr. So überliefert einer der Gefährten Muhammads: »Der Prophet verbot uns, aus Gefäßen aus Gold und Silber zu trinken und daraus zu essen und uns Seide und Brokat anzuziehen und uns darin hinzusetzen.« Dies führte dann zu einer speziellen Goldschmiedetechnik, durch die dem Gebot Muhammads zwar Genüge getan wurde, die zugleich aber immer noch die Möglichkeit bot, wirtschaftliche Potenz und erlesenen Geschmack gegenüber der Öffentlichkeit zu zeigen. Diese Technik wird als Tauschierung bezeichnet. Dabei wird in ein Produkt aus weniger wertvollem Metall zunächst eine tiefe Rille eingeritzt. In diese Rille wird dann ein Silber- oder Golddraht eingehämmert. Das genügte, um das Edelmetallverbot des Propheten zu umgehen und auf den Wohlstand der Besitzer des Geschirrs, aber auch auf ihr Wissen um Eleganz und ästhetisches Verständnis aufmerksam zu machen. Gegen die Verwendung von Porzellantellern hat der Prophet dagegen keinen Einspruch erhoben, obwohl derartige Produkte aus China auf der arabischen Halbinsel im Zuge des internationalen Handels durchaus bekannt waren.

Bevorzugte Speisen

Die islamischen Traditionen kennen neben den verbotenen eine Reihe von bevorzugten Speisen. Zu ihnen gehört vor allem Kamelfleisch. Dazu soll der Prophet Muhammad gesagt haben: »Wer nicht von meinen Kamelen isst, gehört nicht zu meinem Volk.« Noch heute ist das Fleisch von Kamelen eine der traditionellen Fleischsorten des Fastenmonats Ramadan. Das Gericht aber, das dem Propheten besonders zusagte, war der *Tharīd*. Seine Lieblingsfrau Aischa lobt er mit der Feststellung: »Der Vorzug Aischas vor den Frauen ist der Vorzug des *Tharīd* vor den übrigen Speisen.« *Tharīd* war eine Art von Eintopf, der auf der Basis von Fleischbrühe hergestellt wurde. Diese Brühe wurde mit kleingebrocktem Brot oder Mehl angedickt. Das mit Knochen in der Brühe gekochte Fleisch wurde von dem Knochen abgeschabt und in die Brühe zurückgeschüttet. Danach konnten noch Gemüse und Gewürze zugegeben werden oder auch Mischungen aus Datteln, geklärter Butter und Quark. Andere Speisen seiner Zeit schätzte der Prophet nicht, betonte aber, dass sie nicht verboten seien, wie etwa ein Gericht aus Eidechsen, das mit Quark und geklärter Butter zubereitet wurde. Zur Zeit des Propheten war eine Brühe, *Maraq*, beliebt, in die Streifen von getrocknetem Fleisch und Kürbis gegeben wurden. Sie wurde zusammen mit Gerstenbrot gegessen. Ferner wird von einem Weizen- oder Gerstenbrei mit Namen *Sawīq* berichtet, der in unterschiedlichen Konsistenzen gereicht wurde. Er konnte so fest sein, dass man ihn offenbar kauen musste, aber auch so flüssig, dass er sich trinken ließ. Zu Lebzeiten des Propheten kannte man noch zwei weitere suppenartige Speisen, *Hazīra* und *Harīra*, beides sehr einfache Gerichte. Die *Hazīra* ist eine Brühe aus Wasser und Kleie. Die *Harīra* war eine Mehlsuppe auf Milchbasis und hat mit der gleichnamigen Suppe, mit der in Marokko das Fasten gebrochen wird, nur den Namen gemeinsam.

Fleisch wurde in der islamischen Frühzeit nur bei besonderen Anlässen zubereitet. Für viele Menschen in islamischen Gesellschaften gilt das noch heute. Dabei ist die wichtigste Gelegenheit das Schlachtopfer am Opferfest (arabisch: *ʿīd al-adhā*). Zu diesem Anlass schlachten die gläubigen Muslime Tiere je nach ihren finanziellen Möglichkeiten. Bei ärmeren kann es eine Taube oder ein Huhn sein, bei Wohlhabenden sind es Rinder oder Kamele. Was eine Familie nicht verzehren kann, wird an Bedürftige weitergereicht. Besonders beliebt bei festlichen Gelegenheiten sind Lamm und Huhn; in früheren Zeiten wurden aber auch Esel und Pferd verwendet. Bei den Jagdtieren waren vor allem Kaninchen beliebt. Schulter- und Rückenstücke wurden bei allen Tierarten bevorzugt. Die Zubereitungsarten waren zahlreich. Das Fleisch wurde gebraten oder am Spieß über offenem Feuer geröstet. Oder es wurde im *tannūr* gebacken, einem Backofen, der aus Lehm gebaut wurde.

Die üblichen Würzmittel waren Salz, das offenbar leicht zu erhalten war, und Essig. Daneben gab es eine Würzsoße, *Sināb*, aus Senfkörnern und Rosinen, die als Beilage zu Fleisch gereicht wurde. Gesüßt wurde mit Honig. Als der Engel Gabriel dem Propheten einmal von der Süßspeise *Falūdhaj* berichtete, seufzte der Prophet auf. Der Grund für seine Reaktion wird von den muslimischen Interpreten nicht erläutert. Erinnerte er sich an den Genuss dieser Speise, oder ergab sich seine Reaktion aus der Tatsache, dass er sie noch nie gekostet hatte? Der Hinweis des Engels war allerdings recht knapp. Er berichtete nur, dass sie aus Honig und geklärter Butter zubereitet werde. Das Gericht, dessen Name aus dem Persischen kommt, wurde in der Abbasidenzeit ein beliebtes Dessert. Für seine Zubereitung finden sich zahlreiche Versionen. Ein Rezept, das für die Kalifen gedacht war, lautet so:

Falūdhaj für die Kalifen

Es handelt sich um die Übersetzung eines mittelalterlichen arabischen Rezepts aus dem *Kitāb al-Tabīkh* (Buch des gekochten Essens) des al-Kātib al-Baghdādī (13. Jahrhundert).

Nimm so viel weißen Honig von guter Qualität, wie du willst. Gieß ihn in einen tanjīr (Kupferkessel mit gewölbtem Boden). Bring ihn mit einem leichten Feuer langsam zum Kochen und schöpf den Schmutz ab. Schütte ihn durch einen Filter (rāwūq) und gib ihn zurück in den Kessel, in den du zuvor frisch gepresstes Sesamöl von der Hälfte des Honigs geschüttet hast. Löse in einer grün glasierten Tonschüssel Stärke mit kaltem Wasser, Rosenwasser und Kampfer auf (über dem Feuer). Die Menge der Stärke sollte ein Fünftel oder ein Sechstel des Honigs betragen. Die Flüssigkeit sollte das gleiche Gewicht haben wie die Stärke. Wenn der Honig mit dem Sesamöl wieder kocht, schütte ihn zu der Stärke. Rühr so lange, bis die Mischung eindickt und das Öl sich löst und aufsteigt. Immer weiter mit einem eisernen Spatel rühren, damit die Masse nicht an der Schüssel kleben bleibt. Koste die Stärke aber zunächst, dass sie nicht sauer ist. Um den Pudding gelb zu färben, kann man die Stärke mit Safran mischen. Man kann auch eine Menge geschälte Mandeln rösten und in die Masse geben. Wenn das Öl also nach oben kommt, nimm den Topf vom Feuer. Dann breite die Masse auf einer harten Platte aus, die mit Pistazien- oder Mandelöl eingerieben wurde. Gib feinen Zucker darüber, der zuvor mit Moschus gemischt wurde.

Die kulinarischen Verheißungen des Paradieses

Im Unterschied zum Christentum sind im Islam die Vorstellungen vom Paradies als dem Ort, an dem sich die Seligen für alle Zeiten aufhalten werden, sehr konkret. Das Paradies wird im Koran in allen Einzelheiten als prächtiger Garten beschrieben. Man liest von wunderbaren Häusern, in denen die Seligen wohnen, von prächtigen Kissen, auf denen sie ruhen, und von erlesenen Speisen und Getränken, die sie zu sich nehmen. Schwarzäugige Paradiesjungfrauen und schöne

Jünglinge bedienen die seligen Männer und Frauen. Das Fleisch, das sie verspeisen, ist das von Hühnern (Sure 56, 21). Im Übrigen sind die Beschreibungen der Speisen eher allgemeiner Art. Es ist von Früchten die Rede, speziell von Bananen. Es kommen Palmen vor, man darf davon ausgehen, dass Datteln gegessen wurden. Des Weiteren hört man von Granatäpfeln (siehe die ausführliche Paradiesbeschreibung in Sure 55, 46–78). Eingehender werden dagegen die Getränke des Paradieses beschrieben. Hier darf aus goldenen und silbernen Gefäßen getrunken werden. Man kann vier verschiedene Arten von Getränken erhalten. In Sure 47, 15 heißt es:

»Mit dem Paradies, das den Gottesfürchtigen versprochen ist, ist es wie folgt: Darin sind Bäche mit Wasser, das nicht faul ist, und Bäche mit Milch, deren Geschmack sich nicht ändert, und Bäche mit Wein, der genussvoll ist für die, die davon trinken, und Bäche mit gefiltertem Honig.«

Diese Getränke werden noch mit verschiedenen kostbaren Gewürzen wie Ingwer, Kampfer und Moschus parfümiert. Auch wenn diese Beschreibungen von modernen Korankommentatoren als symbolische Belege für die Außerordentlichkeit des Paradieses interpretiert werden, haben Muslime zu allen Zeiten die Beschreibungen für bare Münze genommen, umso mehr, als manche überlieferten Aussprüche des Propheten sie noch ergänzten. Diese Darstellungen übertreffen das, was der Koran gesagt hat: »Wenn der teure Verehrer Gottes von den Früchten des Paradieses, so viel er will, genossen hat, bekommt er nach fester Speise Verlangen. Und Gott erteilt den Befehl, ihm solche vorzusetzen … In jeder Schüssel sind 70 000 Arten von Speisen; kein Feuer ist ihnen zu nahe gekommen, kein Koch hat sie gekocht und in keinem kupfernen Kessel, noch in etwas Ähnlichem sind sie gesotten, sondern Gott hat gesagt: ›Werde!‹ und da ist es geworden ohne Mühen und ohne Beschwerden … Da ergreift den treuen Gottesvertreter Verlangen nach diesen Vögeln, und auf Gottes Befehl erscheint auf seinem Tische ein Gericht, von welcher Gattung er will; es ist gebraten, und er isst von ihrem Fleisch, was ihm beliebt.« Selbst für die Seligen im Paradies ist Fleisch offenbar eine besondere Speise, die Quantität spielt hier eine entscheidende Rolle. Vom Fasten im Paradies kann also keine Rede sein. Das ist den Höllenbewohnern vorbehalten. Dazu sagt der Koran in Sure 88, 2–7: »An jenem Tag wird es gesenkte Gesichter geben,/ die sich abarbeiten und Mühsal erleiden,/ in einem glühenden Feuer brennen/ und aus einer siedenden Quelle zu trinken bekommen/ Ihre Speise besteht nur aus trockenen Dornen,/ die weder fett machen noch gegen den Hunger helfen.« Korankommentatoren erläutern das so: »Diese Höllennahrung stammt von einem dornigen Wüstenstrauch, dessen Früchte mit dem Kopf eines Teufels verglichen werden. Sie sind so trocken, dass sie dem Menschen, der sie verzehrt, in der Kehle stecken bleiben.« Die Getränke in der Hölle sind nicht weniger unangenehm. Die Texte berichten nicht nur von extrem heißem Wasser, sondern auch von den Ausflüssen aus dem Fleisch und der Haut der Sünder. Als Alternative bekommen die Sünder in der Hölle ein heißes, flüssiges Öl zu trinken, das ihnen die Haut abschält, wenn sie sich ihm mit dem Gesicht nähern.

Fastenregeln

Eine der Hauptpflichten der Muslime ist es, das Gebot des Fastens im Monat Ramadan einzuhalten. Es wird an verschiedenen Stellen im Koran formuliert. In Sure 2, 183–185 heißt es dazu:

»O ihr, die ihr es glaubt, vorgeschrieben ist euch, zu fasten, so wie es denen vorgeschrieben worden ist, die vor euch lebten, auf dass ihr gottesfürchtig werdet, und dies für eine Anzahl von Tagen. Wer von euch krank ist oder sich auf einer Reise befindet, für den gilt eine Anzahl anderer Tage. Denjenigen, die es eigentlich einhalten können, ist als Ersatzleistung die Speisung eines Bedürftigen auferlegt …

Und dass ihr fastet, ist besser für euch, wenn ihr Bescheid wisst. Der Monat Ramadan ist es, in dem der Koran herabgesandt wurde als Rechtleitung für die Menschen und als deutliches Zeichen der Rechtleitung und der Unterscheidungsnorm.«

Und etwas später wird dann festgestellt:

»Erlaubt ist euch, in der Nacht während der Fastenzeit Umgang mit euren Frauen zu haben … Und esst und trinkt, bis ihr in der Morgendämmerung den weißen Faden vom schwarzen Faden unterscheiden könnt.« (Sure 2, 187).

Demnach unterscheidet sich das muslimische Fasten entschieden von der christlichen Praxis, wo weniger gegessen oder auf bestimmte Speisen wie Fleisch ganz verzichtet wird, das aber durch Fisch oder Meeresfrüchte ersetzt werden kann.

Da sich der islamische Kalender nach dem Mondjahr richtet, wandert der Fastenmonat Ramadan durch das ganze Sonnenjahr. Er kann in einen der Wintermonate mit relativ kurzen Tagen fallen, aber auch in die Sommerzeit mit langen Tagen und großer Hitze. Unabhängig von den klimatischen Bedingungen wird dennoch gerade in den vergangenen beiden Jahrzehnten das Fasten unter Muslimen deutlich mehr praktiziert. Das öffentliche Leben in muslimischen Ländern stellt sich auf den Fastenmonat ein. Geschäfte und Behörden öffnen morgens später, Zeitungen und die verschiedenen elektronischen Medien widmen sich verstärkt religiösen Themen. Vor allem aber ist das Privatleben ganz auf das Fasten ausgerichtet. Der Ramadan ist der Monat, in dem Familienbeziehungen, Nachbarschaften und Freundschaften intensiver gepflegt werden. Im Verlauf des vorausgegangenen Jahres entstandene Konflikte werden nicht zuletzt durch zahlreiche gegenseitige Besuche beigelegt. Diese Einladungen und Besuche finden im Zusammenhang mit dem allabendlichen Fastenbrechen *(Iftār)* statt. Auch politische Parteien und Institutionen laden zum *Iftār* ein. Das kann auf Straßen oder Plätzen an dort aufgestellten langen Tischen stattfinden, in den Hauptquartieren der jeweiligen Institutionen oder in den Sälen der Regierungsgebäude. Die offiziellen Veranstaltungen bieten häufig Gesprächsstoff für den folgenden Morgen. Vor allem werden die angebotenen Gerichte besprochen. Neben dem religiösen Moment spielt bei diesen öffentlichen Formen des Fastenbrechens der gesellschaftliche und politische Aspekt eine große Rolle. Regierungsvertreter laden ein, um ihre Macht zu demonstrieren. Die Anführer von Milizen oder Parteiorganisationen suchen sich auf diese Weise der Zustimmung ihrer Anhänger zu ihren persönlichen Ambitionen oder politischen Programmen zu versichern. Die Teilnehmer an den *Iftār*-Veranstaltungen demonstrieren ihren Führern umgekehrt ihre Gefolgschaft. Nachbarn tauschen untereinander Speisen aus, wobei sich nicht selten ein spielerischer Wettbewerb um deren Menge und Qualität ergibt.

Bei den offiziellen wie bei den privaten *Iftār*-Einladungen werden typische Fastenspeisen angeboten. Dem Vorbild des Propheten Muhammad folgend, nehmen die Gläubigen zunächst drei Datteln zu sich. Falls es Jahreszeit und Marktlage zulassen, bereiten die Fastenden schon vor dem *Iftār* kleine Schalen mit Obstsalat zu, die sie unmittelbar nach dem täglichen Fastenende zu sich nehmen. Besonders saftreiche Früchte werden bevorzugt. Im Übrigen gibt es regional sehr unterschiedliche Gerichte, die speziell für den Anlass des Fastenbrechens verzehrt werden. In Marokko ist es die *Harīra*, eine Hülsenfruchtsuppe. Es finden sich so viele *Harīra*-Rezepte wie marokkanische Köchinnen und Köche.

Harīra

Das vorliegende Rezept geht auf eigene Feldforschungen in den 1990er Jahren zurück. Anstelle von Lammfleisch könnte auch Hühner- oder Suppenfleisch vom Rind verwendet werden.

Öl in einem großen Topf erhitzen, 2 fein gewürfelte Zwiebeln und 500 g Lammschulter, in mundgerechte Stücke geschnitten, darin anbraten, bis die Zwiebeln glasig sind. Einige Safranfäden, 1 Tl Kurkuma, fein gewürfelten Ingwer nach Geschmack (etwa 1 Tl) und 1 l Wasser dazugeben und zum Kochen bringen, eine kleine Dose Kichererbsen abgetropft hinzufügen und 30 Min. leicht köcheln lassen. Währenddessen 5 enthäutete Tomaten ohne Kerne, ein Bündel glatte Petersilie, ein Bündel Koriandergrün im Mixer pürieren und zusammen mit 250 g kleinen Linsen, Pfeffer und Zimt zu den Kichererbsen geben und kochen lassen, bis die Linsen weich sind. Eventuell kleine Nudeln getrennt al dente kochen, abgießen und in die Suppe geben. Mit Salz abschmecken und in tiefen Tellern mit drei wenn möglich frischen Datteln pro Person servieren.

Die *Harīra* wird übrigens auch von jüdischen Einwanderern in den USA geschätzt, die aus Marokko stammen. Sie übernahmen das Gericht für das muslimische Fastenbrechen, um es als Teil des neuerdings in der amerikanischen jüdischen Gemeinde nach dem Fasten des Yom Kippur üblichen Essens zu servieren.

In der Türkei bricht man das Fasten durch ein mit Sesam bestreutes Brot, das Ramazan-Pide. Ein gehaltvolleres Gericht ist die Kuttelsuppe *işkembe çorbası*. Am Tag vor großen Festen, vor allem vor dem 27. Ramadan, der *Laylat al-Qadr* (Nacht der Bestimmung), in der nach der Überlieferung die ersten Verse des Korans offenbart wurden, bereiten viele türkische Hausfrauen traditionell drei verschiedene Arten von Gebäck vor. *Lokma* steht für das Siegel des Propheten, das geschriebene Edikt des Propheten wird durch *Katmer* (Blätterteig) repräsentiert, und *Pishi* (gebackener Brandteig) steht für seinen Segen.

Lokma

Nach dem Bericht der bedeutenden türkischen Kulturhistorikerin und Köchin Nevin Halıcı wurde dieses Gebäck am osmanischen Hof jeweils nur aus einem Tl Teig zubereitet. Auch von dieser beliebten Süßigkeit gibt es zahlreiche Rezepte.

Am Vortag aus 250 g Zucker, 250 ml Wasser und Zitronensaft von 1 Zitrone einen Sirup herstellen. Am folgenden Tag ½ Tl Trockenhefe in 25 ml warmem Wasser mit etwas Zucker auflösen, 150 g Hartweizenmehl in eine Schüssel sieben, in eine Vertiefung in der Mitte die Hefewasser-Mischung geben und zu einem glatten Teig verkneten. Den Teig ruhen lassen, bis er aufgegangen ist. In eine Vertiefung 150 ml Wasser geben und gründlich einarbeiten. Noch einmal an einem warmen Ort zugedeckt ruhen lassen, bis sich das Volumen des Teigs verdoppelt oder verdreifacht hat. Das kann bis zu 60 Min. dauern. Mit dem Teelöffel kleine Bällchen formen und in heißem Öl ausbacken. Auf Krepppapier abtrocknen lassen und dann für einige Minuten in den erkalteten Sirup tauchen.

In Iran bricht man das Fasten mit einem ähnlichen Gebäck. Bei der *Sulbia* wird der Teig aber noch mit Joghurt verfeinert und der Sirup mit Rosenwasser. Häufig gegessen werden Milch- oder Milchreissuppen, während ein Safranreis als *Iftār*-Gericht vor allem finanziell herausfordernder ist. Besonders beliebte Fastenspeisen sind auch die zahlreichen orientalischen Süßspeisen und Konfektsorten, die die Hausfrauen teilweise schon in den Wochen vor Beginn des Fastenmonats zubereiten.

Da die nötigen Zutaten teilweise recht teuer sind und die Preise während des Ramadan wegen der starken Nachfrage weiter anziehen, beginnen viele Haushalte, schon einige Monate zuvor systematisch Geld für diese zukünftigen Ausgaben zu sparen. Viele Süßspeisen haben besondere Namen wie »Frauennabel« oder »Lippen der Schönheit«. Da viele Frauen in den großen islamischen Städten heute berufstätig sind und daneben ihre Aufgaben im Haushalt zu erledigen haben, kaufen sie die entsprechenden Süßigkeiten bei den Händlern auf den Märkten oder in Spezialgeschäften, sehr zum Unwillen ihrer traditionsbewussten Mütter und Schwiegermütter.

Die Ramadan-Nächte sind von Festlichkeit und Freude gekennzeichnet. Auf öffentlichen Plätzen werden Karussells und andere Fahrgeschäfte aufgebaut. Wenn man Glück hat, trifft man noch auf einen Märchenerzähler. Straßen und öffentliche Gebäude sind mit bunten Lämpchen und speziellen Ramadan-Laternen beleuchtet. Kurz vor Beginn des neuen Fastentages ziehen junge Männer mit Trommeln und anderen Musikinstrumenten durch die Straßen der Dörfer und Stadtviertel und wecken die Schläfer auf, die dann noch Gelegenheit zu einem reichhaltigen Frühstück haben, ehe das Fasten wieder beginnt. In der Mitte des Fastenmonats werden Kinder oder Jugendliche, die sich zum ersten Mal in ihrem Leben am Fasten beteiligen, mit kleinen Geschenken belohnt. Der Fastenmonat endete traditionell, wenn zwei verlässliche Zeugen den politischen oder religiösen Autoritäten meldeten, dass sie den neuen Mond gesehen hatten. Das wurde dann in der Regel mit einem Geldgeschenk abgegolten. Heute wird das Ende des Ramadan durch die elektronischen Medien in der islamischen Welt und der muslimischen Diaspora verkündet. Das Ende des Fastenmonats wird mit einem zweitägigen Fest gefeiert, dem *ʿīd al-fiṭr*.

Neben dem Ramadan gibt es weitere muslimische Feste, bei denen Essen und Trinken eine Rolle spielen. *ʿĪd al-adḥā* (Opferfest), das am 10. Tag des Pilgermonats beginnt und in der gesamten islamischen Welt gefeiert wird, erinnert an die Begebenheit, bei der Abraham seinen Sohn Ismael auf Gottes Befehl opfern sollte. Im letzten Moment wurde Ismael durch das Eingreifen Gottes gerettet, und an seiner Stelle wurde ein Lamm geschlachtet. Viele Millionen Pilger reisen in dieser Zeit zu den Heiligen Stätten des Islams in Mekka und Umgebung, um dieses Opfer als Teil der Wallfahrtsrituale zu vollziehen. Überall in der Welt schlachten muslimische Familien ein Tier (oder lassen schlachten), je nach Einkommen ein kleineres oder größeres, das sie aber nur zu Teilen selbst essen, während sie den Rest an Bedürftige verteilen. Das Fest bietet in den östlichen Staaten der Arabischen Welt die Gelegenheit für ein spezielles Gericht, das für eine Großfamilie geeignet ist.

Mansaf

Das vorliegende Rezept geht auf das Interview mit einem Koch in einem traditionellen Lokal in Amman zurück.

Man schwitzt 10 große, geschälte und grob gehackte Zwiebeln und 10 geschälte, zerquetschte Knoblauchzehen in heißem Fett (am besten wäre das Fett des Fettschwanzschafes, es geht aber auch Pflanzenöl) in einem sehr großen Topf an, fügt ein 5 bis 6 kg schweres bratfertiges Lamm dazu und brät es an. Dann bedeckt man es mit Wasser und lässt es so lange simmern, bis es weich ist; immer wieder den schmutzigen Schaum abschöpfen. Anschließend das Lamm aus der Brühe nehmen und warmstellen. Zur Brühe gibt man 250 g stabilisierten Joghurt, um das Gerinnen zu verhindern. Joghurt lässt sich stabilisieren, indem man ihn mit Maismehl oder Ei verschlägt, auf 1 l Joghurt 1 El Maismehl und ein Eiweiß. Zu der Brühe-Joghurt-Mischung gibt man noch 3 El Zitronensaft. Dann fügt man Salz, schwarzen Pfeffer, Kardamom oder Zimt nach Geschmack hinzu. Man zerteilt große arabische Fladenbrote und legt sie auf eine große Platte (mansaf). Auf das Brot kommt das Lamm. Das Fleisch wird umgeben mit gekochtem Reis und mit kurz gerösteten Pinien- und Mandelkernen. Die Joghurtbrühe wird über das Fleisch gegossen und in einer kleinen Schüssel zusätzlich gereicht.

Aus Anlass der großen Rituale, bei denen die schiitischen Muslime des Märtyrertodes vor allem des Prophetenenkels Hussein am 10. Muharram, im ersten Monat des muslimischen Kalenders, gedenken, wird bei den Trauerumzügen und Passionsspielen *Rāhat halqūm* gereicht, eine Süßigkeit aus Stärke, Zucker, Pistazien, Rosinen und Nüssen. Dieses Trauerritual wird als 'ashūra bezeichnet. Neben *Rāhat halqūm* werden auch noch *Ashūriyya* zubereitet.

'Ashūriyya

Der Name des Gerichts, das zum Todestag des Prophetenenkels Hussein zubereitet wird, hängt aus der Sicht der
arabischen Sunniten mit der Landung der Arche Noah
nach der Sintflut zusammen. Das Gericht enthält nach
dieser Tradition alle Zutaten, die noch auf der Arche vorhanden waren.

Man wäscht 250 g geschälten Weizen, 125 g weiße Bohnen und
125 g getrocknete Kichererbsen und weicht sie über Nacht in
Wasser ein. Alles zusammen wird in einem großen Topf mit 2 l
Wasser auf einer großen Flamme aufgesetzt. Nach dem Aufkochen
reduziert man die Hitze und lässt Weizen, Bohnen und Kircherbsen
simmern, bis alles weich ist. Dann gibt man 125 g Reis dazu, lässt
alles einmal aufkochen und bei kleiner Hitze 20 Min. weiterkochen.
Anschließend werden 100 g geröstete Mandeln, Salz und etwas
Zucker zugefügt und weiter gekocht, bis alles weich und die Flüssigkeit so weit eingekocht ist, dass sie sämig geworden ist. Eventuell
muss man etwas heißes Wasser hinzufügen. Ab und zu umrühren,
damit nichts ansetzt. Nach Wunsch kann man 1 El Rosenwasser zugeben und in den Tellern die Suppe mit Winterfeigen, getrockneten
Aprikosen, Trockenpflaumen und Walnüssen garnieren.

Seit dem 8. Jahrhundert entwickelte sich in Mesopotamien das Sufi-
tum, die islamische Mystik. In den folgenden Jahrhunderten gewann
sie mehr und mehr Anhänger und wurde in hierarchisch strukturierten
großen Gemeinschaften organisiert, die als Orden bezeichnet werden.
Diese Orden hatten und haben bis heute Millionen von Mitgliedern.
Schon früh in ihrer Geschichte waren ihre Anhänger auch karitativ
tätig. Sie boten einfache Übernachtungsmöglichkeiten und betrieben
vor allem in den großen Städten Armenküchen, die von professionellen
Köchen geführt wurden. Einer dieser Orden ist die Gemeinschaft der

vor allem in der türkischen Welt verbreiteten Mevlewiya, die sich auf die Lehren des Mystikers Jalal al-Din Rumi (gestorben 1273) bezieht. Die Mevlewiya gründete Klöster, in denen die Anhänger lebten, arbeiteten und ihre Rituale vollzogen. Bei dem Eintritt in eine solche klösterliche Gemeinschaft spielte die Küche, die als heiliger Ort betrachtet wurde, eine zentrale Rolle. Die Adepten mussten unter anderem hier 1001 Tage verbringen und als Küchenhilfe alle Arbeiten erledigen, die man ihnen auftrug. So sollte ihre Geduld, ihr Gehorsam, ihre Demut und ihre Gelassenheit geprüft und eingeübt werden. Aus den Werken Rumis sowie aus den Handbüchern der Ordensführer lassen sich die Organisation der Mevlewiya-Klöster, das tägliche Leben und die Zubereitung der Gerichte weitgehend rekonstruieren. Viele der alltäglichen Tätigkeiten hatten aus der Sicht der Mevlewiya eine religiöse Bedeutung. So schreibt Rumi: »Kaum dass die Pfanne heiß ist, beginnen die Kichererbsen hochzuhüpfen in Hunderten von Manifestationen der Ekstase.« Ein anderes Mal sagt er: »Kurz vor dem Tagesanbruch hörte ich eine erregte Stimme: Das wundervolle Aroma von *Kalye* und *Borani* zieht zu mir.« *Kalye* bezeichnet Gerichte, bei denen Fleisch gebraten wird. *Borani* ist ein Gericht mit Gemüse und Joghurt. Der Mystiker beschreibt also die göttliche Nähe mit dem Duft von Speisen.

Spinat-Borani

Für das Rezept finden sich zahlreiche Versionen mit oder ohne Reis. Entscheidend ist die Kombination von Spinat und Joghurt. Lässt man den Reis weg, reichen 5 Minuten für den Spinat. Es eignet sich auch Tiefkühlspinat. Dann kann die Menge auf 300 g reduziert werden.

500 g Spinat waschen und hacken, 5 Min. kochen, abgießen. Butter-schmalz in einem Topf erhitzen, 1 fein geschnittene Zwiebel darin bräunen, 250 ml kochendes Wasser oder Lammfond, den Spinat und 100 g Parboiled-Reis zugeben, salzen. Aufkochen lassen, dann die Hitze reduzieren und kochen, bis der Reis weich ist. Abkühlen lassen. 250 g dicken Joghurt mit zwei durchgepressten Knoblauch-zehen, etwas Salz, und etwas Wasser verschlagen, unter den Spinat mischen. Mit flüssiger Butter oder gutem Olivenöl besprengen.

Säkulare Feste

Manche Feste, wie das persische und kurdische Neujahrsfest *Nawrūz*, werden trotz ihres vorislamischen Ursprungs als Frühlingsfeste in der Türkei, Iran, Irak und in den zentralasiatischen Staaten gefeiert. Nach Phasen des Verbots ist es inzwischen wieder zu einem offiziellen Fest geworden, bei dem die politischen Eliten der verschiedenen Staaten sich repräsentieren können. *Nawrūz* findet zur Zeit der Frühjahrsäqui-noktien statt. Am Mittwoch davor ziehen in Iran Jugendliche unter Lärm und Geschrei durch die Straßen. In den Dörfern gibt es eine kar-nevaleske Gestalt, die um kleine Gaben bittet. Höhepunkt des Festes ist der Abend der Tagundnachtgleiche. Zuhause wird auf einem Tisch das »Tischtuch mit den sieben S«, *sofreh-ye haft sīn* ausgebreitet. Denn es müssen sich sieben Dinge, die mit dem Buchstaben *sīn* beginnen, darauf befinden. Diese sind *sabzi*, grüne Sprossen von Weizen, Gerste oder Linsen, *sepand*, wilde Raute, *sīb*, Apfel, *sekkeh*, Münzen, *sīr*, Knob-lauch, *serkeh*, Essig und *sumagh*, Beeren des Sumach-Strauchs. Es kön-nen aber auch andere Gegenstände sein, deren erster Buchstabe ein *sīn* ist. Die verschiedenen Dinge haben symbolische Bedeutung. *Sabzi* be-deutet Jugend und Fruchtbarkeit, *sepand* schützt vor dem bösen Blick, *sīb* steht für Liebe, Fruchtbarkeit und Unsterblichkeit. Die Münzen be-deuten Wohlstand, Knoblauch und Sumach-Beeren Gesundheit. Am letzten Tag des Neujahrsfestes unternehmen die Familien traditionell einen Ausflug in die Natur. Manche werfen bei dieser Gelegenheit die Sprossen der *sofreh-ye haft sīn* in ein fließendes Gewässer. Der Ausflug bietet die Gelegenheit für ein ausgiebiges Picknick.

Auch in Ägypten wurde bis zum Beginn des 20. Jahrhunderts *Nawrūz* gefeiert. Dieses Fest hing aber mit dem Beginn des koptischen Jahres zusammen und wurde am 10. September begangen. Dabei wurden Geschenke ausgetauscht und spezielle Speisen verzehrt. Durch die Jahrhunderte war es eine Art von Karneval, bei dem die Autoritäten mit Wasser oder Kehricht belästigt und ihnen kleine Geldbeträge oder Geschenke abgepresst wurden. Ähnlich karnevaleske Praktiken finden sich bis heute bei den nordafrikanischen Aschura-Feiern, die mit den schiitischen Trauerveranstaltungen nur den Termin in den ersten zehn Tagen des ersten islamischen Monats, Muharram, gemeinsam haben. Bei dieser Gelegenheit ziehen noch heute junge Männer durch die Dörfer Marokkos, erbitten Gaben und bespritzen diejenigen mit Wasser, die ihrer Bitte nicht nachkommen wollen. Man isst eine Art Rindsroulade. In eine dünne Scheibe Rindfleisch werden sieben grüne Zutaten eingewickelt. Da der Muharram in verschiedene Zeiten des Sonnenjahres fallen kann, unterscheiden sich die Zutaten je nach Jahreszeit. Die Gemeinsamkeiten mit den Praktiken des *Nawrūz*-Festes sind aber offenkundig. Es mag sich daher um ein vormaliges Frühlingsfest handeln.

Religiöse Minderheiten in islamischen Gesellschaften

Bis in die Mitte des 20. Jahrhundert lebten in vielen Regionen des Nahen Ostens größere Minderheiten verschiedener Konfessionen orientalischer Christen und sefardische Juden, im Irak auch Juden seit der babylonischen Gefangenschaft. Daneben finden sich kleinere Religionsgemeinschaften wie Drusen, Alewiten, Sabäer oder Jezidi. Unter kulinarischen Gesichtspunkten gibt es zwischen ihnen und der muslimischen Mehrheit zahlreiche Gemeinsamkeiten, aber auch einige

Unterschiede. Gemeinsam war ihnen das grundsätzliche Interesse an Speisen und ihrer Zubereitung. Man tauschte sich über konfessionelle Grenzen hinweg ebenso aus wie über ethnische. Die Unterschiede entstanden durch die jeweiligen religiösen Speiseregeln.

Skhīna

Die Mengen des Rezepts sind für 8 bis 10 Personen gedacht. Die Zubereitung sollte so terminiert werden, dass sie bei Anbruch des Sabbat am Freitagabend gerade abgeschlossen ist und das Gericht im Backofen bei niedriger Temperatur vor sich hin gart.

In einem großen Topf 500 g über Nacht eingeweichte Kichererbsen (oder aus der Dose) auf dem Boden ausbreiten, darauf 6 Fäden leicht zerriebenen und mit 1 Tl warmem Wasser angefeuchteten Safran, Salz, 5 El Pflanzenöl, 1 ganze Knoblauchknolle, gesäubert, aber nicht geschält, und 10 entsteinte Datteln legen, nicht umrühren. 1 kg Rindfleisch, in mehrere Stücke geschnitten, und einen gespaltenen Rindermarkknochen dazugeben. Inzwischen eine Mischung aus 500 g Rinderhack, 100 g fein gehacktem Fett, 3 El Brotkrumen, Salz, Pfeffer, 1 Bund kleingeschnittener glatter Petersilie, 2 ganzen Eiern und 2 El Öl herstellen. Diese Mischung zu einer Rolle von circa 10 cm Durchmesser formen und in einem dünnen Leinentuch neben das Rindfleisch legen. Darauf 1 kg geschälte und gewaschene mittelgroße Kartoffeln legen. Man kann auch noch einige ganze rohe Eier in der Schale dazugeben. Alles mit Wasser bedecken. Auf mittlerer Hitze aufkochen lassen, dann bei 70° über Nacht bis zum folgenden Mittag in einem Backofen lassen. Die einzelnen Teile der Skhīna in getrennten Töpfen servieren.

Am bekanntesten und kulinarisch interessantesten ist die jüdische Vorschrift, sich am Sabbat jeder Arbeit zu enthalten. Daher mussten die jüdischen Hausfrauen Gerichte schon am Freitag zubereiten, die bis zum Sabbat für ihre Fertigstellung brauchten. Ein Beispiel ist die *Dafina* oder *Skhīna* der marokkanischen Juden, die inzwischen als Teil der marokkanischen Küche gilt.

Die *Skhīna* konnte zu einem Teil der allgemeinen marokkanischen Küche werden, weil ihre Zutaten und die Art der Zubereitung keiner Speisevorschrift des islamischen Rechts widerspricht. Einen zentralen kulinarischen Unterschied zwischen den drei großen Religionsgemeinschaften gibt es jedoch. Das ist die Verwendung von Fett oder Öl. Muslime wie Juden können selbstverständlich kein Schweinefett verwenden, Juden nutzen keine Butter oder Butterfett. Stattdessen verwenden sie Sesamöl. Da man dies leicht riechen konnte, wechselten jüdische Hausfrauen in Baghdad zu geschmacksfreien Ölsorten, seit es diese zu kaufen gab. Christen können dagegen während der Fastenzeit keine Butter verwenden und benutzen stattdessen Olivenöl. Muslime bevorzugen das Fett des Fettschwanzschafs.

In den Kindheitserinnerungen von Schriftstellern unterschiedlicher religiöser Herkunft wird häufig von Erfahrungen mit den Speisen der anderen Religionsgemeinschaften erzählt. Man tauschte nämlich gerne die verschiedenen Gerichte miteinander aus. Auch wenn manche dieser Berichte ein wenig an Geschichten aus der guten alten Zeit erinnern, war der gesellschaftliche Zusammenhalt unter den verschiedenen religiösen und ethnischen Gruppen durch das gemeinsame Interesse an Speisen stark. Folgt man den Autobiographien, kann man den Eindruck gewinnen, dass das Kulinarische der neutrale Ausgangspunkt für die Beziehungen zwischen den Gruppen war. Die Kriege, ethnischen Säuberungen und anderen Konflikte der zweiten Hälfte des 20. Jahrhunderts und der ersten Jahre des 21. Jahrhunderts haben das Wissen um die Gemeinsamkeiten bei Tisch verschüttet. Ansätze, diese wieder freizulegen, finden sich derzeit fast ausschließlich bei den verschiedenen, nahe beieinander wohnenden orientalischen Exilanten- und Migrantengruppen in Europa, Nord- und Südamerika.

Tausendundein Kochtopf – Kochen bei feinen Leuten

Gastfreundlichkeit

In orientalischen Gesellschaften gehört Gastfreundschaft bis auf den heutigen Tag zu den unverzichtbaren Traditionen des gesellschaftlichen Umgangs. Sie wird bei einfachen Leuten ebenso wie bei den Eliten gepflegt. Der größte Gastgeber der muslimischen kulinarischen Tradition soll – wie zahlreiche Berichte aus der islamischen Frühzeit erzählen – ein junger Araber namens Hātim al-Ṭāʾī (gestorben 605) gewesen sein. Nach der Überlieferung lud er schon als junger Mann eine vorbeiziehende Beduinenschar ein. Zu ihrer Bewirtung schlachtete er die hundert Kamele seines Vaters für ein großes Festessen. Als der Vater ihm heftige Vorhaltungen machte, verteidigte er sich: »Aber Vater, meine Tat verschafft uns lang andauernden Ruhm bei allen Stämmen Arabiens.« Und er hatte Recht, noch heute wird als Dank und Anerkennung für einen Gastgeber unter Arabern die Redensart benutzt: »Er ist großzügiger als Hātim al-Ṭāʾī.« Und die Bollywood-Produktion »Haatim Tai« des Regisseurs Babubhai Mistry von 1990 mehrt den Ruhm des legendären Gastgebers in Kinosälen und im Internet.

Natürlich galt und gilt für Muslime der Prophet Muhammad als das eigentliche Vorbild der Gastfreundlichkeit. Zahlreiche Aussprüche sind tradiert, in denen er sich zu dieser Tugend äußert. Viele haben eine ganz pragmatische Botschaft: »Ein Essen für eine Person reicht auch für zwei Personen; eines für zwei Personen reicht auch für vier Personen; eines für vier Personen reicht auch für acht.« Da beim gemeinsamen Essen keine sozialen Unterschiede gemacht werden sollten, fordert Muhammad von den Gastgebern: »Wenn einer eurer Diener euch bei der Zubereitung der Speisen Rauch und Hitze erspart, dann sollt ihr ihn bei der Hand nehmen und ihn sich zu euch hinsetzen lassen. Wenn er das ablehnt, dann sollt ihr einen Bissen nehmen und ihm zu essen geben.«

Die Bedeutung der Gemeinschaft beim Essen kommt auch in einer anderen Tradition zum Ausdruck: »Der Prophet besaß einen Riesentopf, genannt *al-gharrā'* (arabisch: die Wunderbare), den vier Männer zu tragen pflegten. Als sie am Morgen das Gebet verrichtet hatten, brachte man diesen Riesentopf und das Getreideessen darin. Sie versammelten sich um ihn. Als sie nun zahlreicher wurden, stellte sich der Prophet auf die Knie (um mehr Platz zu schaffen). Da sagte ein Beduine: Was ist das für eine Sitzhaltung? Da sagte der Prophet: Gott hat mich zu einem großzügigen Diener gemacht; er hat mich nicht zu einem ungerechten Gewaltherrscher gemacht. Dann sagte er: Esst von dessen (des Topfes) Seiten und lasst etwas übrig. So kommt Segen darüber herab.«

Zwar wird in der islamischen Orthodoxie ausdrücklich darauf hingewiesen, dass der Prophet Muhammad keine Wunder gewirkt habe. Schließlich sei er »nur« ein Mensch. Dennoch kennen die Traditionen der islamischen Volksreligion Berichte von Speisungswundern Muhammads, die an die »Wunderbare Brotvermehrung« des Neuen Testaments, Johannes 6, 1–15 erinnern. Einer dieser Berichte in Versform von dem Grammatiker Qutrub (gestorben 821) lautet so:

Für eine Person nur reicht die Tharīda.
Davon eine Schar wurde satt. Das war noch nie da.

Dreihundert wurden gespeist und hatten genug.
Nicht gereicht hätt's für Asketen im Lendentuch.

Einundzwanzig Datteln waren im Sack, wie man sagt.
Überliefert von Leuten, die die Wahrheitsliebe plagt.

Dreitausend Leuten wurde der Hunger gestillt.
Von den Resten der Beutel war wieder gefüllt.

Die Speisen, die Hātim al-Tā'ī seinen Gästen anbot, waren wohl von geringer kulinarischer Qualität. Auf den Wanderungen durch die Wüsten der arabischen Halbinsel musste man sich mit einfachen, manchmal auch höchst merkwürdigen Dingen den Magen füllen. Im Grunde wurde alles gegessen, dessen man habhaft werden konnte, wenn es nicht als ungesund oder giftig bekannt war. Eidechsen und Heuschrecken galten als Leckerbissen. Auf die Frage, was die schönste Speise sei, antwortete ein Beduine dem Omayyadenkalifen 'Abd al-Malik (gestorben 705): »Ein junges Kamel mit einem festen Höcker, geschlachtet, wenn es gesund und nicht erkrankt ist, gekocht in überschäumenden Kochtöpfen und mit eifrigen Messern zerteilt, an einem kalten Morgen.« Von speziellen Gewürzen oder Zubereitungsarten ist nicht die Rede. Diese einfache Zubereitung wird nun wiederum auf den Propheten Muhammad zurückgeführt. Dessen Lieblingsspeise soll die im obenstehenden Gedicht erwähnte *Tharīda* gewesen sein. Das war eine schlichte Suppe aus Fleisch- oder Gemüsebrühe mit darin eingeweichtem Brot. Besonders beliebt war sie, wenn sie mit schwarzem Pfeffer gewürzt wurde.

Tharīda (moderne Version)

Das Rezept stammt aus der Golfregion. Andere Namen dieses Gerichts sind *Tashrīb* oder *Fatta*.

Eine große Zwiebel in Stücke schneiden, in Öl anbraten, ein Huhn von 1 kg Gewicht in 8 Stücke teilen und zu der Zwiebel geben. Wenn das Fleisch angebraten ist, mit 250 ml Hühnerbrühe ablöschen. Kochen lassen, bis das Fleisch knapp gar ist. Die Hühnerteile aus der Brühe nehmen und entbeinen. Knochen und Haut wegwerfen. Fleisch kleinschneiden und wieder in die Brühe geben. Mit fein in Würfel geschnittenem Knoblauch, Salz und Pfeffer abschmecken und getrocknete Gewürze wie Piment, Kardamom oder die Gewürzmischung Ra's al-Hānūt, die Spitze des Ladens, nach Belieben zugeben. 15 Min. weiterkochen. 3 gekochte, gepellte und in Würfel geschnittene Kartoffeln und 1 kleine Dose Tomaten zugeben. Getrocknetes Fladenbrot zerreißen (alternativ getoastetes Brot in Stücke schneiden). Der Hühnertopf sollte eine breiähnliche Konsistenz haben. Diesen auf das Brot geben und servieren.

Aus Ägypten kommt eine der traditionellen *Tharīda* vergleichbare Brotsuppe. Sie wird während des Opferfestes am 10. Dhu l-Hijja zubereitet, dem letzten Monat des muslimischen Jahres, und auch an die Armen verteilt.

Brotsuppe

Aus Lammknochen, 500 g in mundgerechte Stücke geschnittenem Lammfleisch, Salz, Pfeffer und Wasser eine Brühe herstellen; dabei den auftretenden schmutzigen Schaum abschöpfen. Wenn das Fleisch weich ist, den Knochen entfernen, 250 g Reis zufügen, weitere 20 Min. kochen lassen. Altbackenes Fladenbrot in Stücke zerreißen und in eine Suppenterrine legen. 4 Knoblauchzehen schälen, durch die Knoblauchpresse drücken und in heißem Öl erhitzen, bis der Geruch aufsteigt. Mit einem guten Schuss Obstessig ablöschen, aufkochen und dann über das Brot schütten. Das Brot sollte durchfeuchten. Dann die Lammbrühe mit dem Fleisch und Reis darübergeben und servieren.

Dass man Gäste bewirtet, ist bis heute fester Bestandteil der orientalischen Lebensweise. Noch bis in die zweite Hälfte des 19. Jahrhunderts war es an manchen orientalischen Höfen Sitte, einen Gast erst nach drei Tagen nach seinem Begehr zu fragen. So lange hatte man ihm selbstverständlich eine Unterkunft zuzuweisen und ihn zu verköstigen. Durch diese zeitliche Eingrenzung konnte man ihn danach bitten weiterzuziehen, ohne sein Ansehen als Gastgeber zu verlieren. Natürlich gab es auch Personen, die die Gepflogenheiten der Gastfreundschaft rücksichtslos ausnutzten. Die arabische Literatur kennt die Gestalt des Schnorrers, für den der spezielle Ausdruck *tufailī* (eigentlich: kleinkindhaft) benutzt wurde. Es gibt eine Vielzahl von Anekdoten, die das

Verhalten eines *tufailī* beschreiben. Der Schnorrer rechtfertigt sich mit so amüsanten und schlagfertigen Formulierungen, dass die durch ihn gestörte Gesellschaft ihm nicht böse sein kann und ihn an ihrem Mahl teilnehmen lässt. Da kommt zum Beispiel ein *tufailī* zu einer Gesellschaft, die beim Essen ist, und fragt: »Was esst ihr denn da?« Um ihn abzuschrecken, antwortet der Hausherr: »Es ist Gift.« Da nimmt der Schnorrer mitten unter den Gästen Platz und sagt: »Wenn ihr alle sterbt, dann will ich auch nicht länger leben.« Die Schnorrer-Erzählungen tauchen schon sehr früh in der arabischen Literatur auf und wurden wegen ihrer humoristischen Elemente gerne tradiert. Dennoch war und ist das geschilderte Verhalten nicht geschätzt und schmälert bis heute das Ansehen der entsprechenden Personen in der Gemeinschaft. So verwundert es kaum, dass Schnorrer mit Schimpfnamen belegt werden wie etwa *taʾabbata sharran*. Der ein wenig umständliche Name bedeutet: der, der etwas Ekliges unter seiner Achsel trägt.

Die Omayyaden

Die einfachen Speisen der Beduinen und der sesshaften Händler der Städte auf der arabischen Halbinsel, die vor und während der Zeit des Propheten Muhammad und der jungen muslimischen Gemeinde konsumiert wurden, verschwanden in den ersten fünfzig Jahren, seitdem die muslimischen Heere mit dem Reichtum Mesopotamiens, Irans, Syriens oder Ägyptens bekannt geworden waren. Die neuen Eliten in Damaskus, der Hauptstadt der Dynastie der Omayyaden (661–750), und in den großen Provinzzentren gönnten sich eine »Fresswelle«. Schon Muʿāwiyya, der erste der Omayyadenkalifen (regierte 661–680) war als großer Esser bekannt. Der arabische Historiker Ibn Tiqtaqā (gestorben 1309), der nach der Herrschaft der folgenden Dynastie der Abbasiden (750–1258) seine Werke verfasste und als Schiit häufig auch anti-omayyadische Propaganda machte, schrieb über den täglichen Speiseplan des Kalifen: »Er aß fünfmal am Tag. Dabei war eine der Mahlzeiten besonders umfangreich. Dann pflegte er zu seinem Diener zu sagen: ›Nimm das weg. Ich bin zwar noch nicht ganz gesättigt. Aber es wird mir langweilig.‹« Und der Schriftsteller al-Thaʿālibī (gestorben 1038) beschrieb einen späteren Kalifen, Sulaimān Ibn ʿAbd al-Malik (regierte 715–717), als einen ausgesprochenen Vielfraß. So aß er sich denn auch zu Tode. »Eines Tages aß er dreißig Hühnchen, denen 100 Eier folgten. Dazu trank er mehrere Becher Dattelwein. Dann schlief er mit vier Jungfrauen. Jedenfalls hatte er sich überfressen. Er fiel in Ohnmacht, und das Schicksal streckte ihn nieder.«

Zu wenig ist über die Rezepte aus dieser Zeit bekannt. Aber offenbar ging Quantität vor Qualität. Immerhin rühmen sich Dichter der Omayyadenzeit der kulinarischen Köstlichkeiten, die sie genossen hatten. Ob das tatsächlich der Realität entsprach, muss wohl im Ungewissen bleiben. Immerhin erfährt man, was es an guten Dingen in der Wüste zu essen gab. So lobt der spät-omayyadische Dichter Abū l-Hindī (um 750) ironisch die dortigen Speisen:

Ich hab' Eidechsen gegessen und mich nicht gescheut.
Trockne Streifen von Pökelschaf lieb ich zu jeder Zeit.
Butter gab ich auf Datteln zur Verzierung.
Welch schönes Essen mit feiner Garnierung.

Unter Dornensträuchern Pilze mit Butterfett,
Kamelleber mit Höckerfett ist wirklich nett
Gebratenes Lamm an einem kühlen Tag, dafür mein Dank.
Aber Reispudding und große Fische machen mich krank.

Die Abbasiden

Der einfache, dabei mächtige Speisezettel veränderte sich unter den Herrschern der Abbasidendynastie, die in Mesopotamien mit Baghdad eine der glänzendsten Hauptstädte der damaligen Welt errichteten. Hier entwickelte sich unter dem Einfluss antiker griechisch-römischer und iranischer Traditionen eine Hochkultur, die sich auch im kulinarischen Leben spiegelte. Baghdad war das Zentrum eines komplexen und hocheffektiven Handelssystems, das Waren aus der gesamten bekannten Welt auf die Basare der Stadt und dann auch in die Küchen brachte. Man erhielt Olivenöl aus Griechenland und Italien, die verschiedenen Gewürze Indiens und der hinterindischen Inselwelt. Fleisch und Fett, Weizen und Reis, Gemüse und Früchte kamen aus der »näheren Umgebung«. Man lieferte zum Beispiel in der Saison Spargel aus der Ghota, der Gartenoase von Damaskus, mit der Stafettenpost innerhalb von zwei Tagen nach Baghdad. Das war allerdings ein Luxus, den sich nur der Hof des Kalifen und andere höchste Beamte leisten konnten, wie der Wesir oder der Oberpostmeister, der gleichzeitig Chef des geheimen Nachrichtendienstes war. Mit Zutaten aus den fremden Ländern verbreiteten sich die entsprechenden Zubereitungsarten. Die Veränderungen in der kulinarischen Kultur waren aber auch den Köchinnen und Köchen zu verdanken, die freiwillig oder als Sklaven aus dem abbasidischen Herrschaftsgebiet nach Baghdad kamen. So schenkte der Kalif Harun al-Raschid (regierte 786–809) seinem Halbbruder, Ibrahim ibn al-Mahdī, eine byzantinische Sklavin mit Namen Bid'a. Der Name bedeutet: »die in allem hervorragend ist«. Sie hatte einen weithin reichenden Ruf als Köchin und galt als Spezialistin für Desserts und kalte Speisen. Der Kalif al-Amīn (regierte 809–813), ein Sohn von Harun al-Raschid, hörte von ihren Kochkünsten und bat darum, dass sie ihm *Sikbāj* zubereite, so wie sie es einmal für ihn und seinen Vater gekocht hatte. Er habe nie wieder so etwas Gutes gegessen. Dem Wunsch wurde natürlich entsprochen. Die Bezeichnung für das Gericht stammt aus dem Persischen und bedeutet so viel wie »eine Art Essig«. Die Besonderheit der Zubereitung war, dass Bid'a das für das Gericht benötigte Fleisch mit kostbarem Räucherwerk wie Ambra und Aloe räucherte. Sie servierte das *Sikbāj* mit verschiedenen Würsten und Fladenbrot, gefüllt mit kleingeschnittenem Fleisch und sauer eingelegtem Gemüse, mit Teigtaschen und verschiedenen Gemüsesorten und Kräutern, die so angeordnet waren, dass sie wie ein Blumengarten aussahen. Der Kalif war begeistert und verfasste ein Gedicht, das mit den Versen begann:

Hier kommt Bid'a. Sie trägt ein Frühlingsgartengericht.
Es sieht aus, als sei es gekleidet in Gewänder aus Licht.

Der Halbbruder, Ibrahim al-Mahdī, wurde vom Kalifen reich beschenkt, die Köchin erhielt zur Belohnung eine Halskette im Wert von 300 000 Silberdirham.

Sikbāj (moderne Version)

1 kg Lammschulter in mittelgroße Stücke schneiden, mit einem Bund frischem Koriander, Zimt und Salz in einem Schmortopf mit Wasser bedecken und leicht kochen lassen, bis das Fleisch fast gar ist. Eventuell Schaum abschöpfen. Inzwischen eine große Zwiebel schälen und sehr klein schneiden, 500 g Porree putzen, die grünen Teile abschneiden und die Porreestangen quer in feine Streifen schneiden, eine Aubergine schälen, würfeln und in einem getrennten Topf in Olivenöl garen. Zwiebeln und Porree in den Schmortopf geben und 10 Min. mitkochen, dann die Auberginenstücke zugeben. Inzwischen 2 Tl Koriandersamen kurz anrösten und zerreiben. Ebenfalls in den Schmortopf geben und weitere 20 Min. kochen lassen. Unterdessen 250 ml Weißweinessig mit einigen Safranfäden und 1 El Honig mischen. Die Mischung muss eine gelbe Farbe bekommen, dann in den Schmortopf geben. 50 g kleingeschnittene getrocknete Feigen und 50 g kleingeschnittene getrocknete Datteln, einige eingeweichte Rosinen und 50 g Mandelsplitter auf den Inhalt des Schmortopfs legen. Zudecken und langsam für weitere 30 Min. weiterkochen. Eventuell etwas Lammfond zugießen. Das Fleisch auf einer Platte mit den Früchten und Mandeln umgeben. Wer mag, kann einige Pinienkerne kurz anrösten und zu dem Fleisch geben. Mit etwas Rosenwasser besprengen.

Dieses Rezept folgt einem Vorschlag des Kochs Ian Fraser auf Anregung von David Waines. Waines ist einer der originellsten Forscher zur kulinarischen Geschichte in islamischen Gesellschaften. Er hatte Ian Fraser vorgeschlagen, mittelalterliche arabische Gerichte in einem neuen Gewand zu präsentieren.

Der britische Sozialanthropologe Jack Goody hat in seinem Buch *Cooking, Cuisine and Class. A Study in Comparative Sociology* darauf hingewiesen, dass für die Entstehung einer bedeutenden Küche neben Zutaten und Rezepten vor allem eine beträchtliche Anzahl von »abenteuerlustigen Essern« vorhanden sein müsse. Es reiche nicht aus, dass ein Hof mit seinem führenden Personal die Mittel hätte, gut zu essen. Vielmehr müsste es auch einen größeren Mittelstand von Beamten, Offizieren, Künstlern und Kaufleuten geben, die an einer experimentierfreudigen Küche interessiert und dazu bereit und in der Lage wären, dafür die entsprechenden finanziellen Mittel aufzuwenden. Dieser Mittelstand entwickelte sich im Abbasidenreich sehr rasch. Im Übrigen war die arabische Gesellschaft dieser Periode durch eine hohe soziale Mobilität geprägt. Politische Wechselfälle konnten es mit sich bringen, dass sich ein Wesir plötzlich all seiner Mittel beraubt im Gefängnis wiederfand. Dagegen konnte ein Handwerker, ein einfacher Schreiber oder Musiker durch einen Glücksfall unverhofft in die Oberschicht aufsteigen. Das Wissen um gutes Essen und interessante Zutaten verbreitete sich durch diese soziale Mobilität in allen Schichten. Vor allem die Kriterien für kulinarische Qualität gehörten seit dem 9. Jahrhundert zum Allgemeinwissen. Kochen, Essen und Trinken wurden zu einem beliebten Zeitvertreib vieler wohlhabender Leute.

Die Tätigkeit des Kochens war so angesehen, dass sich Künstler, Intellektuelle, ja sogar die Kalifen selbst darin versuchten. Nicht immer waren sie sich jedoch ihrer kulinarischen Kompetenz sicher. In solchen Situationen holten sie gerne einen erfahrenen professionellen Koch hinzu. Immerhin kennen wir einige Dichter oder Sänger, die für bestimmte Speisen ebenso berühmt waren wie für ihre anderweitigen künstlerischen Qualitäten. So wird von der berühmten Sängerin Arīb, die es sogar zur Titelfigur eines modernen deutschen Romans gebracht hat, berichtet, dass man sie einmal antraf, als sie in drei Töpfen gleichzeitig kochte. Sie verfügte offenbar über eine besondere Virtuosität in kulinarischen Dingen. Von dem Dichter und größten Sänger seiner Zeit, al-Mukhārik (gestorben 844), hieß es, dass er eine ausgezeichnete *Harīsa* zuzubereiten wusste. Noch heute sind zahlreiche weitere *Harīsa*-Rezepte bekannt, die aber nicht mit denen für die gleichnamige scharfe tunesische Würzpaste »Harissa« verwechselt werden dürfen. Der Rezeptname hängt mit dem arabischen Wort für »zermalmen« oder »zerquetschen« zusammen.

Harīsa mit Zucker

Das Rezept stammt von der arabischen Halbinsel.

1 kg Fleisch am Knochen in Wasser kochen und dabei den Schaum abschöpfen. Wenn das Fleisch weich ist, aus der Brühe heben, die Knochen entfernen und das Fleisch in kleine Stücke schneiden. Das Fleisch mit drei Tassen Weizenkörnern zurück in die entstandene Brühe geben und so lange köcheln lassen, bis die Weizenkörner ganz weich sind. Eventuell noch heißes Wasser nachgießen. Dann vom Feuer nehmen und mit einem Holzlöffel so lange stampfen, bis die Weizenkörner zerquetscht sind. Danach in eine Schüssel geben und neben einer Prise Zucker und Butterschmalz eine Prise gemahlenen Kardamom und Zucker oder Honig darübergeben.

Nach diesem Prinzip kann eine *Harīsa* auch aus einer Brühe von einem halben Huhn und anderem Fleisch hergestellt werden, zu der Weizenkörner oder Weizengrütze hinzugefügt werden. Nach dem Garen wird die Mischung mit Salz und getrockneten Kräutern gewürzt, die Weizenkörner werden zerstoßen.

Der Kalif al-Muʿtasim (regierte 833 – 842) machte sich ein Vergnügen daraus, bei manchen seiner abendlichen Gastmähler ein Wettkochen unter seinen Gästen zu veranstalten. Anschließend kostete er die einzelnen Gerichte und bewertete sie. Der Koch des Gerichts, das ihm am besten gefallen hatte, wurde mit einem besonderen Geschenk bedacht. Sein Vorgänger, der bedeutende Kalif al-Maʾmūn (regierte 813 – 833), soll sogar selbst gerne gekocht haben. Es wird berichtet, dass er einmal ein Gericht mit Moschus überwürzt und es damit ungenießbar gemacht hatte. Vielleicht wollte er durch die sehr teure Beigabe auf seinen Reichtum hinweisen, obwohl diese Tatsache seiner Umgebung sicherlich auch mit einer genießbaren Speise bewusst gewesen sein muss.

Zu den besonders geschätzten Zutaten gehörten während der Herrschaft der Abbasiden manche, die importiert worden waren. Heute sind diese Gemüse und Ingredienzien dagegen zu Basiszutaten der orientalischen und der mediterranen Küchen geworden, so etwa die Aubergine. Sie war den Arabern wohl schon mit der Eroberung Irans bekannt geworden, doch noch im 9. Jahrhundert galt sie als etwas Außergewöhnliches. Ärzte meinten, sie sei ungesund, und man fand sie allgemein zu bitter. Ein zeitgenössischer Beduine soll sie so beschrieben haben: »Ihre Farbe hat die vom Bauch eines Skorpions und sie schmeckt wie sein Stich.« Es hatte wohl einiger Experimente bedurft, ehe man darauf kam, dass die Bitterstoffe der Aubergine durch die Zugabe von Salz auf die rohen Stücke der Frucht reduziert werden können.

Am 23. Dezember 825 heiratete der Kalif al-Maʾmūn eine junge Frau namens Khadija, die den Spitznamen Būrān hatte, nach einer vorislamischen persischen Prinzessin. Sie war die Tochter seines ehemaligen Wesirs al-Hasan Ibn Sahl. Es wurde eines der prächtigsten Feste gefeiert, die Baghdad je gesehen hatte und je wieder erleben würde. Das Auberginengericht, das bei dieser Gelegenheit angeboten wurde, war für die damalige Zeit angesichts der Bedeutung der Veranstaltung also etwas Außergewöhnliches. Dabei waren es aus heutiger Sicht lediglich Auberginen, die man gesalzen und gewaschen und danach in Fett ausgebacken habe. Manche arabischen Autoren behaupteten, dass Būrān dieses Gericht selbst erfunden habe. Daher habe es ihren Namen,

Būrāniyya, erhalten. Die Rezeptur entwickelte sich weiter und wurde komplizierter. Im maurischen Andalusien höhlte man die Aubergine aus, mischte das Fruchtfleisch mit Gehacktem, füllte die Mischung in die ausgehöhlte Schale und briet alles. Der Name der Prinzessin wurde später sogar für Kürbisgerichte verwendet, die mit Fleisch gefüllt waren. Heute noch gibt es die Bezeichnung *Būrānī* oder *Būrāniyya* für ähnliche Gemüsegerichte in der syrischen und libanesischen Küche, und sie findet sich auch in denen der Türkei, Spaniens, Griechenlands und in der Küche des Balkans.

Būrāniyya

Das Rezept stammt aus dem arabischen Kochbuch des Ibn Sayyār al-Warrāq aus dem 10. Jahrhundert.

Suche schlanke Auberginen aus, stich sie mit einem Messer ein, schneide die beiden Enden ab und leg sie in Salzwasser. Brate die abgetrockneten Auberginen in einem kleinen Topf in Oliven- und Sesamöl, bis sie gar sind. Besprenge sie mit etwas Murrī (eine säuerliche Würzsoße), schwarzem Pfeffer und Kümmelsamen. Schneide einige Raute-Blätter auf das Gericht und serviere es, so Gott will.

In einer erweiterten Version aus demselben Kochbuch werden zur Aubergine Walnüsse, Raute und Korianderblätter gegeben:

Die Aubergine wird auf einer Platte ausgebreitet. Darauf werden 20 (geschälte) Walnüsse gegeben, während das Gericht noch heiß ist. Die Platte wird anschließend mit einem Leinentuch abgedeckt, damit die Nüsse ihr Öl an die Aubergine abgeben können. Dann werden noch etwas klein geschnittener Porree, frische Rauke- und Korianderblätter, die alle in Olivenöl frittiert sind, darüber gegeben.

Die Eliten konnten sich also manche Produkte leisten, die der einfachen Bevölkerung, aber auch dem Mittelstand nicht zugänglich waren. Neben feinem Fleisch oder Fisch waren es vor allem die zahlreichen kostbaren Gewürze, die den standesgemäßen Unterschied ausmachten. Ibrahim al-Mahdī, der Prinz aus dem Hause der Abbasiden, war nicht nur Dichter und begnadeter Musiker, sondern auch ein besonderer Gourmet. In den Wirren um die Nachfolge seines Vaters, des Kalifen al-Mahdī, herrschte er von 815 bis 817 als Kalif, wurde aber nie wirklich als solcher anerkannt. Als er abdanken musste, kam er zu seinem Glück mit dem Leben davon. Ob das an seinem schönen Gesang lag, an seiner kulinarischen Begabung oder weil er keine politische Gefahr darstellte, wissen wir nicht. Zugeschrieben wird ihm ein ganz besonderes Gericht, bei dem gehacktes Fleisch mit Fleisch im Ganzen kombiniert wird.

Ibrahīmiyya

Übersetzung des Originalrezepts aus dem *Kitāb al-Tabīkh* des al-Kātib al-Baghdādī aus dem 13. Jahrhundert.

Schneide Fleisch in mittelgroße Stücke, bedecke es in einem Topf mit Wasser, salze nach Geschmack und gib ein Gewürzsäckchen mit gemahlenem Koriander, gemahlenem Pfeffer, fein gehacktem Ingwer hinein, ferner einige Zimtstangen und Mastix. Gib ferner einige kleingeschnittene Zwiebeln dazu. Forme aus dem Gehackten kleine Bällchen auf die übliche Art und gib diese dazu. Wenn alles gar ist, entferne das Säckchen. Dann mische Traubensaft mit fein geschnittenen Mandeln und Wasser. Falls die Kombination zu sauer ist, füge etwas Zucker hinzu. Gib diese Mischung in den Topf. Dann lass ihn noch eine gute Stunde auf dem Feuer köcheln. Wenn alle Zutaten gar sind, wische die Seiten des Topfes mit einem sauberen Tuch ab und sprenge etwas Rosenwasser über das Gericht und serviere es dann mit Gottes Hilfe.

Nach dem Ende der Abbasidenherrschaft sorgten politische Wirrnisse auch für eine Verschlechterung der kulinarischen Situation. In Mesopotamien war die landwirtschaftliche Produktion durch die Auseinandersetzungen mit mongolischen Truppen schwer in Mitleidenschaft gezogen worden, der internationale Handel wurde durch hohe Zölle belastet. Daneben litt die ökonomische Gesamtsituation unter der auftretenden portugiesischen und spanischen Konkurrenz, sodass sich selbst die Mamlukenherrscher in Kairo ihre Speisen auf den Basaren kaufen lassen mussten. In Nordafrika befehdeten sich die Herrscher untereinander und sahen sich zugleich konfrontiert mit den christlichen Regenten Spaniens, die die iberische Halbinsel unter ihre Herrschaft gebracht hatten. Muslime und Juden waren von dort vertrieben worden. Sie hatten auf der anderen Seite des Mittelmeers alsbald eine neue Heimat gefunden. Noch heute gibt es im marokkanischen Fez einen Stadtteil der Andalusier. Und sefardische Juden verschlug es bis nach Thessaloniki, wo sie das städtische Leben und die Küche bis zu ihrer Deportation durch die Nazis befruchteten. Andalusische Muslime und Juden verbanden die Eleganz und Raffinesse ihrer andalusischen Küche mit den Traditionen Nordafrikas und des östlichen Mittelmeerraums. Auch weiter östlich fanden sie Schutz unter der Herrschaft des neu entstandenen Osmanischen Reiches.

Osmanen

Erst durch das Erstarken des Osmanischen Reichs lassen sich in den Küchen des Orients wieder Veränderungen und Fortschritte erkennen. Das Reich bestand aus zahlreichen Provinzen mit unterschiedlichen klimatischen Verhältnissen und entsprechenden kulinarischen Traditionen, darunter die zentralasiatischen und jene aus den arabischen Provinzen oder des Balkans. Das Netz an Straßen zwischen den einzelnen Verwaltungszentren war gut ausgebaut, und die steigende Intensität der Schifffahrt auf den großen Flüssen und auf dem Mittelmeer trug erheblich zur guten Versorgung der Bevölkerung bei. Die Lieferung von Lebensmitteln war weitgehend gesichert. Die osmanische Administration galt bis in das 17. Jahrhundert in ganz Europa als vorbildlich. Denn die Mitarbeiter der Verwaltung wurden nach ihrer Kompetenz ausgewählt. Auf die adelige Herkunft wie im christlichen Abendland wurde keine Rücksicht genommen. Nach diesen Prinzipien funktionierte auch die Organisation der großen Küchen. Am Hof des Sultans gab es ein geradezu bürokratisches Küchensystem. Mehr als tausend Bedienstete waren in den Küchen beschäftigt. Eine von den Küchen arbeitete nur für den Sultan, eine andere nur für seine Mutter. Vor allem mussten neben dem engeren Hofstaat auch sämtliche Bedienstete ernährt werden, und die zählten in die Tausende. Dies geschah entsprechend den verschiedenen Rangstufen der Bediensteten.

Über die unterschiedlichen Speisen, die bei Hofe gekocht und gegessen wurden, sind wir durch die umfangreichen Listen der höfischen »Beschaffungsstellen« unterrichtet. Sie führten die verschiedenen Arten von Lebensmitteln, die gelieferten Mengen und die entstandenen Kosten genauestens auf. Essen als institutioneller Vorgang gehörte am osmanischen Hof zur Diensttätigkeit vor allem der höheren Autoritäten. Als weniger wichtig erwiesen sich die bei dieser Gelegenheit geführten Tischgespräche, obwohl hier die politischen oder verwaltungstechnischen Fragen der vorausgehenden Verhandlungen in einem informellen Rahmen weiterbesprochen wurden. Die eigentliche Bedeutung dieser Essen, die ja schlussendlich auf Einladung des Herrschers stattfanden, war die Demonstration der Abhängigkeit der Minister und Gouverneure vom Sultan. So wurden den Wesiren nach den Kabinettssitzungen reichhaltige Mahlzeiten geboten, die aus bis zu sechs Gängen bestanden. Das Menü begann traditionell mit einem Reisgericht, dem eine Hühnersuppe folgte. Danach gab es für die osmanische Küche typische Gerichte wie *Dolma* oder *Börek* als Fleisch- oder Gemüsespeisen, die in Weinblätter oder in unterschiedliche Arten von Teig eingewickelt und gegart worden waren. Darauf folgten Süßspeisen, beispielsweise die verschiedenen Baklava-Sorten. Den Abschluss des Menüs bildete der Fleischgang mit unterschiedlich zubereiteten

Köfte, die alle ihre speziellen Namen hatten, oder Kabab. Der Sultan ließ aber auch täglich bis zu tausend Essen an die Bevölkerung Istanbuls verteilen. Sie werden weniger aufwendig zubereitet worden sein. Von Luxusspeisen wurde jedenfalls nicht berichtet.

Kadınbudu-Köfte (Frauenschenkel-Köfte)

Dabei wird 125 ml leicht gesalzenes Wasser gekocht, in das man wenig Reis gibt, den man stehen lässt. Inzwischen werden sehr fein gehackte Zwiebeln in Butter angeschwitzt. Der abgegossene Reis kommt dazu und wird aufgekocht, bis die Flüssigkeit verdampft ist. In einem anderen Topf wird Lammhack angebraten. Dies wird nun mit der gleichen Menge rohem Lammhack und der Reis-Zwiebelmischung, Salz, Pfeffer, Zimt und einem Ei einige Min. gut durchgeknetet und schließlich zu hühnereigroßen und dann abgeflachten Klößchen geformt. Man kann sie anschließend in Mehl oder Paniermehl und Ei wälzen, um sie darauf in Öl auf beiden Seiten zu braten und zum Schluss in der Pfanne vom Feuer zu nehmen und 5 Min. mit geschlossenem Deckel im eigenen Dampf stehenzulassen. Vor dem Servieren können sie mit etwas Zimt bestreut werden.

In einigen Rezepten dieses Gerichts wird fein gewiegte Petersilie hinzugefügt oder eine Gewürzmischung aus verschiedenen Pfeffersorten, Kumin, getrockneter Minze und Oregano. Die Besonderheit besteht in der Verwendung von unterschiedlich gegartem Gehacktem.

Vor allem bei großen Festen wie der Beschneidung eines Prinzen gab es eine vermutlich auf zentralasiatische Vorbilder zurückgehende Praxis, die in den Quellen als *Yagma* (Plünderung) bezeichnet wird. Die »Reste der Tafelrunde«, die nach den in ihren Mengen überbordenden

Mahlzeiten der politischen Führung übrig blieben, wurden den Wachen der Janitscharentruppen überlassen, die sich dieser in einem lebhaften Konkurrenzkampf bemächtigten. In späteren Zeiten entwickelte sich zu diesen Anlässen eine Art von Ritual. Der Großwesir musste zuerst den Sultan um Erlaubnis bitten, ehe sich die Soldaten auf die bereitstehenden Speisen stürzen konnten. Bei solchen Gelegenheiten wurden 200 gekochte und 300 gebratene Schafe präsentiert. In jedem Schaf war eine lebende Taube verborgen, die dann erlöst wurde und losflatterte. Außerdem gab es 4500 Platten mit Reis. Trotz aller höfischen Ordnung ging es bei diesen Anlässen nicht selten disziplinlos zu. Nach einer ritualisierten Plünderung im Jahr 1715 in Edirne waren nicht nur die Speisen verschwunden, sondern auch noch 56 Kupferkessel, von denen ein Teil nur geliehen war. Der Nürnberger Salomon Schweigger, der sich 1577 einer österreichischen Gesandtschaft an den osmanischen Hof angeschlossen hatte, schreibt nicht ohne Verblüffung:

»Als wir nun vom Essen aufstunden, da platzten die Zauschen (Kammerherren) und andere ihresgleichen fürnehme Personen in die überbliebenen Speisen mit solcher Ungestüm, als wann Geiren und Raubvögel auf den Raub fallen. Dann als wie dies Bankett vor unseren Augen ein schlecht Ansehen hätt (dann ich sagt zu einem unter uns: ›Im Teutschland geht es auf einer Bauernkirweih stattlicher zu!‹), also hielten sie es für ein stattlich und kaiserlich Bankett. Deshalben raubten sie und trugen hinweg, was da war – eine feine bäurische und tölpische Hofweis, die solchen Barbaris nicht übel ansteht.«

Aber nicht nur die direkt bei der Hohen Pforte beschäftigten Verwaltungskräfte, sondern auch alle Untertanen des Sultans, die irgendwie mit dem Hof zu tun hatten, wurden aus der Küche des Sultans versorgt. Dabei spielte Fleisch eine wichtige Rolle, das als besonders prestigeträchtig angesehen wurde und dementsprechend teuer war und bei festlichen Gelegenheiten in der Stadt verteilt wurde. Die Gärten in der Umgebung von Istanbul mit großen Abteilungen zur Produktion von Gemüse und Obst dienten nicht nur zur Versorgung des Hofes, sondern ernährten auch die Bevölkerung der Stadt. Aber die Erntemengen für die ständig wachsende Bevölkerung Istanbuls dürften auf Dauer nicht ausgereicht haben. Immerhin verarbeitete die Küche des Hofs allein vierzig verschiedene Sorten von Auberginen, die aus den Sultansgärten stammten.

Der Hof des Sultans galt im Allgemeinen als Vorbild für die Eliten des Osmanischen Reiches. Seine kulturellen Standards prägten nicht zuletzt den kulinarischen Bereich. Auch bei den wohlhabenden Osmanen, die nicht bei Hofe tätig waren, wurden mehrgängige Menüs angeboten, bei denen die verschiedensten Speisen zu einem Gang zusammengefasst waren. Dazu gehörten drei Arten von Fleischzubereitungen: süß, sauer und normal. Auf den Tisch kamen gefüllte Zwiebeln oder Zucchini, gefüllte Weinblätter, Spinat, in zahlreichen Varianten zubereiteter Reis, verschiedene Börek-Arten und Süßspeisen aus Früchten oder die unvermeidlichen Baklava-Sorten. Natürlich bildeten sich regionaltypische Gerichte heraus. Aber im Laufe der Zeit hatte sich ein gemeinsamer Küchenkanon entwickelt, den man zu Recht als osmanische Küche bezeichnen kann.

Safawiden

Die heutige persische Küche wird von einigen Historikern direkt mit der Dynastie und dem Hof der Safawiden (1501–1722) in Verbindung gebracht. Gewiss ist, dass sich am Hof von Isfahan und bei der in der prächtigen Stadt ansässigen wohlhabenden Bevölkerung in mehr als zweihundert Jahren der Herrschaft dieser Dynastie eine komplexe kulinarische Kultur entwickelt hat. Angehörigen der safawidischen Eliten ist die Wiederentdeckung von Reis zu verdanken. Er war in Iran in vorislamischer Zeit schon bekannt gewesen. Die arabischen Eroberer hatten ihn aber nicht sehr geschätzt. Stattdessen hatte sich Brot als das eigentliche Grundnahrungsmittel in Iran durchgesetzt. Unter den Safawiden begann man erneut, die Zubereitung von Reis zu verfeinern, und entwickelte den Umgang mit ihm zu einer hohen Kunst. Bis heute muss dieser *Poläw* genannte Reis locker und leicht sein, nicht vergleichbar mit den ostasiatischen Formen des Klebereis. Man entdeckte, dass man

ihn mit Kräutern würzen konnte oder mit dem teuren Safran. Zeit-
gleich finden sich hier auch die ersten Kombinationen mit Früchten,
für die die iranische Küche bekannt geworden ist.

Lamm-Polāw

Da bisher keine safawidischen Kochbücher bekannt sind,
sei hier ein Rezept aus der Zeit der nachfolgenden Dynastie der Qajaren (1779 – 1925) in der Übersetzung von Bert
G. Fragner mitgeteilt.

So wird er zubereitet: Man schneide Lammfleisch in kleine Stücke
und gebe sie (in ein entsprechendes Gefäß) hinein. Für eine Mahlzeit nehme man ein zierliches wohlgemästetes Milchlamm; ferner
füge man reichlich (eingeweichte) Kichererbsen hinzu, die mit der
Hand von der Schale befreit werden, ohne sie zu zerquetschen.
Dann gibt man 20 Methqāl (circa 80 g) Zimtrinde bester Qualität, 10 Methqāl (circa 40 g) Ingwer in groben Stücken, 10 Methqāl
Pfeffer sowie 10 Methqāl Kardamom und Gewürznelken hinein.
Das alles soll mit gerösteter gehackter Zwiebel und verlesenem
weißem Reis kochen, der keinesfalls gebrochen sein darf. Sollte
Mark aus einigen Röhrenknochen zur Verfügung stehen, gebe man
es hinzu. Man muss dieses Gericht in einem Durchgang kochen;
den erwähnten Reis füge man, gut gewaschen, erst dann bei, wenn
das Fleisch weich geröstet ist. Sobald das Gericht ein zweites Mal
(aufgekocht wurde und ihm viel gehackte Zwiebeln, mit 5 Methqāl
(circa 20 g) Kermaner Kümmel bestreut, eine angemessene Menge
Salz und Fett beigegeben worden sind, setze man den Deckel auf
das Gefäß und verschließe ihn fest mit einem Teigrand. Unter das
Gefäß lege man maßvoll Holzkohlenglut. Nach einer Stunde öff-
ne man den Deckel und bezeuge fürwahr Gottes Allmacht. Wenn
man Lammfleischbällchen hineingibt, so passt das durchaus dazu.

Besonders beliebt waren die verschiedenen Sorten von Sorbets. Am Safawidenhof gab es dafür einen speziellen Aufbewahrungsort, den der deutsche Reisende Engelbert Kämpfer (1651–1716) 1684 beschrieb: »Dem Hofsorbetkeller ist der Hofsorbetmeister vorgesetzt, der die Bereitung der Sorbets überwacht. Unter Sorbet versteht man einen Kühltrank, gemischt aus Wasser, Zucker, dem Saft von Südfrüchten und einer kleinen Gabe Rosenwasser … In dem gesamten Hofsorbetkeller werden nicht nur Bestandteile zur Sorbetbereitung aufbewahrt, sondern auch mannigfache Essenzen, Wurzeln und Früchte, teils eingezuckert, teils in Essig eingelegt, sowie allerlei Getränke in flüssiger oder eingedickter Form.« Die moderne iranische Küche pflegt bis heute die zahlreichen Reisgerichte ebenso wie die verschiedenen Sorten von Sorbets. Offenbar ist die Tradition der Zubereitungen nicht nur auf die höheren Schichten der iranischen Gesellschaft beschränkt geblieben.

Granatapfel-Orangen-Sorbet

Die Kombination von Granatapfel- und Orangensaft ist bei iranischen Gerichten weit verbreitet. Diese Zubereitung stammt aus einem bekannten Restaurant in Isfahan.

250 ml Wasser und 250 g Puderzucker in einem Topf mit schwerem Boden langsam erhitzen, bis sich der Zucker aufgelöst hat. Dann aufkochen und 1 Min. kochen lassen. Vom Feuer nehmen und etwas abkühlen lassen. 250 ml Orangensaft und 150 ml Granatapfelsaft in den warmen Sirup gießen und gut durchmischen. Einige Fäden Safran zerreiben, mit wenig warmem Wasser mischen und dazugeben. Frische gemahlene Kardamom-Samen ebenfalls hinzufügen. Die Mischung im Kühlschrank ganz abkühlen lassen. In der Speiseeismaschine nach Vorschrift des Herstellers fertigstellen. Bis zu 3 Tagen in einer Plastikschüssel im Tiefkühler einfrieren.

Die Moghul-Herrscher

An den indo-muslimischen Höfen wurde die Küche, aber auch das mit dem Essen verbundene Ritual von einer Kombination aus persischen, zentralasiatischen und indischen Elementen bestimmt. Der marokkanische Weltreisende Ibn Battūta, der im 14. Jahrhundert den Hof der Delhi-Sultane besuchte, berichtet, dass bei offiziellen Essen zunächst Zuckerwasser gereicht wurde, das mit Rosenwasser parfümiert war. Danach wurden die zahlreichen Speisen serviert. Abgeschlossen wurde das Essen mit dem Konsum von Betelnüssen und -blättern. Sehr beliebt war *Samūsak*, das unter dem ähnlichen Namen *Sambūsak* in den Küchen des Mittleren Ostens bekannt ist. Es gehört zu den zahlreichen Gerichten, bei denen fein gehacktes Fleisch mit Pistazien, Mandeln, Walnüssen, Zwiebeln und verschiedenen Gewürzen gemischt und kurz gegart wird, ehe die Mischung in einen dünnen Teig eingewickelt und in Ghee oder Öl ausgebacken wird. Die Aristokraten pflegten ihren gesamten Verwaltungsapparat mittags zu beköstigen. Dabei wurde offenbar nicht gespart. Es gab gutes Brot, Ziegenfleisch, Hühnchen und Reisgerichte. Zu den Getränken gehörte eine Art von Bier und gezuckertes Wasser. Zum Abschluss wurden Betelblätter gereicht. Blieb von den Mahlzeiten etwas übrig, wurde es an die Armen verteilt.

Nach der Vernichtung des Delhi-Sultanats durch Timur im Jahr 1398 entstanden eine Reihe von muslimischen Kleinstaaten, von denen Mandu in Zentralindien unter der Herrschaft von Ghiyath Shahi (15./16. Jahrhundert) besonders erstaunt. Der Sultan erklärte bei seiner Thronbesteigung, dass er keine Kriege führen und sich stattdessen dem Vergnügen widmen werde, an dem sich sein Volk beteiligen sollte. In der Folge nannte man die Hauptstadt nur noch *Shadiyabad* (Stadt der Freude). Seinen Sohn setzte er als Nachfolger ein, damit er die eigentlichen Regierungsgeschäfte führte. Ghiyath Shahi ließ sich zahlreiche Sklavinnen zuführen. Nach der Überlieferung sollen es 16 000 gewesen sein. Die klügsten von ihnen erhielten eine Ausbildung. Sie lernten tanzen, singen, ein Musikinstrument spielen, vorlesen und rezitieren. Andere wurden, um sein hedonistisches Leben finanzieren zu können, in Verwaltungspraxis oder im Rechnungswesen unterrichtet und waren in der Lage, erfolgreich Manufakturen zu leiten. Mit diesen Frauen verbrachte er die Essenszeit. Obendrein hatte er eine weibliche Armee von 500 abessinischen Sklavinnen aufgestellt, die Rüstungen trugen und mit Schwert und Schild umgehen konnten. Er rief Dichter, Miniaturmaler und Kalligraphen an seinen Hof. Nicht zuletzt waren es aber auch Köche, die sehr erfindungsreich waren und verschiedene Rezepte entwickelten, wie ein mit Miniaturen geschmücktes Kochbuch zeigt.

Die Herrscher der folgenden Moghul-Dynastie stammten ursprünglich aus Zentralasien. Babur (gestorben 1530), der Gründer der Dynastie, fand keinen Gefallen an der indischen Küche und zog die türkische vor. Sein Nachfolger Humayun (gestorben 1556) zeigte gar kein Interesse an der Kochkunst. Erst der Moghul-Kaiser Akbar (regierte 1556–1605) und seine beiden Nachfolger Jahangir (regierte 1605–1627) und Shahjehan (regierte 1627–1658) legten wieder gesteigerten Wert auf eine gute Küche. Natürlich blieb der Einfluss der türkischen und persischen Küche bei Hofe immer noch deutlich erkennbar. Aber die vegetarischen Lehren des Hinduismus gewannen Einfluss auch auf die muslimische Oberschicht in Indien. Von dem Moghul-Kaiser Akbar wird berichtet, dass er kaum Fleisch zu sich nahm. Nach dem Bericht des Jesuiten Antonio Monserrate aus dem Jahr 1580 verzichtete Akbar auf Fleisch an jedem Freitag, an jedem Sonntag, an jedem ersten Tag der Monate des Sonnenjahrs, während des gesamten Monats Farwadin (März) und dann auch noch während des Ābān (November), jenes Monats, in dem er geboren war. Der Oberbegriff der Speisen, die er in dieser Zeit zu sich nahm, war *Safiyāna*, abgeleitet von dem arabischen Wort für »rein«. Offenbar hat den Jesuitenpater die Nähe zu den Fastenregeln des westlichen Christentums besonders beeindruckt. Leider hat er nichts über die muslimischen Fastenpraktiken am Hofe Akbars berichtet.

Akbar pflegte im Übrigen nur einmal am Tag zu essen. Allerdings gab es keine festgelegte Essenszeit. Daher musste die Küche ständig in Bereitschaft sein. Sobald der Herrscher Appetit verspürte, mussten innerhalb von einer Stunde hundert verschiedene Gerichte serviert werden. Die Bedeutung des Speisens wird von dem Moghul-Historiographen Abul Fazl erklärt: »Die Ausgeglichenheit der menschlichen Natur, die Körperkraft, die Fähigkeit zur Aufnahme der äußeren und inneren Begabungen und der Gewinn weltlicher und religiöser Vorzüge hängen letztlich von der richtigen Sorgfalt ab, die sich in der angemessenen Speise zeigt. Dieses Wissen unterscheidet den Menschen vom Tier.« Rind- oder Kalbfleisch wurde unter der Herrschaft Akbars in der Hofküche jedenfalls nicht verwendet. Das mag an der Bedeutung dieser Tiere im Hinduismus gelegen haben. Es stand aber auch nur selten auf dem mittelalterlichen arabischen oder persischen Küchenzettel. Umso wichtiger waren in der Moghul-Küche Reisgerichte. Wie in Iran wurde auch hier aus seiner Zubereitung nahezu ein Kult gemacht. Trotz der größeren Nähe zu den wichtigen Bezugsquellen für Gewürze spielten diese eine eher geringe Rolle bei der Verfeinerung der Gerichte. Immerhin wurden Pfeffer, Kardamom, Koriandersamen, Zimt, Nelke und frischer Ingwer verwendet. Von den starken südindischen Würzmitteln ist dagegen nichts überliefert. Großen Wert legte man auf Gemüse und Früchte. Der Moghul-Hof unterhielt ausgedehnte Gärten und Obstplantagen, in denen die unterschiedlichsten Obst- und Gemüsesorten angebaut wurden. Mit besonderer Aufmerksamkeit widmete man sich der Aufzucht des Geflügels, das für die herrscherliche Küche vorgesehen war. Die Tiere wurden nicht nur mit der Hand gefüttert, sie bekamen auch Brotstückchen, die mit Safran und Rosenwasser vermischt waren. Darüber hinaus wurden sie täglich mit Öl und Moschus massiert. Die Gerichte aus Geflügelfleisch waren häufig kompliziert, haben sich aber teilweise bis heute in der indo-muslimischen Küchentradition erhalten. Sie werden wie *Murgh musallem* (entbeintes und mit Reis gefülltes Huhn) oder *Biryani* immer noch zubereitet.

Biryani

Das Rezept folgt einem Vorschlag von Joyce Westrip, die die überlieferten Rezepte der Moghul-Küche modern adaptiert hat.

1 kg Lammfleisch in kleinere Stücke (circa 2 cm) schneiden. 2 große Zwiebeln schälen und in Streifen schneiden, 4 El Ghee (oder Butterschmalz) erhitzen, Zwiebeln anbraten. 2 Knoblauchzehen durchpressen, 1 Stück Ingwer sehr klein schneiden und mit dem Knoblauch gut vermischen, zu den Zwiebeln geben, das Fleisch hinzufügen und gut anbraten, 5 Nelken, 1 Tl Kardamompulver, 2 Stück Zimtrinde, etwas Kurkuma, etwas Chilipulver dazugeben, des Weiteren 200 g Joghurt, 100 ml Lammfond und salzen. 40 Min. kochen lassen, ab und zu umrühren. Reis waschen, in einem Topf knapp mit Wasser bedeckt 5 Min. bei mittlerer Hitze kochen lassen. Den Backofen auf 180° (Umluft 150°) vorheizen. In eine ofenfeste Form mit Deckel das Fleisch einfüllen. Den Reis abgießen und darüberschichten. Fest verschließen. 1 Std. garen. Eine Handvoll Pinienkerne, eine Handvoll geschälte Mandeln kurz trocken rösten, 50 g Rosinen mit Rosenwasser parfümieren. Über den Reis geben.

Aus den Quellen zur Geschichte des Moghul-Reichs wird besonders deutlich, dass die Herrscher in ständiger Furcht lebten, durch die dargebotenen Speisen vergiftet zu werden. Alle nur denkbaren Sicherheitsmaßnahmen wurden getroffen. Der Historiker Abul Fazl berichtet: »In der Zeit des Kochens und wenn die Speisen aus der Küche ausgegeben werden, wird ein Paravent ausgebreitet und Zuschauer ferngehalten. Die Köche ziehen ihre Ärmel und die Säume ihrer Kleidung hoch und halten ihre Hände vor ihre Nasen und Münder, wenn die Speisen aus der Küche gebracht werden. Der Koch und der erste Aufseher kosten die Speisen. Dann werden sie von dem obersten Aufseher erneut gekostet und in die Schüsseln gegeben. Die goldenen und silbernen Schüsseln werden in rote Tücher eingepackt, die Schüsseln aus Kupfer und Porzellan dagegen in weiße Tücher. Der oberste Aufseher versiegelt die Schüsseln mit seinem Siegel und notiert darauf den jeweiligen Inhalt der Schüssel. Der Schreiber des Anrichteraums verfertigt eine Liste mit allen Schüsseln und Gerichten, die er in den inneren Bereich (des Hofes) schickt, gesiegelt vom obersten Aufseher, damit die einzelnen Gerichte nicht vertauscht werden. Die Gerichte werden von den ersten Aufsehern, den Köchen und anderen Dienern transportiert, denen Zepterträger vorausgehen und folgen, die verhindern, dass sich ihnen Unbefugte nähern. Die Diener des Anrichteraums schicken zur gleichen Zeit Beutel mit dem Siegel des ersten Aufsehers. In ihnen befinden sich verschiedene Sorten von Brot, aufgestapelte Schüsseln mit Arten von gegorener Milch, schmale Ständer mit Tellern mit sauer eingelegten Gemüsesorten, frischem Ingwer, Limonen und verschiedenen grünen Blättern. Die Diener des Palastes kosten ihrerseits wieder die Speisen, breiten ein weißes Tuch auf dem Boden aus und arrangieren die Speisen. Wenn seine Majestät nach einiger Zeit mit dem Essen beginnt, sitzen die Diener für die Bedienung ihm gegenüber dienstbereit. Zunächst werden dann die Teile für die Derwische beiseitegestellt, wenn seine Majestät mit Milch und Milchprodukten beginnt. Wenn seine Majestät gespeist hat, wirft er sich zum Gebet nieder. Der oberste Aufseher ist in ständiger Bereitschaft. Die Gerichte werden entsprechend der genannten Liste abtransportiert. Einige Speisen werden aber halbfertig bereitgehalten, für den Fall, dass sie noch gebraucht werden.«

Mit dem Beginn der Kolonialzeit erweiterten sich die muslimischen Küchenpraktiken in allen Regionen der islamischen Welt ebenso wie die Palette der Gerichte. Dennoch blieben die Grundstrukturen der anspruchsvollen Küche zwischen Nordafrika und dem indischen Subkontinent erhalten: Gemüse, Reis und Brot stehen an erster Stelle, während Fleisch eine geringere Bedeutung hat. Auch Fertig- und Halbfertiggerichte, vor allem Süßigkeiten, die auf den Basaren erstanden wurden, werden weiterhin verwendet.

Kochbücher und Köche bereiten den Brei

Speisen und Getränke werden – anders als etwa bildende Kunst, Bauwerke oder Handwerk – allein durch Darstellung überliefert, sei es schriftlich, manchmal auch durch Bildmaterial. Solche Überlieferungen sind in den orientalischen Literaturen in großer Fülle vorhanden und auch leicht nachlesbar: Mittelalterliche Kochbücher und kulturgeschichtliche Quellen wurden in den letzten Jahrzehnten in großer Zahl herausgegeben. Während man vor allem aus arabischen Kochbüchern direkte Informationen über das Geschehen in den Kochtöpfen erhalten kann, müssen Nachrichten über Köche aus den reichhaltigen historischen, literarischen und anderen Darstellungen zusammengetragen werden.

Profi-Köche

Eine anspruchsvolle Küche verlangt kompetente Köche. Für die muslimische Kulinarik spielten professionelle Köche in den unterschiedlichen Regionen der islamischen Welt eine wichtige Rolle. Sie waren in allen gesellschaftlichen Schichten anzutreffen. Bei den Mächtigen, Vornehmen und Reichen waren, je nach Größe der Haushalte und der Zahl der Personen, die es zu verköstigen galt, die Küchen perfekt durchorganisiert. In kleineren Haushalten gab es in der Regel nur einen Koch oder eine Köchin, manchmal noch unterstützt durch eine Hilfskraft. Diese Küchenhilfen, aber auch die Köchinnen oder Köche selbst konnten sowohl Sklaven als auch Freie sein. Zu den vielfältigen Aufgaben der Köchinnen oder Köche gehörte zunächst die Bevorratung des Haushalts, wofür sie mit dem entsprechenden Etat ausgestattet wurden. Sklaven wie Freie verfügten über die Mittel zur Beschaffung der Zutaten ebenso wie für den Einkauf von Brennholz oder anderen Heiz- und Feuerungsmaterialien. In muslimischen Gesellschaften genossen auch die Haussklaven ein hohes Maß an Unabhängigkeit. Sie unternahmen im Auftrag ihrer Herrschaften sogar Geschäftsreisen und wurden zu diesem Zweck mit den erforderlichen Mitteln ausgestattet.

Selbst Köche in den kleineren Haushalten mussten über ein breites Repertoire von Rezepten verfügen, wenn sie den Anforderungen der Herrschaft genügen sollten. Das galt es vor allem unter Beweis zu stellen, wenn unvorhergesehene Gäste am Mahl teilnahmen. Eine Spezialisierung auf besondere Zubereitungsarten oder einzelne Speisen war diesen Köchen nicht möglich. Wenn es sich um kulinarisch anspruchsvolle Haushalte handelte, mussten viele Absprachen getroffen werden, und so entwickelte sich oft ein enges Verhältnis zwischen Haushaltsvorstand und Küchenpersonal. Dieses Miteinander schloss indes Konflikte nicht aus, wenn die Ergebnisse der kulinarischen Bemühungen in der Küche nicht den Erwartungen der Herrschaft entsprachen.

In den großen Haushalten der Eliten war dagegen eine Vielzahl an Mitarbeitern in der Küche erforderlich. Zwangsläufig entwickelte sich daraus eine durchorganisierte Hierarchie des Küchenpersonals. Aus den Berichten von Historiographen und Reisenden erfährt man viel über die Organisation der Hofküchen, aber auch über die Organisation von Kloster- oder Armeeküchen. Erstaunlicherweise ergeben sich zwischen diesen unterschiedlich großen Küchen keine bemerkenswerten strukturellen Divergenzen. An der Spitze der Küchenbrigaden stand der *sāhib al-matbakh* (Rendant, wörtlich Herr der Küche). Zu den Aufgaben des Rendanten gehörte es, dafür zu sorgen, dass sparsam gewirtschaftet wurde und die Köche mit dem ihnen zur Verfügung stehenden Budget auskamen. War er umsichtig und erfolgreich, konnte er sich für höhere Positionen in der Verwaltung des Hofes oder auch des Staates empfehlen, wie die Biographie des späteren Wesirs des Abbasidenkalifen al-Muʿtasim (regierte 833–842), al-Fadl ibn Marwān (774–864) zeigt. Er war zunächst als *sāhib al-matbakh* tätig und erklomm nach und nach höchste Positionen in der Verwaltung des Reiches. Aber auch die übrigen Mitarbeiter in der Hofküche, denen an einer anspruchsvollen Zubereitung der Speisen gelegen war, konnten die Zuneigung ihrer Herrscher gewinnen. Insbesondere die Moghul-Herrscher, die großen Wert auf die Qualität der ihnen angebotenen Speisen legten, waren ihren Köchen häufig sehr gewogen und behandelten sie mit offenkundigem Respekt. Die historischen Überlieferungen machen deutlich, dass auch die am Hof in Delhi arbeitenden Köche über Ansehen verfügen und Einfluss gewinnen konnten. Die Organisation einer höfischen Küche war nämlich keine leichte Aufgabe. An den Herrschersitzen von Baghdad oder Delhi, von Córdoba oder Istanbul mussten möglichst alle aus der kulinarischen Tradition bekannten Gerichte weitgehend vorbereitet ständig für den Herrscher und seine Gäste zur Verfügung gehalten werden. Unter dem Verwaltungschef stand der Chefkoch (*ustādh*, Meister), der die Brigade der Köche (*tabbākh*, Koch) steuerte. Das Schlusslicht in der Rangfolge bildeten die Auszubildenden (*tilmīdh*, Schüler).

Die Kosten, die eine Hofküche verursachte, konnten beträchtlich sein. Der Budgetplan des Kalifen al-Muʿtadid (regierte 892–902) wies allein an Löhnen für die Köche die Summe von monatlich 1500 Dinar aus. Die Kosten für Hilfspersonal wie Wasserträger und Heizer war darin noch nicht eingeschlossen. Zur Zeit dieses Kalifen, die von starken Teuerungen erschüttert wurde, kosteten 60 kg Getreide einen Dinar. Man hätte allein für die Löhne der Köche also 90 000 kg Weizen kaufen können. Neben den offiziellen Löhnen bestand eine indirekte Entlohnung darin, dass die Köche Teile der Zutaten, die nicht für die in der Regel anspruchsvollen Gerichte vonnöten waren, auf eigene Rechnung verkaufen durften. Dabei handelte es sich um die weniger edlen Teile der Tiere, etwa Köpfe, Füße und Innereien. Veräußert werden konnten auch Gemüse und Früchte, die den hohen Ansprüchen des Hofes nicht mehr entsprachen. Wie diese Einkünfte unter den Mitarbeitern der Küche verteilt wurden, ist nicht bekannt. Im Übrigen durften die Köche jene Speisen essen, die von den Tischen der Herrscher und ihrer Entourage zurückgekommen waren. Manche Berichterstatter klagen, dass die Köche die besten Teile des Essens vor dem Servieren bereits verzehrt hätten. Natürlich konnte man ihnen dieses Verhalten nicht nachweisen, weil die *corpora delicti* ja verschwunden waren. Aber man hatte sie im Verdacht, für sich die fettreichsten Stücke beiseitezuschaffen. Fett galt als besonders wohlschmeckend und war teuer. Daher vermutete man schon, dass die Köche sich an dem Hühnerfett gütlich getan hätten, wenn ein Huhn durchgebraten serviert wurde. Ein exquisites Huhngericht wurde am Hof von Baghdad zubereitet.

Schaljamiya (moderne Version)

Schaljam aus dem Persischen bedeutet weiße Rüben oder Steckrüben. Das Rezept folgt der modernen Adaptation des mittelalterlichen Rezepts von Ibrahim al-Mahdī von Ian Fraser. Die englische Übersetzung des arabischen Originaltextes stammt von David Waines.

1 kg Hühnerfleisch ohne Haut (halb Brust, halb Schenkel) in 1 cm breite Streifen schneiden, in heißem Öl kurz anbraten, eine Dose (200 g) Kichererbsen, abgegossen und gewaschen, und ein Bündel Frühlingszwiebeln kleingeschnitten zugeben und 30 Min. köcheln lassen. 500 g weiße Rüben putzen und in schmale Stücke schneiden, in etwas Gemüsefond weichkochen und fein zerstampfen. Aus 4 Eiweiß, 50 g geriebenen Mandeln und 100 g frischem Ziegenkäse im Mixer eine feine Paste herstellen. Nach 30 Min. die Huhn-Gemüsemischung salzen und pfeffern, Kumin und Sumach hinzufügen. Nun das Rübenmus zugeben. Die Mischung in eine ofenfeste Form füllen, die Eiweiß-Käse-Paste vorsichtig oben auf den Hühnereintopf geben. 20 Min. im vorgeheizten Ofen (200°) überbacken.

Zumindest von den Hofküchen wird berichtet, dass die Köche sich den ganzen Tag und einen Teil der Nacht ständig an ihrem Arbeitsplatz aufhalten mussten. Wenn es die Arbeit erlaubte, nutzten sie freie Zeit

zu persönlichen Vergnügungen. So erfährt man, dass sich das Küchenpersonal bei Gelegenheit einen der Sänger eingeladen hatte, die an den
Höfen oft ein und aus gingen, um sich an seiner Kunst zu erfreuen.

Von der Höhe der Ausgaben für die Zutaten abgesehen unterschieden sich die Armenküchen in ihrer Struktur nicht grundsätzlich von
den Hofküchen. Sie wurden von »frommen Stiftungen« (arabisch *waqf*,
plural *auqāf*) finanziert. Der Vorteil dieser Stiftungen war, dass sie,
selbst wenn eventuelle Erben der Stifter von ihnen profitieren konnten,
nach den Regeln des islamischen Rechts nicht durch staatliche Eingrif-
fe konfisziert werden durften. Eingerichtet wurden diese Stiftungen
von wohlhabenden Personen vor allem mit dem Zweck, ihre fromme
Gesinnung zu demonstrieren. Die finanziellen Mittel stammten in der
Regel aus der Pacht für Immobilien wie Landgüter, Mühlen oder Ba-
sargeschäfte. Die Pachthöhe war festgelegt, ebenso wie der Lohn für die
Köche und vor allem das Speiseprogramm. Ägyptische Stiftungsurkun-
den aus dem 16. Jahrhundert weisen die Verwalter der Armenküchen
an, täglich wechselnde Gerichte anzubieten, die Fleisch enthalten sollten. An Feiertagen sollte es auch besondere Speisen geben. So ist von
Reis mit teuren Zutaten wie Pfeffer und Butter die Rede.

Die jungen Köche lernten von den älteren nach dem Prinzip *learning
by doing*. Oft spielte bei der Vermittlung des Wissens und der praktischen
Fähigkeiten die tatsächliche oder erfundene Rezeptgeschichte eines Gerichts eine Rolle. Das war gerade dann der Fall, wenn das Rezept einen
Namen hatte, der sich nicht ohne Weiteres von selbst erklärte, wie etwa
bei dem Gericht *Khushtabiya*. Man führte die Entstehung dieses Namens
auf folgende Geschichte zurück: Ein persischer Herrscher hatte einen arabischen Koch, den er bei Reisen mitnahm. Immer wenn der Herrscher
in sein Lager kam, sagte er zu ihm: »*kusht biya*« (Bring das Fleisch!). Der
Koch hatte bereits Fleischstücke vorbereitet, die gegrillt oder gekocht
waren. Dazu reichte er eine Sauce, in die das Fleisch eingetunkt werden
konnte. Eines Tages kam der Herrscher vorzeitig zurück. Der Koch hatte
das Fleisch zwar schon in Stücke geschnitten, das Feuer aber noch nicht
einmal angezündet. Es galt also zu improvisieren. Er legte das Fleisch in
eine Bratpfanne, gab Fett darauf, sprengte etwas Wasser und Salz darüber,

gab eine kleingeschnittene Zwiebel dazu und einige fein gemahlene Gewürze. Dann deckte er die Pfanne mit einer umgedrehten Schüssel zu, entzündete ein starkes Feuer, sodass das Fleisch schnell gar wurde. Es wurde ein wohlschmeckendes Gericht mit einer Sauce aus Fett, Fleischsaft und Gewürzen. Dem Herrscher gefiel das Gericht so gut, dass es zu seiner Lieblingsspeise wurde. Daher also der Name *Khushtabiya*.

Wie diese Geschichte zeigt, war das Leben der Hofköche mit Unwägbarkeiten und sogar Risiken verbunden. Auf den häufig langen Wegen zwischen den Küchen und den Speiseräumen boten sich zahlreiche Gelegenheiten, die Speisen für die Herrscher zu vergiften. Aber der Ausgangspunkt der Speisen lag natürlich in der Küche und damit bei den Köchen. Die Speisen wurden deshalb, häufig mehrmals, auf dem Weg zur Tafel des Herrschers von Vorkostern überprüft. Falls dennoch ein Gericht dem Herrscher nicht bekömmlich war, wurde natürlich der Koch dafür verantwortlich gemacht. Die Quellen berichten bei solchen Vorkommnissen von keinem guten Ausgang für die Köche. Schon wenn bei den Herrschern nur der Eindruck entstand, dass der Koch für das Misslingen eines Gerichts verantwortlich gemacht werden konnte, war unter Umständen die Hinrichtung des Kochs zu erwarten. Oder dem zuständigen Koch wurde eine Hand auf wenig rücksichtsvolle Weise amputiert, eine Strafe, die das islamische Recht eigentlich für Diebstahl vorsieht.

Über die Organisation der Versorgung militärischer Einrichtungen der verschiedenen orientalischen Armeen ist kaum etwas bekannt. Einige Hinweise finden sich bei der Darstellung der Janitscharentruppen des Osmanischen Reiches. Diese Truppen aus Unfreien erhielten keinen Sold und eher symbolische Geldgeschenke, wurden aber verpflegt. Daher spielten auch Küchenutensilien und aus dem Küchenbereich stammende Titel und Ränge bei diesen Truppen eine große Rolle. Die Kommandeure wurden als *shorbāshī bashi* (Suppenmeister) bezeichnet, ihre Rangabzeichen bestanden aus gekreuzten Löffeln. In ihren Umzügen führten sie große Löffel und einen großen Suppentopf mit. Wurde dieser Suppentopf umgestürzt, bedeutete dies, dass die Truppe dem Sultan den Gehorsam verweigerte.

Die Truppen von vielen Zehntausend Soldaten bestanden aus Männern, die als Kinder oder Heranwachsende durch eine »Knabenlese« in osmanische Dienste gekommen waren. Sie waren mit Gewalt, aber auch mit Zustimmung ihrer häufig christlichen Eltern nach Istanbul gebracht worden, wo sie je nach ihrer Begabung und körperlichen Verfassung für das Militär oder die Administration ausgebildet wurden. Manche erlernten die Bearbeitung und Aufsicht über die zahlreichen großen Gärten des Sultans, andere wurden Köche des Hofes. Bei den Janitscharentruppen wurden die Jungen an vielen Stellen gebraucht. Die einen kamen in die Küche, andere hatten für die Viehherden zu sorgen, die die Janitscharen zu ihrer Versorgung bei Militäreinsätzen mitführten. In ihren Kasernen verfügten Janitscharentruppen selbstverständlich über Küchen und Lager für Lebensmittel, die sie selbst verwalteten. Teile der Lebensmittel wie Brot, Fleisch oder das Wintergetränk *Bouza* (ein Getränk aus fermentierter Gerste) wurden von außerhalb von den entsprechenden Produzenten geliefert. Die Versorgung der Truppen war eine komplexe logistische Aufgabe mit einem hohen Aufwand an Personen mit unterschiedlichen Kompetenzen.

Zur größten Gruppe der professionellen Köche zählten diejenigen, die sich auf einzelne, spezielle Speisen spezialisiert hatten und sie auf den Basaren anboten. Die Kunden konnten diese Speisen mit nach Hause nehmen, um sie dort zu verzehren. Noch heute gibt es solche Basarköche, die wesentlich an der Versorgung der städtischen Bevölkerung mit Speisen beteiligt sind. Die einen bereiteten ein einziges Fleischgericht zu oder verwandte Gerichte, deren Grundzutaten in einem gemeinsamen Arbeitsgang vorbereitet werden konnten. Andere boten die entsprechenden Beilagen an. Gerade im Umfeld dieser Garköche lässt sich eine erstaunliche Ausdifferenzierung der kulinarischen Produkte erkennen. So gab es bei den Bäckern einerseits den *khabbāz*, der *Khubz*, das Fladenbrot herstellte, andererseits den *khamīrī*, den Pastetenbäcker, und den *kaʿkī*, der Kuchen *(Kaʿk)* zubereitete. Fleisch wurde vom *schawwā* geröstet, der *khallāl* verkaufte nicht nur Essigsorten, sondern auch die beliebten in Essig eingelegten Gemüse. Der *bawārīdī* hatte verschiedene saure und nicht saure Appetithappen und der *kamūkhī* gebratenes Fleisch von Lämmern oder jungen Ziegen. Vor allem aber wurden auf den Märkten Süßspeisen feilgeboten, deren Zubereitung neben Erfahrung oft auch spezielle Gefäße und Geräte erforderte. Der *zalabāni* stellte eine Art von Pfannkuchen her, der *lawwāz* (von dem arabischen Wort *lauz* für Mandel) eine Süßigkeit aus Mandeln, der *halwāni* die bekannten *Halwiyāt* oder *Halāwat*.

Halāwat al-tumūr

Dieses Gericht geht auf alt-orientalische Vorbilder zurück, wird in mittelalterlichen arabischen Kochbüchern beschrieben und noch heute im Irak und auf der arabischen Halbinsel in verschiedenen Variationen zubereitet.

In einem Topf mit schwerem Boden 200 g Weizenmehl anrösten. Wenn es Farbe annimmt und zu duften beginnt, etwa 5 Min. weiter rösten. Das Mehl in eine Schüssel geben. In demselben Topf 500 g entkernte Datteln (wenn es geht, die Schalen entfernen) in 100 g Butter auf mittlerer Hitze mit einem Holzlöffel zerreiben. Bei dem Reiben nach und nach das geröstete Mehl zugeben und unterarbeiten, 1 Tl gemahlenen Kardamom, 1 Tl gemahlenen Fenchelsamen, 1 Tl gemahlenen Koriandersamen zugeben, 1 Tl Zimt, 1 El Rosenwasser. Alles gut durcharbeiten. Wenn die Masse zu fest wird, etwas heißes Wasser zugeben, bis sie sich weiter gut bearbeiten lässt. Die Mischung auf einem Backblech ausbreiten und mit einem Löffel glattstreichen. Mit gerösteten Mandeln, Pinienkernen, Walnüssen verzieren. Trocknen lassen und in einzelne Stücke schneiden.

Ein Teil der Garköche bot die Waren an, indem sie mit ihren Suppen und Eintöpfen durch die Straßen wanderten und dabei lauthals ihre Speisen anpriesen. Noch heute wird in den Gassen der Volksviertel von Kairo ein Bohneneintopf *(Fūl mudammas)* als vor allem morgendliche warme Mahlzeit verkauft. Er besteht aus Saubohnen, Linsen, Tomaten, Zwiebeln, Zitronensaft, Chilipulver, Kreuzkümmel, Salz und Pfeffer. Garniert wird er mit einer Mischung aus kleingeschnittenen Tomaten, ebensolchen grünen Paprika und fein geschnittenem grünem Salat. Daneben gab es Garköche, die ihre Produkte an festen Standorten feilboten. Das waren Gerichte, die man nicht ohne Weiteres im fliegenden Handel vertreiben konnte, weil sie zum Beispiel genauer abgewogen oder möglichst unmittelbar vor dem Verkauf endgültig fertiggestellt werden mussten; oder für die Herstellung waren technische Geräte vonnöten, die nicht transportabel waren, wie bei Bäckereien oder Fleischbratereien. Diese Speisen, wie auch alle anderen Produkte auf dem Basar, wurden von einer Marktaufsicht kontrolliert. Der oberste Marktvogt *(muhtasib)* konnte bei Regelverstößen unmittelbar Strafen verhängen. Die Liste der Strafen reichte vom Ausschluss vom Marktgeschehen über Geldstrafen, die Einziehung von Gegenständen oder Waren bis zu Körperstrafen wie einer festgelegten Zahl von Schlägen. Zum sofortigen Vollzug der Körperstrafen benutzte der Marktvogt seine Pantoffeln. Bei der Vielzahl der Produkte, die auf einem orientalischen Markt angeboten wurden, war es den Marktaufsehern aber nicht immer möglich, verfälschte Nahrungsmittel zu entdecken. Als Beurteilungshilfe verfügten sie über Handbücher *(kutub al-hisba)*, die Hinweise darauf enthielten, wie man die Frische von zubereiteten Lebensmitteln erkennen oder woran man feststellen konnte, dass teure Waren wie Safran durch Zusätze wie Kurkuma oder Sand gestreckt worden waren. Solche Fälschungstechniken waren auch im Abendland bekannt, wo man schwarzen Pfeffer mit kleinen Bleikügelchen versetzte.

Die Handbücher enthielten außerdem Vorschriften zur Anlage und Hygiene von Produktionsbetrieben, die durchaus an moderne westliche Normen erinnern. So wurde zur Verringerung der Brandgefahr die Höhe der Kamine von Bäckereien vorgeschrieben. Ferner sollten die Bäcker beim Kneten des Brotteigs ein ärmelloses Obergewand tragen und einen Mundschutz. Damit kein Schweiß in den Teig gelangte, war ein Stirnband zu tragen. Der Kopf sollte rasiert sein, damit keine Haare in den Teig fallen konnten. Im Sommer sollte eine Person neben den Teigbottichen mit einem Fliegenwedel stehen, damit keine Insekten hineingerieten. Damit die unterschiedlich teuren Fleischsorten nicht verwechselt werden konnten, mussten sie deutlich sichtbar getrennt angeboten werden. Fischhändler sollten ihre leeren Körbe sorgfältig waschen und mit Salz bestreuen, damit die Waren nicht später deren unangenehmen Geruch annähmen. Hersteller von Fertiggerichten hatten sich an Vorgaben für das Verhältnis der einzelnen Zutaten zu halten. Aber das Auge des Gesetzes konnte nicht überall sein. Und so gab es umgekehrt sogar Bücher, in denen Ersatzprodukte für teure Zutaten zusammengestellt waren. Sie hatten Titel wie *Chemie für den Koch (kimiya li-l-tabīkh)*. Der berühmte arabische Philosoph al-Kindī (801–873) beschreibt darin, wie man Lebergerichte herstellt, in denen sich keine Leber befindet, oder die Zubereitung von Süßigkeiten ohne Honig oder Zucker. Leider sind von ihm nur der Titel und ein Hinweis auf den Inhalt erhalten geblieben.

Es waren natürlich die Basare der großen Städte, in denen das vielfältige und reichhaltige Angebot von Fertiggerichten zu finden war. Auf dem Lande, wo es bis heute kaum stationäre Märkte gibt, bestand die Bevölkerung vor allem aus Selbstversorgern, denen die beschriebenen Fertigspeisen auch zu teuer gewesen wären. Die orientalischen Städte wiesen schon im Mittelalter eine hohe Bevölkerungsdichte auf. Archäologische Untersuchungen der mittelalterlichen Volksviertel in Kairo lassen vermuten, dass die einzelnen großen Häuser ohne Küchen gebaut wurden. So fehlen etwa Kaminanlagen und damit Vorkehrungen für Rauchabzüge. Die dort lebende Bevölkerung war also auf die Garküchen angewiesen. Auch für Istanbul in osmanischer Zeit werden ähnliche Verhältnisse geschildert.

Moderne Profi-Köche

Die einheimischen Quellen über die orientalischen Küchen und ihre
Kochkunst versiegen im 17. Jahrhundert. Das mag am allgemeinen zi-
vilisatorischen Niedergang liegen oder am geringeren Interesse für kulinarische Themen bei den literarischen Eliten. Ab und zu gibt es seit
dem 19. Jahrhundert verstreute Informationen über die Zubereitung
von Gerichten oder die Herstellung von Zutaten. Sie stammen von Reisenden und Diplomaten und sind nicht besonders aussagekräftig. Ge-
naueres ist von Sprachforschern und Ethnologen zu erfahren, die seit
dem Ende des 19. Jahrhunderts die Lebensumstände in orientalischen
Gesellschaften untersuchten. Den aus dem Westen stammenden Wis-
senschaftlern ging es dabei meist um die Dokumentation von umgangs-
sprachlichen Ausdrücken und Redensarten, die sie bei Bauern, Köchen
oder Hausfrauen aufgenommen hatten. Europäische Ethnographen
sammelten Artefakte wie Töpfe, Geschirr und Geräte, die beim Kochen
Verwendung fanden. Europäische Reisende berichteten über Land und
Leute und deren Speisen und Getränke. Auch unter den Angehörigen
der westlichen Kolonialverwaltungen in Nordafrika, im Nahen Osten
oder in Indien gab es einige Mitarbeiter, die sich für kulinarische Themen interessierten und ihre Erfahrungen in kolonialwissenschaftlichen
Veröffentlichungen mitteilten. Mit der Übernahme der politischen
Macht seit der Mitte des 19. Jahrhunderts und der damit verbundenen
kulturellen Dominanz durch die Kolonialmächte veränderte sich die
kulinarische Praxis in vielen Ländern. Die Küche der jeweiligen Ko-
lonialmacht wirkte sich auf die kulinarischen Gebiete aus. Das wurde
zunächst beim Alkoholkonsum deutlich. In französisch kontrollierten
Ländern labte sich bald die einheimische Oberschicht an Cognac und
in den britisch kontrollierten Regionen an Whisky. Vor allem unter den
Briten wurden Bierbrauereien gegründet, in denen Brauer aus Deutschland, Tschechien, Belgien und den Niederlanden Biere herstellten, allerdings mit einem etwas geringeren Alkoholanteil als die europäischen.
   In den in beträchtlicher Zahl entstehenden Hotel-Restaurants der
großen orientalischen Städte bemühte man sich bis in die 1950er Jahre,

auf den Speisekarten europäische Küche anzubieten. Italienische Pastagerichte, aber auch französische Cuisine erfreuten sich besonderer Beliebtheit. Die passenden Weine wurden importiert. Lokale Weine wurden erst seit den 1960er Jahren im Libanon, in Ägypten, in Tunesien und Marokko in für Europäer akzeptabler Weise produziert. Die einheimischen Gäste dieser Etablissements tranken nach dem Prinzip des »Wenn schon, denn schon« höherprozentige Alkoholika wie Remy Martin, Malt Whisky oder den deutschen Doornkaat.

Aber nicht nur der Einfluss der Kolonialmächte führte zu kulinarischen Veränderungen. Der Zuzug von Hilfskräften aus Süd- und Südostasien barg seit den 1970er Jahren vor allem auf der arabischen Halbinsel die Gefahr, dass die traditionelle einheimische Küche verlorengehen könnte. In die Küchen kamen plötzlich indisch, philippinisch oder vietnamesisch inspirierte Speisen. Parallel dazu nahm die Zahl der italienischen, spanischen, französischen sowie vietnamesischen, indischen oder chinesischen Restaurants in den großen Städten des Orients immer weiter zu. Das ging so weit, dass Tageszeitungen in den 1980er Jahren beklagten, man fände in den wichtigen Städten Saudi-Arabiens nur noch wenige Lokale, in denen man arabisch essen könne. Und zu Hause koche die *maid* pakistanisch. In den orientalischen Ländern, die sich zu Tourismuszentren entwickelten, erwarteten die europäischen Gäste neben der internationalen Küche nun ebenfalls eine einheimische Küche, wie sie sie in einigen Restaurants in Europa kennengelernt hatten. Diese Erwartung und die Re-Nationalisierung des Essens und Kochens verstärkten sich seit den 1990er Jahren. Es kam nun ein neu erwachtes Interesse an der traditionellen Küche auf, das begleitet wurde von neuen technischen Möglichkeiten und der Erweiterung des Warenangebots.

Die Neuentdeckung der orientalischen Küche wirkte sich zunächst auf die anspruchsvollen Restaurants in den großen Städten aus. Schon in den 1970er Jahren konnte man in Beirut eine hervorragende orientalische Restaurantküche finden, in der libanesische Köche die traditionellen Rezepte auf eine leichtere und elegante Weise interpretierten. Ein Jahrzehnt später hatte sich diese Renaissance in allen nahöstlichen

Staaten verbreitet. In den großen Hotels der internationalen Ketten und in gehobenen Restaurants zwischen Casablanca und Dubai finden sich heute nicht nur deutsche, schweizerische oder französische Chefköche, sondern auch einheimische.

Diese Köchinnen und Köche haben häufig in diesen Restaurants ihre Ausbildung absolviert und bei internationalen Köchen in Europa, Amerika und Asien am Herd gestanden, um so ihre Kenntnisse zu erweitern und Erfahrungen zu sammeln. Andere Köche haben ihre Ausbildung in Hotelfachschulen begonnen, in denen vor allem die Zubereitung von europäischen Standardgerichten vermittelt wurde. Interessant ist die unterschiedliche Verteilung der Geschlechter in den Profi-Küchen. So sind in den marokkanischen Hotel- und Restaurantküchen Köchinnen eindeutig in der Mehrheit. Kenner der marokkanischen kulinarischen Szene behaupten, dass marokkanische Gäste eines Restaurants zunächst herauszufinden suchen, ob die Chefposition von einer Köchin oder einem Koch eingenommen wird. Wenn es ein Mann ist, ziehen sie es vor, ein anderes Lokal zu wählen. Männer übernehmen in diesen Küchen die Aufgaben des Spülens oder andere Hilfsarbeiten.

In den übrigen Regionen sind es Männer, die in den professionellen Küchen das Sagen haben. Diese Köche haben häufig nicht nur Kenntnisse in orientalischen Zubereitungen. Man findet sie heute als Küchenchefs in den italienischen Spitzenrestaurants deutscher und europäischer Großstädte. Bemerkenswert ist, dass Köche in anspruchsvollen Hotel- und Restaurantküchen des Orients nicht nur das internationale Repertoire beherrschen, sondern seit etlichen Jahren auch bemüht sind, die traditionellen Rezepte ihrer Heimat zu modernisieren. Als Beispiel für ein solches modernisiertes Gericht wird das folgende, leicht modifizierte Rezept des Chefkochs des Marriott-Hotels im Stadtteil Zamalek in Kairo, Abdel Hamid Badawy, vorgestellt. Es ist ebenso einfach wie elegant.

Linsensuppe mit Meeresfrüchten

250 g gelbe Linsen, eine in große Stücke geschnittene Karotte und eine kleine geviertelte Zwiebel in 750 ml Hühnerbrühe zum Kochen bringen, Hitze reduzieren und 20 Min. kochen lassen, bis die Linsen weich sind. Die Suppe pürieren, eine Handvoll frisches Basilikum und eine Handvoll Oregano, mit der Küchenschere zerschnitten, einrühren. Nicht mehr weiter kochen. Die Garnelen schälen, den Darm entfernen und mit etwas Zitronensaft, 3 gehackten Knoblauchzehen in Olivenöl in einer Pfanne kurz anbraten und leicht salzen. Die Garnelen herausnehmen und warmstellen. Weißbrotwürfel in dieser Pfanne anbraten, 2 durchgepresste Knoblauchzehen und 1 El frischen Dill zugeben. Die Linsensuppe mit Salz und Pfeffer, eventuell noch mit Oregano würzen. In tiefen Tellern die Garnelen verteilen, die Suppe dazugeben und mit den Weißbrotwürfeln garnieren.

Wie andere internationale Starköche veröffentlichen diese Chefs Kochbücher, die auch in europäische Sprachen übersetzt werden. Wie bei uns produzieren sie Kochshows für die zahlreichen Satelliten-Fernsehsender der Region. Der wohl bekannteste Koch seiner Zunft ist der 1971 geborene Libanese Ramzi Shwairi, der nicht nur ein Restaurant betreibt und Kochbücher schreibt, sondern vor allem wegen seiner Fernsehsendung »Chef Ramzi« weit über sein kleines Heimatland hinaus bekannt ist. In seiner Sendung macht er sein Publikum nicht nur mit traditionellen und modernisierten orientalischen Rezepten vertraut, sondern gibt auch Anregungen für Küchenutensilien, Geschirr und Tischschmuck. Seine Sendungen werden auch auf CD vertrieben.

Amateur-Köche

Das Kochen als Liebhaberei, wie es sich in Europa seit den 1970er Jahren entwickelt hat, war in der Welt des Orients wenig verbreitet. Man diskutiert zwar in den großen Städten über die anspruchsvollen Restaurants, aber das Amateur-Kochen machte erst einen großen Sprung seit der letzten Jahrtausendwende. Die Nutzung der modernen Kommunikationsmöglichkeiten ist in orientalischen Gesellschaften weiter verbreitet als in manchen westlichen Gesellschaften. In den sozialen Netzwerken und in den entsprechenden Plattformen tauschen sich Hobby-Köche mit Gleichgesinnten über verschiedene Rezepte und deren Umsetzung aus. Die Beiträge können unterschiedlicher kaum sein. Es finden sich Hobby-Köche mit einem größeren Bekanntheitsgrad neben Home-Stories von Berühmtheiten der unterschiedlichsten Bereiche, die versuchen, sich ein bestimmtes Image zu geben. So ließ sich die Tochter Aischa des libyschen Revolutionsführers Muammar al-Qaddafi gerne als begabte Amateur-Köchin darstellen. Wie weit es mit ihrer Kochkunst tatsächlich bestellt war, lässt sich jedenfalls nur schwer beurteilen. Immerhin zeigt der Versuch, durch kulinarische Expertise öffentliches Ansehen zu gewinnen, die gesellschaftliche Bedeutung, die Essen und Trinken heute haben. Der Unterschied zu westlichen Politikern und Prominenten, die gern öffentlich auf ihre Vorliebe für Hausmannskost hinweisen, ist offenkundig.

Kochbücher

Die arabische Küche

Kochbücher gehören zu den ältesten schriftlichen Zeugnissen der arabischen Literatur. Persische und türkische Niederschriften folgen erst einige Jahrhunderte später. So sind vor allem die Kochbücher der osmanischen Regierungsperiode meist zunächst aus dem Arabischen in das Türkische übersetzt worden. Der erste Katalog lieferbarer arabischer Bücher aller Fachrichtungen in einer Zeit, in der die Bücher noch handschriftlich hergestellt werden mussten, stammt aus dem Jahr 988. In diesem Nachschlagewerk weist der Autor, Ibn al-Nadīm (gestorben 995 oder 998), auch auf einige Kochbücher hin. Leider sind diese Bücher nicht erhalten geblieben. Wir können also nur von den Titeln auf den Inhalt und die Rezepte schließen. Aus der Abbasidenzeit dagegen sind trotz der langen Zeitspanne seit ihrer Abfassung Kochbücher überliefert. Mittelalterliche Kochbücher aus Syrien, Ägypten, aus Nordafrika und aus dem muslimischen Andalusien befinden sich in den Bibliotheken europäischer und nahöstlicher, iranischer und indischer Handschriftensammlungen. In den vergangenen dreißig oder vierzig Jahren sind etliche von ihnen wiederentdeckt, von kenntnisreichen Philologen herausgegeben und teilweise auch in europäische Sprachen übersetzt worden. Bei diesen alten Dokumenten der Kultur des Kochens sind zwei Arten zu unterscheiden.

Der erste Typ vermittelt den Eindruck, dass Köche Rezepte an Köche weitergeben. Der zweite Typ hat trotz der zahlreichen Rezepte auch eine Unterhaltungsfunktion. Charakteristisch für beide Überlieferungsformen ist, dass die Autoren nur in den seltensten Fällen Mengenangaben für die Zutaten oder Zeitangaben für den Garungsprozess mitteilen. Die Verfasser sind wohl davon ausgegangen, dass ihre Leser so viel vom Kochen verstünden, dass sie auf derartige Einzelheiten verzichten könnten. Mehr noch als heute war der Umfang eines Buches eine Kostenfrage. Denn die Schreiber der Manuskriptkopien wurden nach dem Buchumfang bezahlt, wobei sich die Entlohnung nach dem Gewicht der Blätter des Textes richtete. Im Allgemeinen beginnen all diese Kochbücher mit einem Vorwort, in dem die Autoren sich für den Inhalt des Buchs zu rechtfertigen versuchen. Das geschieht einerseits, indem sie auf Koranstellen hinweisen, die die Bedeutung von Essen und Trinken als Gaben Gottes unterstreichen. Daneben betonen sie, wie wichtig die richtige Küchenpraxis sei, damit die Speisen nicht die Regeln der rituellen Reinheit des islamischen Rechts verletzten. Immer wieder finden sich auch Zitate aus der arabischen Weisheitsliteratur.

Philosophische Überlegungen und Lehren der traditionellen Medizin werden ebenfalls eingeflochten. Nicht selten machen die Kochbuchautoren persönliche Motive für die Abfassung ihres Werkes geltend und erklären, dass sie das Kochen für eine kulturelle Leistung halten, die es wert sei, in einem Buch aufgezeichnet zu werden.

Eine weitere Gemeinsamkeit der beiden Kochbuchtypen liegt in der Beschreibung des Arbeitseinsatzes und der persönlichen Voraussetzungen, die das Küchenpersonal erfüllen sollte. Diese Anforderungen werden jedoch nicht sehr systematisch formuliert. Man kann etwa folgende inhaltliche Reihenfolge antreffen: Ein Koch musste intelligent und mit den Regeln der Kochkunst vertraut sein. Er sollte einen Sinn für die Kunst des Kochens haben. Der Koch hatte darauf zu achten, dass seine Fingernägel immer sehr kurz geschnitten waren, damit sich kein Schmutz darunter sammeln konnte. Der Koch sollte Steintöpfe verwenden oder irdene Ware und nur ausnahmsweise solche aus verzinntem Kupfer. Für das Feuer in der Küche sollte er Holz verwenden, das nur wenig Rauch abgibt. Er sollte wissen, dass er vor allem Steinsalz verwenden sollte und wie man Fonds herstellt. Die in der mittelalterlichen arabischen Küche verwendeten Gewürze und Kräuter mussten gut gesäubert und fein gemahlen oder geschnitten sein. Besondere Sorgfalt sollten die Köche auf die Kochtöpfe verwenden. Ausführlich wird auf die Beschreibung ihrer Säuberung eingegangen. Sie sollten zunächst mit fein zerriebenem Ziegelmehl gereinigt, dann mit trockener Pottasche ausgerieben und schließlich mit frischen Zitronenblättern ausgewischt werden. Ähnlich genaue Vorgaben gibt es auch für die Verwendung von Gewürzen oder das Hacken oder Zerreiben von Fleisch. Im Grunde handelt es sich um eine Darstellung grundlegender Kompetenzen und Kenntnisse, die alle Köche besitzen mussten.

Die Anordnung der Rezepte in diesen Kochbüchern stellt sich recht uneinheitlich dar. Die verschiedenen Rezeptgruppen werden jeweils in einzelnen Kapiteln zusammengefasst. Die Aufeinanderfolge der Themen unterscheidet sich jedoch. Immerhin lässt sich als eine Tendenz feststellen, Süßigkeiten und Desserts an das Ende des Buches zu setzen. Einige Kochbücher beginnen mit grundlegenden Fragen zur Bedeutung der Speisen für die Gesundheit des Menschen. Passende Speisen für Ältere und Jüngere oder für Menschen in bestimmten gesundheitlichen Situationen wie Rekonvaleszenz, körperliche Schwäche oder Schwangerschaft werden aufgeführt und die grundlegenden Lehren der Humoralmedizin vermittelt. Sie stehen damit in einem Zusammenhang mit den diätetischen Werken der traditionellen nahöstlichen Medizin, die einen großen Einfluss auf die europäische Medizin ausübten. Die arabischen Bücher zur Diätetik enthalten ihrerseits wiederum Kochrezepte, die die ärztlichen Verfasser als gesundheitsfördernd ansahen. Ziel dieser Kochanleitungen war es vor allem, eine ausgeglichene Form der Nahrungsaufnahme zu erreichen. Manche Kochbücher gehen auf Themen ein, die zur allgemeinen Haushaltsführung gehören, etwa Anweisungen zur Sauberkeit in der Küche und sogar zum Blumenschmuck oder die Verwendung von Räucherwerk in der Wohnung.

Derjenige Typ von Kochbüchern, der einen gewissen Unterhaltungscharakter hat, bietet neben der Zusammenstellung von Rezepten Anekdoten über bekannte Persönlichkeiten ihrer Zeit und deren Erfahrungen und Vergnügungen mit Essen und Trinken. Namen von Köchen werden genannt, die ein bestimmtes Gericht kreiert haben, und Gedichte überliefert, die in einem Zusammenhang mit bestimmten Gerichten stehen. So solle der Prinz Ibrahim ibn al-Mahdī ein Gedicht über eine Art von Auflauf mit Namen *al-Maghmūma* (die Bedeckte) verfasst haben, in dem es heißt:

Kunstvoll im Topf mit Essig und passenden Kräutern
Sind Fleischscheiben im eigenen Fette gesotten.
Darauf gelegt dann die Schicht mit der Süße der Zwiebeln
Und drauf Auberginen im Rund und gold'ne Karotten.

Maghmūma (moderne Version)

Das Rezept wurde von David Waines aus dem Arabischen ins Englische übersetzt und von Ian Fraser für moderne Verhältnisse adaptiert.

500 g Lammschulter, in Stücke geschnitten, anbraten und mit 200 g Kichererbsenpüree bedecken. Darauf eine kleingeschnittene große Zwiebel schichten, 1 Tl Korinandersamen, Salz, 100 g zerkrümelten Schafskäse oder Ziegenkäse und 10 entsteinte, in Ringe geschnittene schwarze Oliven geben, mit Wasser bedecken und eine Std. leicht kochen lassen. 1 große Aubergine in Scheiben schneiden, mit Salz entwässern, abtupfen und in heißem Fett auf beiden Seiten braten, etwas abkühlen lassen. Die Auberginenscheiben auf die Mischung im Topf legen und weitere 10 Min. kochen lassen. Fladenbrot vom Vortag zerreißen, auf einer Platte verteilen und die Fleisch-Gemüse-Mischung aus dem Topf darauf verteilen. Eventuell mit etwas Himbeeressig besprengen. Dann sollte man die Platte so umstülpen, dass das Brot oben zu liegen kommt.

Ein besonderes Kochbuch stammt aus dem Nordafrika des ausgehenden 13. Jahrhunderts. Von seinem Autor, Ibn Razīn al-Tujībī, ist bekannt, dass er im andalusischen Murcia geboren war. Der Titel des Buches verrät schon sein Programm: *Faḍālat al-khiwān fī ṭayyibāt al-ṭaʿām wa l-alwān* (Die Reste der Tafel betreffs aller möglichen Köstlichkeiten der Speisen). Im Vorwort wird deutlich, dass der Autor seine Heimat Andalusien im Zuge der wachsenden Erfolge der Reconquista hat verlassen müssen. Nun beschreibt und rekonstruiert er den Speisezettel der iberischen Halbinsel unter muslimischer Herrschaft. Er beschränkt sich dabei nicht auf die anspruchsvolle Küche, wie das in den übrigen mittelalterlichen arabischen Kochbüchern der Fall ist, sondern gibt auch Auskunft über die einfachen Zubereitungen der muslimischandalusischen Küche. Al-Tujībī steht damit am Beginn der Tradition einer muslimischen Erinnerungskultur, die zwei Jahrhunderte später einen Höhepunkt erreicht und bis heute anhält. In ihr werden alle Aspekte des muslimischen Andalusiens wieder lebendig gemacht. Das gilt auch für die Küche. In modernen Kochbüchern und kulturgeschichtlichen Artikeln über das Essen wird vor allem von marokkanischen Autoren gerne auf die Verbindung verwiesen, die zwischen der modernen nordafrikanischen Küche und der durch al-Tujībī dokumentierten Küche aus dem mittelalterlichen Andalusien rekonstruiert werden kann.

Die osmanische Küche

Bisher sind nur wenige Kochbücher aus der osmanischen Küche bekannt geworden. Was wir wissen, stammt von Wirtschaftshistorikern, die die Haushaltsaufwendungen unterschiedlicher gesellschaftlicher Gruppen und verschiedener Perioden untersucht haben. Aus diesem Material ergibt sich eine gute Übersicht über die Produkte, die den Köchinnen und Köchen der verschiedenen Schichten zur Verfügung standen. Eine reichhaltige Quelle sind die Werke, die man als eine Art von Anleitung zum richtigen Verhalten bezeichnen kann. Es sind Aufzeichnungen vor allem aus dem 16. Jahrhundert und später. Sie firmieren häufig unter dem Titel *Menafiü l-nas* (Nutzen für die Menschen). Es geht insbesondere um das richtige Benehmen bei Einladungen. Eines der bekanntesten Werke stammt von Nidaī Mehmet Effendi. In seinem Text macht er mit 88 Rezepten der osmanischen Küche bekannt, darüber hinaus mit einer Vielzahl von anderen Rezepten für Speisen und Getränke. Niemand vermag zu sagen, ob es weitere osmanische Kochbücher gibt, die als Manuskripte in den zahlreichen türkischen Bibliotheken schlummern und noch auf ihre Entdeckung warten.

Die persische Küche

Persische Kochbücher entstanden erst in der Zeit der Herrschaft der Safawiden (ab 1501). Nur wenige wurden bisher entdeckt und ediert. Auch sie waren von Köchen für Köche verfasst worden, die bei Hofe oder für die oberste Elite des Landes tätig waren. Einige der dort beschriebenen Rezepte gehen wohl noch auf die Timuridenzeit (1370–1501/7) zurück, ein klarer Hinweis auf die zentralasiatische Beeinflussung der persischen Küche.

Im Zentrum der Rezepte und damit wohl auch der persischen *haute cuisine* seit dem 16. Jahrhundert standen verschiedene Arten der Zubereitung von Reis. Schon in den damaligen Kochbüchern finden sich daneben Rezepte, bei denen Fleisch und Früchte oder Fruchtderivate wie Säfte oder Fruchtsirup kombiniert wurden. Die heute stark regional geprägten Küchentraditionen des Iran lassen sich in den älteren Kochbüchern nicht wiederfinden. Als eine Ausnahme mag vielleicht das immer wieder beschriebene Gericht *Fesenjān* gelten.

Khoresht-e Fesenjān (moderne Version)

250 g Walnusskerne im Mixer fein mahlen. I große Zwiebel fein hacken und in Öl in einer Kasserole anschwitzen, mit einer guten Messerspitze Kurkuma bestreuen. Die Walnüsse zu den Zwiebeln geben und 5 Min. mitbraten, bis sie leicht geröstet sind. Mit 500 ml Wasser mindestens 3 Std. bei niedriger Hitze leicht köcheln lassen; hin und wieder umrühren. Kaltes Wasser zugießen, wenn die Sauce zu fest wird. Enten- oder Hühnerfleisch ohne Haut anbraten, I große geschälte Zwiebel kleinschneiden und zu dem Fleisch geben, mit Kurkuma würzen, im Mörser einige Safranfäden zerreiben und mit etwas warmem Wasser zum Fleisch geben, mit kochendem Wasser ablöschen, bei niedriger Hitze I Std. schmoren; eventuell etwas heißes Wasser zufügen, nur wenig einkochen. Nun der Walnusssauce 5 El Granatapfelsirup zufügen, umrühren und weiterköcheln. Nach einigen Min. die geschmorten Ententeile mit der Flüssigkeit zu der Nusssauce geben und I Std. weiterköcheln lassen. Mit Reis servieren.

Die Moghul-Küche

Die Herausgeber von mittelalterlichen persischen oder indischen Kochbüchern betonen immer wieder, dass die jeweils andere Seite von der
eigenen kulinarisch beeinflusst worden sei. Richtig ist sicherlich, dass es
zahlreiche sprachliche Gemeinsamkeiten in der Küchen-Terminologie
gibt und stets enge kulturelle Beziehungen zwischen Iran und Indien
bestanden. Aber es gab daneben deutliche kulinarische Unterschiede,
die sich auch augenscheinlich auf die Küchenpraxis ausgewirkt haben.
Das älteste indo-muslimische Kochbuch, das sich erhalten hat, ist auch
das erste, das in der indischen Muslimsprache Urdu verfasst wurde. Es
ist das *Ni'matnāma* (Buch der Vergnügen) des Sultans Ghiyath Shahi
von Mandu (regierte 1456–1500). Dieses Buch zeichnet sich vor allen
anderen mittelalterlichen orientalischen Kochbüchern durch seine
zahlreichen Miniaturen aus, die die Rezepte illustrieren. Im Zentrum
steht dabei stets der Sultan, der an seinem mächtigen Schnauzbart zu
erkennen ist. Offenkundig gibt er den Köchen auf einigen Miniaturen
Anweisungen für die Zubereitung eines Gerichts. Die Darstellungen
vermitteln ferner einen gewissen Überblick über Küchengeräte und
Kochtechniken. Dagegen fehlt dem Buch eine allgemeine Einleitung. Es
setzt unmittelbar mit den Rezepten ein, die den Eindruck erwecken, als
habe der Sultan sie eigenhändig zubereitet. Etliche der Rezepte beginnen mit der Formulierung: »Eine bessere Art der Zubereitung ist …«.
Neben zahlreichen Reis- und Samosa-Rezepten finden sich verschiedene Betelzubereitungen und Angaben zur Herstellung von Parfüm und
Räucherwerk. Das Buch enthält außerdem einige Rezepte mit medizinischen Hinweisen für Krankenkost bei Magenproblemen oder Augenkrankheiten. Da glänzende Augen zum orientalischen Schönheitsideal
gehören, waren Tipps zur Pflege und Intensivierung des Glanzes will-
kommen, ebenso wie eine Zusammenstellung von Zutaten für Aphro-
disiaka oder ganz profan für fiebersenkende Mittel.

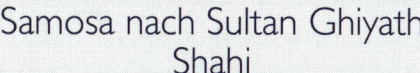

Samosa nach Sultan Ghiyath Shahi

Samosa sind Teigtaschen, die mit Fleisch oder Gemüse gefüllt und in Fett ausgebacken werden. Traditionell besteht der Teig aus Mehl, Hefe, Ghee, Wasser und Salz.

Eine andere Art der Samosas von Ghiyath Shahi: Nimm fein gehacktes Fleisch vom Reh und mit Fenchel parfümiertes Ghee. Wenn Du das Gehackte mit Safran vermischt hast, gib es in das Ghee. Röste Salz und Kumin zusammen. Wenn du Kumin (mit Salz), Nelken, Koriander und ein Viertel Rati (eine winzige Menge) Moschus zu dem Gehackten gegeben hast, koch es gut durch. Gib eine halbe gehackte Zwiebel und ein Viertel gehackte Ingwerwurzel zu dem Fleisch. Wenn alles gut durchgekocht ist, gib Rosenwasser darauf. Nimm es vom Feuer und füll die Samosas. Bohre mit einem Stock ein Loch in die Samosas und brate sie aus in süß schmeckendem Ghee und serviere sie, wenn sie weich sind. Auf dieselbe Methode können Samosas von jeder Art von Fleisch, das man will, gemacht werden.

Das zweite erhaltene Kochbuch der mittelalterlichen indo-muslimischen Küche ist unter dem Namen *Nuskha-e-Shājehānī* (Shahjehans Exemplar) bekannt. Shahjehan (1592–1666) war der fünfte Herrscher der Moghul-Dynastie. Sein Buch enthält eine Vielzahl von Reisgerichten, die mit verschiedenen Fleischsorten kombiniert werden. Unter den Rezepten für die Zubereitung von Fleisch finden sich auch solche für Rindfleisch, was bis heute für Indien und auch für die Moghul-Küche ebenso ungewöhnlich ist wie Rezepte, bei denen Kuhmilch verwendet wird. Die mangelnde Rücksicht auf die Gefühle der Hindu-Bevölkerung in seinem Reich, für die Shahjehan bekannt war, kommt also sogar in seinen kulinarischen Regeln zum Ausdruck.

Moderne Kochbücher

Auch wenn im Mittelalter zumindest an den Höfen und in anspruchs-vollen Haushalten der Oberschicht vor allem Männer die Funktion des Kochs monopolisierten, standen doch zumindest die ägyptischen Köchinnen in einem guten Ruf und wurden wegen ihrer Kompe-tenz bis nach Syrien engagiert. In den einfacheren Haushalten, die über eigene Küchen verfügten, bestimmten die Frauen des Hauses die Zubereitung der Speisen. Die Mütter vermittelten ihren Töch-tern das entsprechende Wissen. Diese Tradition veränderte sich in den Gesellschaften der einzelnen orientalischen Nationalstaaten in unterschiedlichen Geschwindigkeiten vor allem seit der Mitte des 20. Jahrhunderts. Die Schulpflicht der Mädchen in vielen Regionen führte dazu, dass sie vor allem in den städtischen Haushalten der Mittel- und Oberschichten immer weniger in den Küchen zur Arbeit herangezogen wurden. Nach und nach begannen die jungen Frauen, außer Haus zu arbeiten. Die Entstehung von Kleinfamilien im Lauf dieser Entwicklung brachte es mit sich, dass nicht wenige junge Frau-en von ihren Müttern nur noch geringe Kenntnisse in der Zuberei-tung von Speisen aller Art erwerben konnten. In der Konsequenz wurden Kochschulen gegründet, wie zum Beispiel im Baghdad der 1950er Jahre, in denen junge Frauen der oberen Mittelschicht kochen lernten. Nebenbei sollten sie in die Lage versetzt werden, das Küchen-personal effektiv zu kontrollieren.

Die Zeitungslektüre bringt aber noch eine andere Veränderung ans Licht. Immer wieder wird seit den 1960er Jahren zwischen Casablanca und Karachi Klage darüber geführt, dass die jungen Frauen, die nur geringe Kenntnisse vom Kochen hätten, auf Konserven und später auf Tiefkühlkost zurückgriffen, die teurer und weniger gesund als frisch zubereitete Speisen wären. Als Alternative stünden lediglich die noch teureren Restaurants zur Verfügung. Diese Entwicklung führte in ei-nem Land wie dem Libanon dazu, dass dort schon in den 1950er Jah-ren moderne Kochbücher in den Buchhandlungen angeboten wurden. Dabei handelte es sich oft um eine merkwürdige Mischung aus arabi-scher und westlicher, vor allem französischer und italienischer Küche.

Mit dem wachsenden Einfluss des pan-arabischen Nationalismus der 1960er Jahre entstand ein größeres Angebot von Kochbüchern zur *arabischen* Küche. Diese Texte folgten der ideologischen Vorstellung einer einzigen arabischen Nation, die auch in der Küche realisiert werden sollte. Die seit den 1980er Jahren erschienenen zahlreichen Bücher sprechen zwar immer noch von einer arabischen Küche, weisen aber bei vielen Gerichten ausdrücklich auf eine besondere regionale Herkunft hin. Mit dem Wachsen des Regionalbewusstseins in der arabischen Welt veränderten sich die Inhalte der Kochbücher. So erschien 1985 in Kuwait ein Kochbuch mit spezifisch kuwaitischen Rezepten. Immer wieder hatte es politische Konflikte zwischen den Staaten Irak und Kuwait gegeben, in denen von irakischer Seite das kleine, aber ölreiche Scheichtum am Golf als Teil des Iraks bezeichnet wurde. Mit dem Kochbuch, das Besuchern der kuwaitischen Botschaften in aller Welt gerne beim Abschied mitgegeben wurde, versuchten die kuwaitischen Behörden die nationale Identität ihres Landes auf subtile Weise zu betonen. Fast zur gleichen Zeit erschien aber auch ein irakisches Kochbuch zur Küche der Hauptstadt Baghdad. Die Unterschiede zwischen den Rezepten der beiden Bücher erscheinen dem Leser nicht sehr groß.

In der Folgezeit wurden mehr und mehr arabische Kochbücher mit einer regionalen oder besser nationalen Überschrift publiziert. Viele verwenden das arabische Wort *Fann* (Kunst) im Titel. Die bemerkenswerteste dieser Publikationen stammt aus Saudi-Arabien. In dem Königreich hatte die gesellschaftliche Entwicklung dazu geführt, dass saudische Familien nur noch selten die Speisen zu essen bekamen, die bei ihren Eltern oder Großeltern üblich gewesen waren. Das Küchenpersonal stammte von auswärts und kochte nach der Küche des Herkunftslandes. Restaurants mit saudischer oder arabischer Küche waren in den großen Städten nicht üblich. Stattdessen konnte man italienisch, französisch oder asiatisch, vor allem indisch, chinesisch oder japanisch essen gehen. Eine Gruppe von saudischen Kultur- und Sozialwissenschaftlerinnen sah die nationale Identität des Landes als gefährdet an. Mit Unterstützung einer saudischen Prinzessin gingen diese

Expertinnen nun daran, in einer systematischen Befragung von älteren Frauen die verschiedenen Zubereitungsarten von einigen hundert traditionellen Gerichten zu erheben. Professionelle Köchinnen entwickelten aus diesen Informationen Rezepte, die unter modernen Bedingungen zubereitet werden konnten. Das auf dieser Basis entstandene Buch war ein enormer Erfolg und erlebte zahlreiche Auflagen. Ob sich die tägliche Küchenpraxis dadurch veränderte, ist eher fraglich. Aber das allgemeine Interesse der saudischen Öffentlichkeit an den eigenen kulinarischen Traditionen wurde jedenfalls durch dieses Unternehmen geweckt und wirkte sich bis in die Nachbarstaaten aus.

In Iran gab es bereits seit dem späten 19. Jahrhundert moderne Kochbücher. Diese frühen Beispiele folgten noch immer dem Typ des literarischen Kochbuchs mit Rezepten, die durch Anekdoten oder Gedichte ergänzt werden. Die ersten Kochbücher der 1920er Jahre, die offenbar für die »moderne« Teheraner Hausfrau gedacht waren, enthalten neben den gängigen und anspruchsvollen Rezepten der persischen Küche auch Kapitel mit Rezepten aus der französischen Kochtradition. Der Rezeptteil zur französischen Küche nahm im Laufe der Jahre immer mehr zu. Diese Bücher sollten offenbar vor allem dazu dienen, die Leserinnen mit modernen Formen der Haushaltsführung vertraut zu machen. Dabei entwickelte sich eine erstaunliche Vorstellung von Moderne oder Westen in der persischen Mittelschicht. Eine empirische Untersuchung hatte nämlich gezeigt, dass in diesen Haushalten zwar mit moderner Technik gearbeitet, aber dennoch weiterhin die traditionelle persische Küche gepflegt wurde. Die französischen Rezepte hatten also eine andere Funktion. Sie stellten, wie der Iranist Bert G. Fragner feststellte, ein Dokument des Exotismus für die Leserinnen dar, die sich bei Besuchen zum nachmittäglichen Tee über die Merkwürdigkeiten dieser Küche austauschen konnten. Die nach der islamischen Revolution in Iran von 1979 produzierten Kochbücher unterscheiden sich von den vorausgehenden durch den völligen Verzicht auf Alkohol, und sie reduzieren die Anzahl der westlichen Rezepte. Wer sich bei uns für die Küche Irans interessiert, kann sich bei »ethnographischen Kochbüchern« (Bert G. Fragner) informieren. Sie sind häufig von Exil-Iranern verfasst worden, um traditionelle Gerichte vor dem Vergessen zu bewahren und um die Vielfalt und Qualität der persischen Küche einer westlichen interessierten Öffentlichkeit vorzustellen.

Das erste gedruckte türkische Kochbuch stammt noch aus der Zeit der osmanischen Dynastie. Es erschien zum ersten Mal 1844 in Osmanisch-Türkisch unter dem Titel *Melce üt-tabbahīn* (Zuflucht der Köche) und wurde bis 1889 immer wieder nachgedruckt. Es enthält vor allem Rezepte aus der Küche des Topkapı-Palastes. Vergleicht man seine Rezepte mit den Registern über die Aufwendungen der Küche des Sultanspalastes, ergibt sich eine deutliche Übereinstimmung mit den dort verwendeten Zutaten. Auffällig sind unter anderem Rezepte, die offenbar französischen Ursprungs sind. Diese wurden fast ausschließlich für die Zubereitung der Speisen europäischer Staatsgäste genutzt.

Seit der Zeit um 1900 erschienen im Osmanischen Reich zahlreiche Frauenzeitschriften. Neben Themen wie Mode, Literatur und anderen schönen Künsten, Fragen der Organisation des Haushalts und der Kindererziehung wurden regelmäßig Kochrezepte abgedruckt. In den Jahren 1924 und 1926 kamen noch einmal zwei Kochbücher heraus, von denen sich eines nur mit der Herstellung von Desserts der Palastküche befasste. Mit den beträchtlichen politischen Umwälzungen durch die kemalistischen Reformen, die in der Türkischen Republik nach dem Zusammenbruch des Osmanischen Reiches 1918 vollzogen wurden, ließ das Interesse an der osmanischen Küche schnell nach. Die Rezepte waren zu kostspielig und zu kompliziert, die Küchen in den wachsenden Städten zu klein. Es entstanden einige wenige »republikanische« Kochbücher, die den neuen sozialen Verhältnissen angepasst waren. Ob aus Kritik an dem monarchischen Regime oder aus Neugier auf Rezepte aus dem »Westen«, deutlich ist jedenfalls bei den Kochbüchern bis in die 1960er Jahre und in der Küchenpraxis weit darüber hinaus, dass man sich dezidiert von der Küche der Osmanen distanzierte und eine Küche der anatolischen Landbevölkerung propagierte. Verstärkt wurde diese Tendenz durch das Interesse türkischer Ethnographen für die unterschiedlichen Formen der traditionellen Küchen in den verschiedenen Regionen der Türkei. Ihre Aktivitäten hatten zunächst zwar einen vorwiegend akademischen Charakter. Erst in den 1980er Jahren belebte sich die Beschäftigung mit den türkischen Küchentraditionen wie auch mit der osmanischen Küche wieder. Ursache dafür war der wachsende Tourismus und die Nachfrage der internationalen Gäste nach typischen türkischen Gerichten. Es war dann auch die türkische Tourismusbehörde, die entsprechende Initiativen ergriff. In Konferenzen zur türkischen Küche wurden Überlegungen angestellt, wie sich eine anspruchsvolle einheimische Küche rekonstruieren und stärker propagieren ließe. Ein Museum der türkischen Küche sollte gegründet werden. Dem Geschwisterpaar Feyzi und Nevin Halıcı aus Konya ist es zu verdanken, dass diese Ansätze konsequent weitergeführt wurden. Mit zahlreichen wissenschaftlichen Abhandlungen und Kochbüchern sorgten sie für eine stetig breiter werdende Aufmerksamkeit für die türkische Küche, zunächst in der Hotellerie und Gastronomie, dann aber auch in den türkischen Haushalten.

Wie in vielen anderen Ländern, vor allem der westlichen Welt, ist seit den 1990er Jahren die Kochbuchproduktion in der Türkei geradezu explodiert. Dabei wird an die nationale wie die verschiedenen regionalen Küchen angeknüpft. Die osmanische Küche wird für die moderne Hausfrau kochbar gemacht, und selbst die Küche der Sufi-Meister, der islamischen Mystiker, wurde dokumentiert. Kritische Beobachter bezweifeln dennoch, dass sich dieses verstärkte Interesse an der Kochbuchliteratur nachhaltig auf die Küchenpraxis ausgewirkt habe – weder in der Mehrzahl der Gaststätten in der Türkei noch in den Privathaushalten. Die durchaus akzeptable Küche der Haushalte könnte man als Mainstream bezeichnen. Das Raffinement des 19. Jahrhunderts ist aber verlorengegangen. Dafür sind gängige arabische Vorspeisen wie Kichererbsenpüree mit Sesampaste auf die türkische Speisekarte geraten. Derzeit ist es wohl an den hochklassigen Restaurants in Istanbul und den Touristenzentren, für eine Weiterentwicklung der kulinarischen Kultur zu sorgen.

Die Analyse der modernen Kochbücher der muslimischen Bevölkerung auf dem indischen Subkontinent ist wegen der politischen Konflikte innerhalb und zwischen den verschiedenen Staaten der Region, insbesondere den indisch-pakistanischen Auseinandersetzungen, ein kompliziertes Vorhaben. Es finden sich eine Reihe von Kochbüchern, die so etwas wie eine indische Küche propagieren. Dabei wird durchaus auf die Geschichte und Rezepte der Moghul-Küche Bezug genommen. Ihnen stehen aber zahlreiche Kochbücher gegenüber, die die verschiedenen Regionalküchen des Landes zum Thema haben. Darunter sind Werke, die sich auf Regionen Nordindiens beziehen, in denen große muslimische Minderheiten leben. Auffällig ist, dass bei den Regionalkochbüchern häufig die Küche der Zeit des Raj, also der britischen Herrschaft zwischen 1858 und 1947, beschrieben wird.

In der Gegenwart besonders prominent sind die Kochbücher und Video-Produktionen der in Hyderabad/Indien geborenen Zubeida Tariq, deren Gerichte sich in Indien wie in Pakistan großer Beliebtheit erfreuen. Sie lebt heute in Karachi. Ihre Bücher sind eher einfach aufgemacht und zugleich ausgesprochen praxisbezogen. Ihre Video-Produktionen bleiben einer sehr traditionellen Struktur verhaftet. Im Unterschied zu den Video-Produktionen bekannter arabischer Chefköche, die häufig als Solisten auftreten, hat Zubeida Tariq stets eine jüngere Frau an ihrer Seite, die den Part der wissbegierigen Schülerin übernimmt. Trotz einiger Gemeinsamkeiten mit der indischen Küche im Allgemeinen wenden sich ihre Rezepte aber erkennbar an ein muslimisches Publikum, wird doch in etlichen Gerichten Kalb- oder Rindfleisch verwendet. Natürlich finden sich keine Rezepte, die Schweinefleisch enthalten. Schweinefleisch ist in Indien zwar auch keine sehr häufige Zutat, in der südindischen Küche aber doch nicht völlig unbekannt. Bemerkenswert ist, dass die Kochbücher von Zubeida Tariq Kapitel enthalten, die besondere Gelegenheiten wie Kindergeburtstage oder die großen Feste thematisieren und ausführlich auf die chinesische Küche eingehen. Kochbücher, in denen ausschließlich die Moghul-Küche rekonstruiert wird, sind dagegen bisher vor allem in England publiziert worden.

In der Aufmachung der modernen Kochbücher der verschiedenen orientalischen Länder lassen sich insgesamt mehr Gemeinsamkeiten als Unterschiede entdecken. Sie sind sämtlich geprägt von Formen der modernen westlichen Kochbuchproduktion und von deren Ausgestaltung mit professioneller Food-Fotografie oder mit Illustrationen der einzelnen Arbeitsschritte. Gleiches gilt für ihre inhaltlichen Strukturen, bei denen Vorspeisen von Fisch, Fleisch und Desserts gefolgt werden. Bisher sind aber noch keine umfänglichen Coffee-Table-Books mit Rezepten auf dem Markt. Das mag aber nur eine Frage der Zeit sein.

Seit Beginn der 1980er Jahre kann man in den Buchhandlungen orientalischer Städte auch einige Veröffentlichungen zu den gesundheitlichen Aspekten von Essen und Trinken kaufen. Manche sind von Medizinern verfasst worden, andere von muslimischen Religionsgelehrten. In der Regel handelt es sich um kleinformatige Hefte von selten mehr als hundert Seiten. In vielen dieser Bücher wird auf die »prophetische Medizin« (al-tibb al-nabawī) Bezug genommen, auf die Sammlung und Interpretation von Aussprüchen des Propheten Muhammad zur gesunden Lebensweise. Muslimische Autoren moderner Werke über eine gesunde Ernährung beziehen sich auf die »prophetische Medizin«, weil sie sich bei frommen Anhängern des Islams eine größere Autorität für ihre Texte erhoffen. Inzwischen gibt es auch dazu TV-Programme und CD-Produktionen. In kleinformatigen Heften mit Titeln wie *Appetitliche Speisen* werden in kurzen Einleitungstexten zudem intensiv die gesundheitlichen Aspekte des Kochens verhandelt und die Notwendigkeit betont, beim Einkauf auf die Qualität von Fleisch und Gemüse zu achten. Der Vorgang des Waschens vor allem von Gemüsen wird auf das Genaueste geschildert. Über den vorbereitenden Umgang mit anderen Zutaten wie Fleisch oder Fisch erfährt man dagegen nichts. Selbst in Tageszeitungen der verschiedenen Regionen des Orients finden sich inzwischen regelmäßige Kolumnen oder ganze Seiten zu Gesundheit und gewissenhafter Ernährung.

Das Wandern ist der Zutat Lust – Zum Orient und vom Orient

Schon in vorislamischer Zeit waren Getreidesorten, Gemüse und Früchte aus Indien, von den Inseln des heutigen Indonesiens und aus China in den Nahen und Mittleren Osten gekommen. Mit der systematischen Verbesserung der Verkehrs- und Handelswege in diese Regionen vor allem unter der Herrschaft der Abbasiden entwickelte sich der Import von Nutzpflanzen deutlich weiter. Zahlreiche neue Pflanzen erreichten die Märkte in den Herrschaftsgebieten der abbasidischen Dynastie. Von dort gelangten sie in die muslimischen Gebiete Nordafrikas, Siziliens und der iberischen Halbinsel, ja sogar in die subsaharischen muslimischen Königreiche und an die Küsten Ostafrikas. Von Sizilien und der iberischen Halbinsel aus lassen sich über das zwar geschwächte, aber sehr wohl noch existierende Byzantinische Reich Importe aus der islamischen Welt auch in den Gebieten des Balkans nachweisen. Auf diesen Wegen gelangten sie schließlich in die Handelszentren in West- und Mitteleuropa. Die Kenntnis der verschiedenen Wege aus Indien und Südostasien verdanken wir vor allem den Beschreibungen der arabischen Geographen und Universalhistoriker. Archäologische Funde, die Auskünfte über die Verbreitung der verschiedenen Pflanzen vermitteln, untermauern diese Berichte.

Aus dem Osten in die islamische Welt

Getreide

Sowohl in den klassischen wie in den modernen Kochbüchern aus den Regionen des Orients stechen drei Hauptnahrungsmittel hervor: Weizen, Hirse und Reis. Hirse und Weichweizen *(Triticum aestivum)*, die wohl zuerst in den Gebieten des heutigen Afghanistan bekannt waren, wurden seit jeher im Nahen und Mittleren Osten angebaut. Hartweizen und Reis (*Oryza sativa*) sind dagegen Getreidearten, die in diese Regionen erst eingeführt wurden. Systematischer Reisanbau wurde zum Beispiel in Indien, Burma, Thailand und China betrieben. Von dort kam er auf die Philippinen und in das Gebiet des heutigen Indonesien. Nach dem antiken Autor Strabo war der Reis im 2. Jahrhundert v. Chr. in Iran, Mesopotamien und im Jordantal bekannt. Angeblich soll er in kleinen Mengen auch auf der vorislamischen arabischen Halbinsel und in Ostafrika für medizinische Zwecke importiert, aber dort nicht angebaut worden sein. Unter islamischer Herrschaft übernahm man überall dort den Anbau, wo sich ausreichende Wassermengen fanden, die für das Wachstum der Reispflanzen erforderlich sind. In den östlichen Teilen der islamischen Kernländer wie Iran und Mesopotamien wurde seit dieser Zeit die Reisproduktion intensiviert.

Im Gebiet von Euphrat und Tigris, wo ein kompliziertes Kanalsystem zur Bewässerung geschaffen wurde, bauten die Bauern ebenso Reis an wie an den südlichen Ufern des Kaspischen Meers. Weitere Anbauflächen entstanden in der Gegend um Herat, im heutigen westlichen Afghanistan, in Sindh im heutigen Pakistan und sogar im zentralasiatischen Ferghana-Tal. Die Ernten im Jordantal versorgten ganz Palästina mit Reis. Auch im Jemen soll er angebaut worden sein. Den Nil entlang fanden sich Reisfelder ebenso wie in der Oase Fayyum, in der er heute nicht mehr produziert wird. In Nordafrika, von einigen Orten im Süden Marokkos abgesehen, war der Reisanbau wegen des Wassermangels nicht möglich. Im muslimischen Sizilien entstanden dagegen große Anbauflächen. Vor allem in Spanien war seit der islamischen Herrschaft Reisanbau weit verbreitet. Die Quellen berichten von der Gegend um Valencia als einem Zentrum der Reisproduktion. Überraschenderweise kann man sogar vom Reisanbau in Mallorca lesen. Die Araber brachten darüber hinaus den Reisanbau bis an die Grenzen der islamischen Welt, so im Norden in das Wolgatal und im Süden nach Ostafrika. In Mogadischu war Reis im 14. Jahrhundert das Hauptnahrungsmittel der dortigen Bevölkerung. Seine weite Verbreitung in dieser Region soll aber bereits im 10. Jahrhundert begonnen haben. Es mag sein, dass es erste Formen der Reisproduktion sogar schon in vorislamischer Zeit gegeben hat. Eine afrikanische Reissorte *(Oryza glaberrima)* soll es im Übrigen lange vor dem Erscheinen der Araber in Westafrika gegeben haben. Es ist aber ebenso wenig ausgeschlossen, dass es die Araber waren, die den asiatischen Reis in diese Region gebracht haben. Arabische wie europäische Reisende berichten, der in dieser Region angebotene Reis habe sich qualitativ nicht von dem Reis unterschieden, der ihnen aus ihren Heimatländern bekannt war.

Im Osmanischen Reich des 16. Jahrhunderts gehörte Reis noch nicht zur alltäglichen Nahrung, obwohl er in einigen Teilen des großen Reiches schon angebaut wurde. Reisanbaugebiete fanden sich in Rumelien und in Anatolien in der Gegend von Sinope und in der Schwarzmeerregion. In der zweiten Hälfte des Jahrhunderts steht er dann bereits auf dem Speiseplan von Derwisch-Klöstern. So wird aus Diyarbakır berichtet, dass Besucher bei den dortigen Derwischen ein Reisgericht mit Melonen bekamen, das mit Nelken und Zimt gewürzt war. Dennoch blieb das Produkt etwas Besonderes, was sich vermutlich auf den Preis auswirkte. Denn man benutzte Reis vor allem als Einlage für Suppen. Eine solche Reissuppe galt als besonders kräftigend und wurde Kranken und Genesenden gereicht. In der Zeit nach 1670, so nimmt man an, wurde der Reis dem Weizenbrot vorgezogen.

Sharab al-rumman (Rosa Reis)
wörtlich: Granatapfelgetränk

6 mittlere Zwiebeln kleinschneiden und in Öl leicht anbraten. Die Zwiebeln, 100 ml Granatapfelsaft mit etwas Salz in 200 ml Wasser zum Kochen bringen. 2 Tassen gewaschenen Langkornreis und 1 Tasse Walnüsse zugeben und langsam 20 Min. kochen lassen, bis der Reis weich geworden ist.

Der in der Küche der Gegenwart vor allem bei Pasta-Freunden beliebte Hartweizen *(Triticum durum)* ist eine relativ neue Getreideart. Sie entstand, wie die Nahrungsmittelhistoriker meinen, in Äthiopien oder dem östlichen Mittelmeerraum aus einer Mutation des Emmer *(Triticum dicoccum)* erst sehr spät, in der klassischen Antike war sie noch nicht bekannt. Der Weizen Roms war Emmer. Selbst in hellenistischen Werken zur Landwirtschaft ist von Hartweizen nicht die Rede. Erste Formen von Hartweizenanbau hat man in Ägypten unmittelbar vor der muslimischen Eroberung (642) aus archäologischen Funden nachweisen können. Die Araber aber waren es, die den Hartweizen überall dahin verbreiteten, wohin sie auf ihren Kriegszügen und bei ihren vielfältigen Handelsunternehmungen gelangten. Das Arabische kennt jedoch kein spezielles Wort für Hartweizen. *Hinta* bedeutet Weizen ohne nähere Spezifizierung. Eine Ausnahme ist vielleicht das im mittelalterlichen Jemen gebrauchte Wort *burr*, das ebenfalls Weizen bedeutet. Die arabischen Autoren beschrieben aber Unterschiede zu *hinta*, die auf Hartweizen hindeuten. Der Begriff *burr* hat sich jedoch für Hartweizen nicht durchgesetzt. Schon die arabischen Historiographen und Geographen sowie Reisende beobachteten, dass er vor allem in Regionen des von geringen Niederschlagsmengen gekennzeichneten Orients sehr geschätzt wurde, weil er sich gut an trockene Böden anpasste. In Spanien, Nordafrika, in Zentralasien oder Äthiopien entwickelten sich lokale Sonderformen von Hartweizen. Als weiterer Vorteil von Hartweizen erwies sich seine große Lagerfähigkeit. Der Geograph al-ʿUmarī (1300–1384) berichtete, dass man in Nordafrika diese Weizensorte achtzig Jahre in Silos gelagert habe und diese lange Lagerungsdauer seine Reinheit und Qualität sogar noch verbessert hätte. Der Historiograph al-Maqqarī (gestorben 1632), der sich in seinem Hauptwerk mit dem Titel *Der wohlriechende Duft von dem frischen Zweig Andalusiens* dem für die Muslime inzwischen verlorenen Andalusien widmete, behauptete gar, dass der (Hart)Weizen in Saragossa hundert Jahre alt werden konnte. Die wachsende Beliebtheit von Hartweizen als wichtigem Nahrungsmittel belegt daneben die Entwicklung von neuen Rezepten seit dem 12. oder 13. Jahrhundert. Man hatte inzwischen festgestellt, dass man aus Hartweizen wegen seines hohen Glutengehalts sehr gut Grieß herstellen konnte. Diese Entdeckung führte zur Entstehung des bekannten nordafrikanischen Gerichts Couscous, der als Basis für salzige ebenso wie für süße Gerichte dienen kann. Im 13. Jahrhundert war dieses Gericht nicht nur in Marokko, Algerien und Tunesien, sondern auch in Spanien und in Ägypten, ja sogar im weiter entfernten Mesopotamien bekannt.

Couscous mit Hähnchen

Das Rezept stammt aus Taroudant. Couscous-Rezepte gibt es so viele wie marokkanische Hausfrauen und professionelle Köchinnen und Köche.

1 kg Hähnchenstücke in einem großen Topf in Olivenöl anbraten, dann 2 in dünne Scheiben geschnittene Zwiebeln, 3 gehackte Knoblauchzehen, eine kleine Dose Tomaten, 2 geputzte und in breite Streifen geschnittene rote Paprika, eine Handvoll Koriandergrün und die doppelte Menge davon an glatter Petersilie, beides fein gehackt, 2 El fein gehackten frischen Ingwer, gemahlene Nelken, gemahlenen Zimt, geriebene Muskatnuss, Kurkuma, 10 Safranfäden in warmem Wasser aufgelöst mit 1 l heißem Wasser zufügen. 45 Min. köcheln lassen, bis das Fleisch weich ist. Das Fleisch und die Paprika mit dem Schaumlöffel aus der Brühe nehmen und warmstellen. Die Brühe etwas einkochen lassen. 150 g Rosinen einweichen und 50 g Pinienkerne rösten und warmstellen. 1 Paket (500 g) Couscous nach Vorschrift zubereiten. Den fertigen Couscous in eine große Schüssel geben, mit den Rosinen und Pinienkernen garnieren und mit Fleisch und Paprika umlegen. Die Brühe separat reichen. Eventuell etwas scharfe Harīsa dazugeben.

Die andere Möglichkeit der Verwendung von Hartweizen ist die der Herstellung von Nudeln. Das arabische Wort für Nudeln ist *itriyya*. In arabischen Lexika ist der Begriff erst im 14. Jahrhundert vermerkt worden. Doch schon im 13. Jahrhundert ist davon in arabischen Kochbüchern und in medizinischen Werken die Rede. Es ist als sicher davon auszugehen, dass diese Nudeln aus Hartweizen hergestellt wurden. Nudeln wurden wohl auch schon seit dem 9. Jahrhundert in den arabischen Küchen verwendet. Ob es sich dabei um solche aus Hartweizen handelte, lässt sich nicht mit Sicherheit sagen.

Über den Ursprung der Nudel ist viel spekuliert worden. Dass es nicht Marco Polo gewesen ist, der diese Form der Mehlverwendung nach Europa brachte, ist heute unbestritten. Auch dass die Antike keine Nudeln kannte, ist allgemein unbestritten. Seit wann aber Nudeln in den Kochtöpfen des Orients landeten, ist nicht exakt zu bestimmen. Nach den mittelalterlichen arabischen Kochbüchern lassen sich zwei Typen von Nudeln unterscheiden. Einerseits findet man lange, dünne, Spaghetti-ähnliche Nudeln, die in den Kochbüchern aus Baghdad oder Damaskus, aber auch in Iran als *rishta* bezeichnet werden. In den andalusischen und nordafrikanischen Kochbüchern heißen sie *itriyya*. Davon stammt die katalanische Nudelbezeichnung *aletria*. Im italienischen Ligurien heißen diese Nudeln *tria*. Bei der zweiten Sorte handelt es sich um kürzere, sehr dünne Nudeln, die im Osten der arabischen Welt als *sha'riyya* bezeichnet werden, abgeleitet von dem arabischen Wort *sha'r* für Haar. Im arabischen Westen heißen sie *fidaush*, davon stammt das spanische *fideos* oder das italienische *fedelini*. Von dem Kulturhistoriker Peter Peter wissen wir, dass die Nudelmacher in Genua sich 1574 als *fidelari* bezeichneten. Schon lange Zeit vorher hatte der arabische Geograph al-Idrīsī (1099–1161) in seinem Buch *Nuzhat al-mushtāq* (Der Spaziergang des Sehnsüchtigen), das er König Roger II. von Sizilien (1095–1154) widmete, geschrieben: »Im Westen von Termini findet sich ein Ort mit Namen Trabia. Das ist ein bezaubernder Aufenthalt mit dauernd fließendem Wasser und vielen Mühlen. Dort gibt es eine Ebene mit weiten Landgütern, in denen man viel *ytria* (von dem arabischen *itriyya*) herstellt und überallhin exportiert.« Die

Übernahme arabischer Worte zur Bezeichnung verschiedener Nudel-
arten weist auf eine unmittelbare arabische Herkunft dieses italienischen Grundnahrungsmittels hin. In den mittelalterlichen arabischen
Kochbüchern finden sich allerdings nur selten Rezepte zur Herstellung
und Verwendung von Nudeln. Stattdessen werden sie als Vergleich herangezogen. Zucchini sollen zum Beispiel so fein wie *rishta* geschnitten
werden. In modernen orientalischen Kochbüchern ist heute vor allem
von Vermicelli die Rede. Besonders beliebt sind dort Kombinationen
von Nudeln und Reis.

Zuckerrohr

Über die Ursprünge des Zuckerrohranbaus ist wenig bekannt. Man
vermutet sie im frühen Indien oder in China. Von Indien aus wanderte
die Pflanze sehr langsam nach Westen. Im 7. Jahrhundert wurde Zuckerrohr in Iran angebaut und aus dem Rohmaterial Zucker hergestellt.
Bis zum Beginn der Zeitrechnung des Islams, also bis 622, waren Zuckerrohrpflanzen nicht weiter nach Westen vorgedrungen. Unter muslimischer Herrschaft verbreitete sich der Anbau zunächst vor allem in
Iran weiter, aber auch im Zweistromland. Wie diese Expansion in allen
Einzelheiten vor sich ging, kann man aus den vorliegenden Quellen
nicht erschließen. Aber seit dem 10. Jahrhundert lässt sich eine weite Verbreitung des Zuckerrohranbaus aus den Werken der arabischen
Geographen nachvollziehen. Neben Mesopotamien ist der Anbau in
Iran vor allem an den Küsten des Golfs, in der Provinz von Kirman
und an der Straße von Hormuz, in Jurjan und am Kaspischen Meer
nachzuweisen. Danebei konzentrierte er sich vor allem weiter östlich,
in Sindh. Aus dem 10. Jahrhundert erfährt man Einzelheiten über die
Rohrzuckerproduktion im Nahen Osten. Man liest von Zuckerrohran-
bau in der Ghota, der Oase von Damaskus und im Jordantal bis hinauf
nach Jericho. Auch an der Mittelmeerküste der Levante, von Tripolis
nach Sidon und Tyros bis nach Akra wurde Zuckerrohr angebaut. Von
dort gelangten Zuckerrohrpflanzen auf die östlichen Mittelmeerinseln.
In Ägypten wurde Zuckerrohr dagegen schon seit dem 8. Jahrhundert

angebaut. Schwerpunkte des Anbaus lagen im Nildelta, im Fayyum und in einigen Regionen Oberägyptens. Arabische Geographen und Reisende aus verschiedenen Ländern wiesen auf den Überfluss an Zucker in Ägypten hin. Dass Zuckerrohr in Nordafrika, in Sizilien und in Spanien angebaut wurde, ist seit dem 10. Jahrhundert sicher belegt. Zentren des Anbaus lagen im Süden des heutigen Tunesien, in Algier, im marokkanischen Sous und in Marrakesch. Dem Zucker von Sous, den man in großen Mengen produzierte, wurde eine besondere Qualität zugesprochen. In Spanien lagen die Produktionszentren entlang des Guadalquivir in der Nähe von Sevilla, an der Südostküste bei Malaga oder weiter im Landesinneren bei Granada und bis in den Norden nach Castellón. Über die Einzelheiten des Anbaus informierten landwirtschaftliche Lehrbücher wie das von Ibn al-ʿAwwām (Ende 12. Jahrhundert). Im Süden gelangte Zuckerrohr spätestens im 8. Jahrhundert nach Jemen und Äthiopien, wenn es ihn dort nicht schon in vorislamischer Zeit gegeben hat. Auch nach Oman mag er schon in vorislamischer Zeit gelangt sein. Angesichts der guten Beziehungen Omans zu den Inseln vor der ostafrikanischen Küste ist es nicht verwunderlich, wenn im 10. Jahrhundert von dem hochwertigen Zucker aus Sansibar berichtet wird. Von dort wurde die Pflanze bis nach Madagaskar exportiert. Allerdings galt Zucker als das weniger attraktive Süßungsmittel. Die mittelalterlichen Kochbücher ziehen Honig vor, er war teurer und hatte daher ein größeres Ansehen in der Küche.

Wie die Worte Kandis und Konditor stammt auch das Wort Zucker aus dem Arabischen. Europäer lernten das orientalische Süßungsmittel auf der iberischen Halbinsel und während der Kreuzzüge im Nahen Osten kennen. Auch Zucker wurde zunächst als Heilmittel geschätzt, dem man stärkende Wirkungen zusprach. Zucker war in der arabischen Pharmazie häufiger Bestandteil von Medikamenten, die aus mehreren Wirkstoffen zusammengesetzt waren. In Europa nutzte man diese Kombination, indem man mit einem größeren Zuckeranteil die anderen Wirkstoffe konservierte, um sie auf Vorrat herstellen zu können. Sie wurden dann häufig in Form von Dragees produziert. Diese wurden wiederum gerne nach einem reichlichen Mahl als verdauungsförderndes Mittel genutzt. Zucker war aber auch als ausgesprochenes Luxusprodukt bekannt, das im europäischen Mittelalter zunächst bei wichtigen gesellschaftlichen Gastmählern von Herrschern und der hohen Geistlichkeit als Tischdekoration verwendet wurde. Man ließ aus dem Zucker Plastiken herstellen, die von der Tischgesellschaft zum Ende des Mahls aufgegessen wurden. Bis zum Ende des 18. Jahrhunderts blieb Zucker für die Mehrheit der Bevölkerung in Europa ein kaum erschwingliches Vergnügen. Erst mit der Entdeckung der Verarbeitung der Zuckerrübe wurde er zu einem preiswerten Massenprodukt.

Kandierte Rosenblütenblätter

Kandierte Rosenblütenblätter sind in Spezialgeschäften oder Konditoreien zu kaufen. Sie lassen sich aber auch zu Hause herstellen.

50 große rote Rosenblütenblätter von ungespritzten Rosen mit einem Tuch oder Küchenkrepp säubern, die weißen Stengelansätze mit einer Küchenschere herausschneiden. 3 Eiweiß fest, aber nicht steif schlagen. Eine Platte dick mit Zucker bestreuen. Die Rosenblütenblätter durch das Eiweiß ziehen, dann auf den Zucker legen und mit Zucker bestreuen. Etwa 12 Std. an einem warmen Ort oder in einem erwärmten Backofen trocknen lassen. Anschließend lagenweise in ein flaches Porzellan- oder Kunststoffgefäß mit großer Öffnung schichten. Bei längerer Aufbewahrung verfestigen sich die Rosenblütenblätter, können aber noch immer verwendet werden.

Zitrusfrüchte

Verschiedene Zitrusfrüchte erfreuen sich seit jeher großer Beliebtheit, nicht nur im Orient. Im Abbasidenreich waren Bitterorangen schon Anfang des 10. Jahrhunderts bekannt. Der für sein Werk *Nabatäische Landwirtschaft* bekannte Ibn Wahshiyya (9./10. Jahrhundert) äußert sich ausführlich über ihren Anbau. In Andalusien wurden Orangen ebenfalls im 10. Jahrhundert angebaut, wie der *Patio de los Naranjos* in Córdoba zeigt. Zunächst mögen Orangenbäume vornehmlich als Ziergehölze verwendet worden sein. Später waren es vor allem Bitterorangen, die als Fruchtbäume zu kommerziellen Zwecken zwischen Mesopotamien und Nordafrika, in Sizilien, aber auch im Jemen angebaut wurden. Im 15./16. Jahrhunderten gelangten sie dann auch in das subsaharische Afrika.

Limonen waren arabischen Autoren ebenfalls im frühen 10. Jahrhundert aus Indien bekannt. Gesichert ist, dass sie sich zwischen dem 10. und 12. Jahrhundert in der gesamten islamischen Welt verbreitet hatten, abgesehen vielleicht von den Gebieten südlich der Sahara.

Ihr Saft oder ihre Schalen wurden zur Parfümierung und Würzung verwendet. Vor allem Zitronen sind heute aus den orientalischen Küchen nicht wegzudenken. Ein typisches nordafrikanisches Würzmittel sind Salzzitronen.

Salzzitronen

Ein Einmachglas mit Deckel mit kochendem Wasser auswaschen. Je nach Größe des Glases 4 bis 6 Biozitronen gut unter heißem Wasser abwaschen, kreuzweise tief einschneiden. Sie müssen aber unten noch gut zusammenhalten. Die Zitronen aufdrücken und so viel Salz wie möglich hineinfüllen und fest in das Glas neben- und übereinandergeben. Fest verschließen und an einem kühlen Ort 8 Wochen stehen lassen. Hin und wieder die Zitronen in den entstandenen salzigen Sud drücken. Sie sollten möglichst alle davon bedeckt sein. Wenn die Schalen sehr weich geworden sind, kann man sie einzeln verwenden. Dazu muss die Fruchtmasse der Zitrone mit einem Messerrücken abgeschabt werden. Man sollte nur die in schmale Streifen geschnittene Zitronenschale verwenden.

In einer anderen Version werden noch verschiedene Gewürze wie Lorbeerblätter, Zimtstangen, Koriandersamen, Kreuzkümmel, schwarze Pfefferkörner, Gewürznelken und rote Chilischoten zugegeben. Das alles wird dann noch mit weiterem Zitronensaft aufgefüllt.

Sehr beliebt sind auch Apfelsinen. Sie gelangten erst mit der Entdeckung des Seewegs nach Indien nach Europa und von dort zunächst nach Nordafrika, um sich dann weiter nach Osten zu verbreiten. Sie werden roh gegessen, aber auch gern in Obstsalaten verwendet.

Bananen

Bananenanbau war bereits in der Frühzeit des Islams in Mesopotamien bekannt. Der Koran zählt Bananen nach Ansicht einiger Übersetzer in Sure 56, 29 unter die Früchte des Paradieses. Die islamischen Eroberungen in Indien führten zu einer weiten Verbreitung von Bananenkulturen. Im 8. Jahrhundert waren sie in den östlichen Teilen der islamischen Welt allgemein verbreitet. Im 9. Jahrhundert ist von ihrem Anbau in Ägypten die Rede. Im 10. Jahrhundert kannte man sie auch in der Gegend von Jerusalem. Von Ägypten aus sind die Bananenkulturen wohl nach Nordafrika gekommen, wo sie in Quellen des 11. Jahrhunderts erwähnt werden. Ein Jahrhundert zuvor waren sie aber schon in Spanien bekannt, sodass man auch von einer früheren Existenz in Nordafrika ausgehen kann. Als die besten Bananen der gesamten arabischen Welt galten damals die Früchte von der südöstlichen Küste Spaniens. In Oman wurden Bananenstauden ebenfalls schon im 10. Jahrhundert angepflanzt. Von dort verbreiteten sie sich nach Ostafrika, vor allem nach Sansibar. Der arabische Weltreisende Ibn Battūta fand sie im 14. Jahrhundert in Mogadischu und Mombasa. Er berichtet, dass die Früchte dort das Hauptnahrungsmittel der Bevölkerung gewesen seien. Sie würden grün gekocht und mit Ingwer und Mango gewürzt. Ob die Bananen von dort ins subsaharische Afrika gelangten oder eher auf den transsaharischen Handelswegen aus Nordafrika, kann nicht eindeutig entschieden werden. Jedenfalls fanden die Portugiesen sie auf ihren Schiffsrouten dort im 15. Jahrhundert vor. Bananen wurden und werden im Orient in der Regel im Rahmen von Früchtedesserts gegessen, häufig neben anderen unbehandelten Früchten oder als Teil eines Fruchtsalats. In den mittelalterlichen arabischen Kochbüchern finden sich aber auch eigene Bananen-Rezepte.

Jūdhāba mit Bananen

Das Rezept aus dem Kochbuch von al-Warrāq wird dem Abbasiden-Prinzen Ibn al-Mahdī (gestorben 839) zugeschrieben.

Schäle die Bananen und stell sie beiseite. Leg eine Ruqāqa (rundes dünnes Fladenbrot) in eine Pfanne und verteile darauf die Bananen. Bestreue die Bananen mit reinem Zucker und leg eine weitere Ruqāqa darauf. Wiederhole die Aufschichtung von Ruqāqa, Bananen und Zucker, bis die Pfanne gefüllt ist. Gieße genügend Rosenwasser auf die geschichteten Zutaten, um sie durchzufeuchten. Stell die Pfanne in den Backofen (tannūr). Häng ein schönes Hühnchen über die Pfanne und lass es rösten, wenn Gott will.

Wassermelonen

Die Vorläufer der in allen orientalischen Ländern geliebten Wasser-melonen kommen aus den Steppen und Savannen Afrikas. Sie wurden erstmals im pharaonischen Ägypten erwähnt und in Wandbildern dar-gestellt. Von Ägypten aus gelangten sie vermutlich nach Palästina und nach Westafrika. Dort finden sie sich bis heute in halbwilder Form. Die uns bekannte Form der Wassermelone war wohl zuerst in Indien be-heimatet. Von dort gelangte sie relativ spät, nämlich im 8. Jahrhundert, nach China. In der Literatur muslimischer mittelalterlicher Autoren werden Melonen zuerst für die östlichen Regionen wie Mesopotami-en genannt. Im 12./13. Jahrhundert gelten Wassermelonen dann als allgemein in Ägypten verbreitet, wo sie besonders gute Wachstums-bedingungen vorfanden. Im 13. Jahrhundert berichtet der Geograph al-Qazwīnī (1203–1283), dass die Melonen im oberägyptischen Aswan so groß gewesen seien, dass ein Kamel nicht mehr als zwei davon hätte tragen können. Da der Anbau von Wassermelonen in andalusischen landwirtschaftlichen Lehrbüchern im 11. und 12. Jahrhundert behandelt wird, kann als sicher gelten, dass diese Frucht auch gleichzeitig oder schon zuvor in Nordafrika angebaut worden ist. Von ihr wurde dort al-lerdings erst im 14. Jahrhundert berichtet, und sie soll nicht besonders häufig anzutreffen gewesen sein. Zu dieser Zeit gibt es von ihr auch aus Jemen und Äthiopien Zeugnisse. Wie heute wurden die Wasser-melonen roh gegessen und stellten wegen ihres Wasserreichtums eine beliebte Erfrischung vor allem in den Sommermonaten dar.

Spinat

Die »Königin der Gemüse«, wie der andalusische Landwirtschaftsleh-rer Ibn al-ʿAwwām den Spinat nannte, war in der antiken Welt Europas nicht bekannt. Zuerst ist er im vorislamischen Iran belegt, von wo er nach Nepal gelangte. Um 647 wird er in China erwähnt, wo er noch immer »persisches Grün« heißt. Seine Verbreitung nach Westen er-folgte auf den Handelswegen der Araber. Zuerst wird Spinat bei dem Mediziner al-Rāzī (864–925) und bei Ibn Wahshiyya in arabischen

Texten genannt. Offenbar wurde er wegen seiner allgemeinen Verbreitung von Geographen und Reisenden nicht erwähnt. Anders verhält es sich in Spanien, wo eine Reihe von Autoren landwirtschaftlicher Lehrbücher wie Ibn Bassāl (um 1085) Spinat und seinen Anbau beschreiben. Ein Buch des andalusischen Autors Ibn Hajjāj (um 1074) befasst sich sogar ausschließlich mit dem Anbau von Spinat. Das weist auf die weite Verbreitung dieses Gemüses hin. Wie in modernen arabischen, persischen und türkischen Kochbüchern machen mittelterliche Rezeptsammlungen zahlreiche Vorschläge für die Zubereitung von Spinat.

Der Spinat gelangte aus dem Orient schon im 11. Jahrhundert nach Italien. An der berühmten medizinischen Schule von Salerno, die für die Übernahme der arabischen Heilkunst von zentraler Bedeutung war, wurde gelehrt, dass Linsen durch die Zugabe von Spinat bekömmlicher würden. Eine weitere Ausbreitung fand er jedoch erst im 16. Jahrhundert. Dabei ging der Weg der Übernahme offenbar über Spanien und Frankreich. In den deutschen Kräuterbüchern dieser Zeit wird Spinat wie schon in Salerno als Arznei aufgeführt. Man schrieb ihm heilsame Wirkungen bei Magen- und Darmkrankheiten, bei Nierensteinen, ja sogar bei Atemproblemen zu. Sein Samen wurde bei der Behandlung von Gelbsucht verwendet. Aber erst zu Beginn des 20. Jahrhunderts gewann er größere kulinarische Bedeutung. Ausschlaggebend für diese Entwicklung war wiederum zunächst ein gesundheitlicher Aspekt. Fälschlicherweise nahm man an, dass Spinat einen hohen Eisenanteil habe und daher für Kinder und Heranwachsende als besonders gesundheitsfördernd anzusehen sei. Inzwischen erfreut sich Spinat wegen seines feinen Geschmacks großer Beliebtheit, wenn diese auch von Kindern häufig nicht geteilt wird.

Spinateintopf mit Lamm

Das Rezept findet sich in dem mittelalterlichen Kochbuch
von al-Tujībī.

Nimm Fleisch eines jungen fetten Hammels nach Wunsch, schneide es in Stücke und wasche es sorgfältig. Dann lege das Fleisch in
einen neuen (Ton)Topf. Darauf gib Salz, Olivenöl, Pfeffer, getrockneten Koriander und etwas kleingeschnittene Zwiebeln. Stell den Topf
auf das Feuer und rüttele ihn hin und wieder, bis das Fleisch Farbe
annimmt und der Fleischsaft austritt. Dann bedecke das Fleisch mit
kochendem Wasser. Nun nimm Spinat, lies vor allem die weichen
Blätter aus. Gib ihn in einen sauberen Topf mit Wasser und stelle
ihn auf das Feuer. Wenn er anfängt zu kochen, nimm ihn herunter
und gib den Spinat auf eine Platte. Schlag ihn mit dem Rücken eines
Messers, bis er fein geworden ist und die Konsistenz von Teig angenommen hat. Wenn du siehst, dass er gar ist, gib Kräuter dazu. Dann
nimm Fett und vermenge es mit Koriandergrün und Pfefferminze
(und gib das zu dem Spinat). Gib den Spinat zu dem Fleisch. Lass
den Topf noch eine Weile auf einem ganz niedrigen Feuer. Dann
gib den Topfinhalt in eine Schüssel. Zuletzt kannst du noch etwas
kleingeschnittenen frischen Käse darübergeben.

Schon im 13. Jahrhundert war er über Andalusien nach Europa gekommen und hatte die Gartenmelde rasch verdrängt. Mittelalterliche Kochbücher enthalten kaum Rezepte für Spinat. Es mag daran liegen, dass
das Gemüse zu alltäglich war, als dass man es für würdig befand, in
ein Kochbuch aufgenommen zu werden. Der Bibliothekar der vatikani-
schen Bibliothek Bartolomeo Platina stellt dem Gemüse in seinem Werk
De honesta voluptate ein gutes Zeugnis aus: »Spinat ist die leichteste Art
der Gartengemüse, die man finden kann. Ich meine, dass es in zwei
Sorten geteilt werden kann, weil es eine schwarze und eine weiße Sorte

gibt. Die schwarze Sorte wächst fast mit einem Kopf wie Zwiebeln, Kohl und Kopfsalat. Es gibt kaum ein Gartengemüse, das eine größere Breite hat. Manche meinen, dass er wirkungslos und ohne Kraft sei. Als Speise genossen, lindert er Menstruationsbeschwerden bei Frauen … Er ist auch außerordentlich nützlich für die, die unter Krankheiten der Leber und der Milz leiden … Er erleichtert auch die Hitze des Sommers, belebt diejenigen, die an Appetitlosigkeit leiden wegen Übelkeit, und füllt stillende Frauen mit viel Milch. Wenn man ihn mit seinem eigenen Saft verzehrt, setzt er den Darm in Gang. Wenn er allein gegessen wird und man den Saft fortwirft, begrenzt er seine Aktivitäten.«

In dem englischen Kochbuch *The Good Housewife's Jewel* von Thomas Dawson aus dem Jahr 1596 sind die Hinweise auf den arabischen Ursprung des Spinats über die Verwendung von Safran und Mandeln hinaus noch deutlicher:

Wie man einen Eierteig mit Spinat zubereitet

Nimm eine gute Menge an Spinat und wasch ihn sauber. Dann koche ihn in reinem Wasser. Wenn er gekocht hat, nimm ihn heraus und lass das Wasser abtropfen. Dann zerkleinere ihn mit der Rückseite eines Messers. Gib anschließend einige Eier hinein und zerriebenes Brot. Würze es mit Zucker, Zimt, Ingwer und Pfeffer. Gib fein geschnittene Datteln dazu und Korinthen.

Spinat wird heute in der arabischen Welt als Salat, aber auch in Kombination mit zahlreichen Zutaten vorgeschlagen. So mischt man Reis mit Spinat, gibt Spinat zu Hühnchen, kombiniert ihn mit Spiegeleiern, füllt Filo- oder Blätterteig mit ihm, macht eine Suppe daraus und mischt ihn unter Joghurt.

Spinat mit Kichererbsen

1 große Zwiebel in Streifen schneiden und in Olivenöl braten, bis sie braun ist und karamellisiert. 3 gehackte Knoblauchzehen in Olivenöl anschwitzen und dann 250 g Spinat zugeben. Bei frischem, gründlich gewaschenem Spinat reichen ein paar Min. Bei tiefgekühltem Spinat nach Packungsanweisung vorgehen. Mit Salz und Pfeffer und der Schale einer sehr klein geschnittenen Salzzitrone würzen. Den Inhalt einer 400-g-Dose Kichererbsen und die gebratenen Zwiebeln untermengen und kurz erhitzen. Das Gericht kann lauwarm oder kalt serviert werden.

Aubergine

Kaum eine Gemüsesorte erfreut sich so großer Beliebtheit zwischen Indien und dem Atlantik wie die Aubergine. Längst hat sie die nördlichen Ränder des Mittelmeers erobert, inzwischen auch weite Gebiete nördlich der Alpen. Die Aubergine war wohl in der mehr oder weniger heute gebräuchlichen Form in Indien aufgetreten und ist im frühen 6. Jahrhundert nach China gekommen. Die Araber lernten sie bei ihrem Eroberungszug erstmals in Iran kennen. Ibn Wahshiyya sagt über sie: »Es ist eine Pflanze aus Persien, die sich in allen Regionen der Welt verbreitet hat.« Spätestens im 10. Jahrhundert wurde die Aubergine in der arabischen Welt gerne gegessen. Sie kommt nicht nur in landwirtschaftlichen Traktaten, sondern auch in der schönen Literatur und in Gedichtsammlungen vor. Von Osten trat die Aubergine ihren Siegeslauf nach Westen an und erreichte Spanien, wo sie in landwirtschaftlichen Texten des 10. bis 13. Jahrhunderts behandelt wird. Im 14. Jahrhundert ist sie in Äthiopien und dem westafrikanischen Kanem belegt. Angesichts des lebhaften Interesses der landwirtschaftlichen Lehrbücher ist es nicht erstaunlich, dass es ausführliche Informationen zu den verschiedenen Varietäten der Aubergine gibt. Schon Ibn Wahshiyya nannte sechs verschiedene Arten, die sich nach Form und Farbe unterschieden, und der spanische Ibn al-ʿAwwām kannte vier Sorten, unter denen eine spezielle lokale Art war, die als Aubergine aus Córdoba bezeichnet wurde. Einen chinesischen Reisenden verblüfften die länglichen Früchte 1221 in Samarkand, da er nur die runde chinesische Form kannte. Aus dem Jemen des 14. Jahrhunderts wird von einer weißen Aubergine berichtet, deren Herkunft man in China vermutete. Sie war aber offenkundig etwas ganz Besonderes, weil sie im Garten des Herrschers wuchs. Die Zahl der Auberginenrezepte ist nicht mehr zu überschauen. Das liegt an der Fähigkeit der Aubergine, sich mit den unterschiedlichsten Aromen zu verbinden. Sie wird als Vorspeise, Gemüsegericht und in Verbindung mit Fleisch zubereitet, vor allem mit Huhn. Nur in Dessert-Rezepten spielt sie keine Rolle.

Auberginenpüree mit Minze und Mandeln

Auberginenpürees sind beliebte Vorspeisen. Als *Mutabbal* oder *Bābā Ghannūj* gehört es zu jeder arabischen Mezze-Zusammenstellung. Hier eine originelle türkische Version.

2 Auberginen auf einem Kohlengrill oder, wie traditionell üblich, über einer Gasflamme garen, bis sie weich sind. Man muss dabei die Auberginen ständig hin und her wenden. Danach das Fruchtfleisch aus den Schalen schaben und möglichst fein hacken. Das Fruchtfleisch in eine Schüssel geben und mit dem Saft einer halben Zitrone, 3 durchgedrückten Knoblauchzehen, 1 El Fruchtsirup, 3 El leicht gehackte Mandeln, eine Handvoll frische gehackte Minze, Salz und frisch gemahlenen Pfeffer dazugeben und gut umrühren. Eventuell noch einmal nachwürzen. Man kann das Püree mit einigen Minzblättern und einigen gerösteten Pinienkernen servieren.

Ein anderes bemerkenswertes Gericht mit Auberginen als Hauptbestandteil ist der *Ali Nazik Kebab.*

Ali Nazik Kebab

3 Auberginen (etwa 750 g) über einem offenen Feuer systematisch garen. Sie müssen einen rauchigen Geschmack bekommen. Das Fruchtfleisch von der verbrannten Haut abschaben. In einer Pfanne weitergaren. Danach das Fruchtfleisch mehrere Stunden in einem Sieb seinen Saft verlieren lassen. Inzwischen in einer nicht zu großen Pfanne Öl erhitzen und darin 250 g Lamm- oder Rindergehacktes anbraten. 1 kleine Dose Tomaten zugeben. Kräftig mit Salz und Pfeffer würzen. Bei mittlerer Hitze die Flüssigkeit verkochen lassen, vom Feuer nehmen und ruhen lassen. In einer großen Schüssel etwa 200 g Joghurt mit 4 Zehen durchgepresstem Knoblauch gründlich vermischen und leicht salzen. Dann in einer Pfanne das Auberginenpüree mit Butter erhitzen und mit der Jogurt-Knoblauch-Sauce vermischen. Die Mischung auf eine Platte geben und das gebratene Fleisch darüber verstreuen.

Das Rezept ist in der Türkei weit verbreitet, soll aber aus Gaziantep stammen. Eine ähnliche Version gibt es auch in Iran. Darüber, wer Ali Nazik gewesen ist, streiten türkische Familien seit Generationen, ohne zu einer Entscheidung zu gelangen.

Auberginen wurden im Abendland zunächst nicht besonders geschätzt. Obwohl sie im muslimischen Andalusien häufig verwendet wurden, finden sich nach der Reconquista nur einige wenige Rezepte in der Küche Kataloniens. Offenbar war die Pflanze auch auf Sizilien unter muslimischer Herrschaft nicht so populär gewesen, dass die christlichen

Nachbarn sie geschätzt hätten. Allgemein wurde angenommen, dass die Eierfrüchte giftig seien. Manchmal wurden sie mit Tomaten verwechselt. Beide wurden in Italien als *Pomodori* bezeichnet. Martino da Como fühlt sich in der zweiten Hälfte des 15. Jahrhunderts immer noch bemüßigt, den Umgang mit Auberginen genauer zu erläutern:

Wie man Auberginen so zubereitet, dass sie weder zu stark noch zu schlecht zubereitet werden

Schneide sie in Viertel und schäle sie sorgfältig. Dann bring ein wenig Wasser und etwas Salz zum Kochen. Wenn das Wasser zu kochen beginnt, gib die Auberginen hinein und lass sie für die Dauer von zwei Vaterunsern kochen. Dann hole sie heraus und lass sie trocknen. Panier sie in Mehl und brate sie wie Fische. Wenn sie gar sind, gieße das Öl ab. Lass aber ein wenig mit den Auberginen in der Pfanne. Dann nimm eine Knoblauchzehe und zerquetsche sie mit einem Viertel der Auberginen. Dann nimm etwas von dem Oregano, den man oben auf Anchovis gibt, zerquetsche ihn mit Knoblauch mit etwas Brot, Safran, Pfeffer und Salz. Verlängere das alles mit etwas Verjuice, oder wenn der Verjuice zu stark ist, mit etwas Wasser. Dann gib all das zusammen in die Pfanne und koche es mit den Auberginen für eine kurze Zeit. Dann gib es auf eine flache Schüssel und serviere alles.

Vom Orient nach Europa

Viele Ingredienzien der orientalischen Küche haben sich auf unterschiedlichen Wegen auch in das christliche Abendland ausgebreitet. Kaufleute und Kreuzfahrer brachten das eine oder andere an kulinarischen Ideen oder Praktiken mit ins nördliche Europa. Auf der iberischen Halbinsel und dem Balkan fand ein reger Austausch von Pflanzen, Früchten und Kenntnissen über deren Anbau oder deren Zubereitung statt. Eine wichtige Rolle spielten die diätetischen Lehrbücher arabisch schreibender Autoren, die vor allem in Italien ins Lateinische übersetzt wurden. Sie machten mit verschiedenen Gewürzen, Früchten und Gemüsesorten bekannt, von denen man in Europa bis dahin keine Kenntnis hatte. Die orientalische Herkunft verraten schon die Namen einer ganzen Reihe von Zutaten und Getränken, von denen einige hier vorgestellt werden.

Alkohol

Es gehört zu den Zufällen der Geschichte des kulinarischen Transfers vom Morgenland ins Abendland, dass bei einer alphabetisch geordneten Aufzählung mit dem Wort Alkohol begonnen wird, also ausgerechnet mit einem der Dinge, die vom islamischen Recht mit einem Tabu belegt sind. Im Arabischen bedeutet das Wort *al-kuhl* Antimonpulver, wie es zum Schminken der Augen verwendet wurde und bis heute in Gebrauch ist. Varianten des Wortes weisen darauf hin, dass diese Schminktechnik schon in Indien, in den Kulturen des Alten Orients und in vorislamischer Zeit auf der arabischen Halbinsel ausgeübt wurde. Neben dem kosmetischen Zweck wurde *al-kuhl*, auch Kohel genannt, als Mittel gegen Augenkrankheiten verwendet. Selbst heute wird in weiten Kreisen arabischer Gesellschaften die Überzeugung vertreten, dass Kohel vor Augenkrankheiten schützt. Kleinen Kindern wird daher Antimonpulver in die Augen gegeben. Das Schminken der Augen mit schwarzem Pulver hat sich im Westen dagegen erst im 20. Jahrhundert durchgesetzt. Als therapeutischer Wirkstoff war es aber schon im 12. Jahrhundert erstmals zur Kenntnis genommen worden. Die besondere Feinheit dieses Pulvers verglich man mit Sonnenstäubchen. So wendete der Arzt Paracelsus (1493 – 1541) es 1527 zum ersten Mal auf das Feinste des Weins *(alcohol vini)* an. Die Technik der Destillation – schon im Alten Orient und in der europäischen Antike bekannt – wurde von arabischen Alchimisten und Medizinern verbessert und auf diese Weise zum Beispiel Rosenwasser hergestellt. Rosenblütenblätter wurden in einem Destillierkolben mit etwas Wasser erhitzt, der erkaltete Dampf setze sich dann ab und verwandelte sich in Rosenwasser. An der Destillation von Wein aber hatten sich die Araber nie versucht. Es war der Straßburger Alchimist und Arzt Hieronymus Brunschwig (1450–1512), dem zuerst die Destillation von Wein gelang. Alkohol wurde zu einem Heilmittel, das vor allem Apotheken herstellten. Doch noch im 18. Jahrhundert wird »Alkohol« in Europa weiterhin als Begriff für sehr feines Pulver verwendet.

Aprikose

Einen besonderen kulinarischen Weg hat die Aprikose zurückgelegt. Sie war schon im 1. Jahrhundert n. Chr. in Italien heimisch geworden, wo man sie als »armenischen Apfel« *(malum Armeniacum)* bezeichnete. Mit dem Zusammenbruch des Weströmischen Reiches im 5. Jahrhundert geriet der Anbau aber weitgehend in Vergessenheit. Die arabische Landwirtschaft kultivierte Aprikosen hingegen weiter. Zu Beginn des 16. Jahrhunderts soll es in Nordmarokko 16 verschiedene Arten gegeben haben. Der hocharabische Name für Aprikose ist *al-Barqūq*, gebräuchlicher ist allerdings das Wort *Mishmish*, das aber auch für Pfirsiche gebraucht wird. Von dem ursprünglichen *al-Barqūq* stammt das in verschiedenen romanischen Sprachen gebräuchliche *albaricoque*, *abricot* und so weiter. Aprikosen sind in zahlreichen arabischen und persischen Kochbüchern zu finden, wo sie nicht nur in Süßspeisen, sondern auch in Fleisch- und sogar in Fischgerichten Verwendung finden. Besonders beliebt sind diese Kombinationen in der persischen und der marokkanischen Küche. Bei vielen Rezepten werden getrocknete Aprikosen verwendet. In Iran oder der Türkei legt man die reifen, entsteinten Früchte auf die Flachdächer der Häuser in die Sonne und prüft sie ständig. Wenn sie einen gewissen Grad der Trockenheit erreicht haben, werden sie in Säcke gepackt und gelagert.

Lamm mit Aprikosen

Wie so oft gibt es zahlreiche Versionen dieses Eintopfs, persisch *Khoresh*. Diese hier stammt aus Kaschan.

2 große Zwiebeln fein hacken und in einem großen Topf in Öl glasig dünsten, zuerst 1 Tl Kurkuma, dann 500 g Lammschulter in Würfeln (2 cm) zugeben und anbraten. 100 g gewaschene rote Linsen 5 Min. mitbraten. 200 g entsteinte, getrocknete, geviertelte Aprikosen, 5 zerriebene Safranfäden mit etwas warmem Wasser gemischt, wenig geriebene Muskatnuss, Salz und Pfeffer zugeben. Alles mit 125 ml kochendem Wasser kurz aufkochen lassen. Zudecken und bei niedriger Hitze 2 Std. leise köcheln lassen. Eventuell mit etwas heißem Wasser auffüllen. Die Khoresh soll aber dickflüssig bleiben. Mit Joghurt servieren.

Auch die nordafrikanische Küche kombiniert Aprikosen mit Lammfleisch:

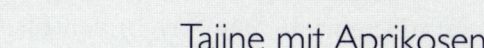

Tajine mit Aprikosen

1 kg Lammschulter, in größere Stücke zerteilt, in einer Tajine oder einem Bratentopf in einer Mischung aus Butterschmalz und Öl mit 4 gehackten Zwiebeln, 4 fein geriebenen Knoblauchzehen, 1 Tl Zimt, einem kleinen Stück Ingwer, Kurkuma, etwas gehackter glatter Petersilie, 1 Tl gemahlenem Koriandersamen, Salz und Pfeffer 5 Min. lang anbraten. Wenn das Fleisch braune Farbe angenommen hat, mit heißem Wasser bedecken und bei mittlerer Hitze 45 Min. lang

garen lassen. Eventuell immer wieder heißes Wasser nachgießen. Nach 30 Min. etwas Sud aus dem Topf nehmen und in einer Kasserolle mit 200 g geviertelten, getrockneten Aprikosen, Zimt, Zucker und einer Prise Salz vermischen. Zugedeckt bei mittlerer Hitze 15 Min. garen. Falls erforderlich, etwas heißes Wasser nachgießen. Die Aprikosen dann herausnehmen und abtropfen lassen. Sobald das Fleisch gar ist, herausnehmen, die Sauce eventuell noch etwas reduzieren und über das Fleisch gießen, die Aprikosen dazugeben. Am besten serviert man Couscous dazu.

Kaffee

Dass es sich bei Kaffee um ein aus dem Orient stammendes Getränk handelt, wissen nicht nur die Sänger, die den Kanon c-a-f-f-e-e kennen. Über die Vermittlung dieses anregenden Getränks in der europäischen, besonders der deutschsprachigen Konsumkultur gibt es zahlreiche hypothetische Traditionen, die nicht in jedem Fall einer genauen historischen Überprüfung standhalten. Das arabische Wort für Kaffee ist *qahwa*. Es war zugleich eines der 150 arabischen Worte für Wein. Erst im 16. Jahrhundert wurde der Begriff für ein neues Getränk verwendet, das aus dem Jemen oder aus Äthiopien in die Regionen des Nahen und Mittleren Ostens gekommen war. Zunächst sollen Hirten entdeckt haben, dass ihre Tiere nach dem Verzehr von Blättern eines bestimmten Strauchs besonders aufgeregt waren. Dann sollen islamische Mystiker aus den Bohnen (von arabisch *bunn*) einen Sud zubereitet haben, der es ihnen leichter machte, die langen nächtlichen mystischen Übungen auszuführen und durchzustehen. Aus dem Jemen gelangte die Kaffeebohne über Mekka nach Kairo, in der Mitte des 16. Jahrhunderts auch nach Istanbul. Hier diskutierten muslimische Rechtsgelehrte darüber, ob das neue Getränk eine »unstatthafte Neuerung« sei oder nicht. Gut möglich, dass bei diesen juristischen Auseinandersetzungen die

Erinnerung an die Bezeichnung für Wein eine Rolle gespielt hat. Jedenfalls rührte die kritische Haltung der offiziellen Institutionen des osmanischen Staates von der Sorge, dass sich in den aufkommenden Kaffeehäusern oppositionelle Kräfte unter dem Deckmantel des Kaffeegenusses konspirativ treffen und Pläne gegen die herrschende Ordnung aushecken könnten. Daher wurde der öffentliche Kaffeekonsum immer wieder verboten.

Erst im 18. Jahrhundert entwickelten sich mit der Einführung und Verbreitung des Kaffees als eines erlaubten Genussmittels Lokale, die von Muslimen ohne moralische Skrupel besucht werden konnten. Nach Berichten europäischer Reisender ging es in diesen Einrichtungen ruhig und sogar kontemplativ zu. Neben den erforderlichen Anweisungen für das Servicepersonal hörte man vor allem Erzähler, die Märchen oder Volksromane vortrugen. Sie saßen dabei auf einem erhöhten Platz und untermalten ihre Darstellungen mit knappen Gesten. Offenbar gehörte es auch zu den dort etablierten Unterhaltungsmöglichkeiten, dass Reisende von ihren Erfahrungen in fremden Ländern berichteten. Die Kaffeehäuser wurden, vor allem seit dem 18. Jahrhundert, in zahlreichen Regionen des Orients zu Treffpunkten für die zivilen Eliten und im 19. und 20. Jahrhundert vor allem für die Literaten in den großen Städten des Nahen und Mittleren Ostens. Es bildete sich so etwas wie eine Kaffeehauskultur heraus. Gruppen von Literaten, Journalisten und anderen Freiberuflern trafen sich täglich zu einer bestimmten Zeit in einem bestimmten Kaffeehaus, um aktuelle Themen zu diskutieren, auf den neu entstandenen Phonogeräten die Musik bekannter und beliebter Musiker, Sänger und vor allem Sängerinnen zu hören und dort ihre Texte zu verfassen, wie der ägyptische Nobelpreisträger Naguib Mahfouz (1911–2006), der im Kaffeehaus einige seiner bedeutenden Werke schrieb.

Kaffee auf türkische Art

Die Zubereitung von Türkischem Kaffee ist weit über den Orient verbreitet. Man braucht dazu eine langstielige Kanne (Ibrīq oder Kanaka). Diese wird mit Wasser für zwei kleine Tassen gefüllt. Das Wasser wird zum Kochen gebracht. Wenn der Kaffee zu sieden beginnt, kann man Zucker hinzufügen. Dabei gibt es drei Arten des Süßens, eine starke, eine mittlere und eine schwache. Die Mehrzahl der Konsumenten zieht heute eine mittlere Süßung vor. Wenn das Wasser kocht, nimmt man es vom Herd und gibt vier Löffel fein gemahlene Kaffeebohnen hinein. Häufig wird noch etwas Kardamompulver dazugegeben. Je nach Geschmack kann es auch etwas Zimt sein. Nun wird die Flüssigkeit wieder zum Kochen gebracht. Wenn der Kaffee kocht, setzt man ihn kräftig auf eine Unterlage, damit das Kaffeepulver zu Boden sinkt. Diesen Vorgang wiederholt man noch zweimal. Auf der Oberfläche hat sich nun Schaum gebildet. Man gießt den Kaffee in kleine Tassen mit einem flachen Boden.

Zum Kaffee kann man Datteln oder Konfekt reichen. Mit dieser Art der Kaffeezubereitung verbinden sich bis heute einige magische Praktiken. Wenn die Tässchen geleert sind, wird das verbleibende feuchte Kaffeepulver auf die Untertasse gestülpt. Aus den sich dann ergebenden Formen des Tasseninhalts soll man die Zukunft lesen können.

Für die arabische Art, Kaffee zuzubereiten, benötigt man ebenfalls eine langstielige Kanne. Die Tässchen haben aber keinen flachen Boden, sondern laufen spitz zu. Sie lassen sich also nicht gerade hinstellen. Ein Diener gießt den zubereiteten Kaffee in kleinen Mengen in diese Tässchen. Die Gäste wiegen die Hand mit dem Tässchen hin und her, wenn sie keinen weiteren Kaffee mehr wünschen. Infolge der Zubereitungsart ist dieser Kaffee sehr bitter. Man trinkt selten mehr als einen Schluck.

Arabischer Kaffee

Zunächst grüne Kaffeebohnen möglichst über einem offenen Feuer etwa 20 Min. rösten und dabei mit einem speziellen Löffel ständig umwenden. Die gerösteten Bohnen dann in einem Mörser zerreiben. Bei diesem handelt es sich um einen Holzblock mit einer Aushöhlung und passendem Stößel. Je feiner die Bohnen zerrieben werden, desto besser wird der Kaffee. Danach wird frischer Kardamom zerrieben. Kaffee und Kardamom in eine mit Wasser gefüllte Kanne geben. Die Mischung zum Kochen bringen. Dann die Flüssigkeit in eine Schnabelkanne umgießen und den Gästen anbieten.

Seit der Mitte des 17. Jahrhunderts entstanden in Europa vor allem in Venedig, Marseille und Oxford Kaffeehäuser. Ein erstes deutsches Kaffeehaus ist für 1677 in Hamburg dokumentiert, dem bald zwei weitere folgten. So wurde 1697 eins in Würzburg eröffnet. In einigen Fällen hatte es die Betreiber dieser Einrichtungen aus dem Orient nach Deutschland verschlagen. In Hamburg war es ein Armenier, das Kaffeehaus in Würzburg führte der getaufte Türke Nikolaus Strauß, ein in den Türkenkriegen gefangen genommener Muslim. Die Inneneinrichtung dieser Etablissements war bis in das 20. Jahrhundert hinein in einem orientalisierenden Stil gehalten. Das Personal trug oft eine Dienstkleidung, die an türkische, griechische oder armenische Trachten erinnern sollte. Auch in Deutschland gab es immer wieder Kritik am Kaffeekonsum. Sie wurde zunächst medizinisch begründet, wie der Kaffee-Kanon von Carl Gottlieb Hering (1766 – 1853) zum Türkentrank zeigt. Da die medizinischen Bedenken offenbar nicht ausreichten, wurden die sittlichen Gefahren des Kaffeekonsums nachgeschoben. Das Sprichwort: »Coffeum wirft die Jungfrau um« mag dafür ein Hinweis sein. Das weibliche Personal in den Kaffeehäusern war übel beleumundet. In einem Frauenzimmer-Lexikon aus dem Jahr 1715 heißt es: »Caffe-Menscher, Heissen nach heutiger Art zu reden, diejenigen verdächtigen und liederlichen Weibes-Bilder, so in denen Caffe-Häusern das anwesende Mannsvolck bedienen, und ihm alle willigen Dienste bezeugen.« Nach dem Siebenjährigen Krieg entwickelte sich der Import von Kaffeebohnen zum wirtschaftlichen Problem. Vor allem Preußens Staatsfinanzen befanden sich in einer schweren Krise. Daher ließ König Friedrich II. eine Steuer unter anderem auf Kaffee erheben. Die Bevölkerung wich auf eingeschmuggelte grüne Kaffeebohnen aus, die man dann zu Hause röstete. Daraufhin setzte Friedrichs Verwaltung per Erlass vom 21. Januar 1781 Kaffee-Schnüffler ein. Sie durften sogar in die Häuser eindringen und hatten die Erlaubnis, an den Frauen zu schnüffeln, um festzustellen, ob sie Kaffee geröstet hatten. Kaffee blieb in Deutschland lange Zeit ein Luxusgetränk, das durch Surrogate wie Malzkaffee ersetzt wurde. Um den Unterschied zum »echten« Kaffee zu verdeutlichen, sprach man noch in der zweiten Hälfte des 20. Jahrhunderts von »Bohnenkaffee«. Anders als in England konnte sich Tee dagegen zunächst in Deutschland als Alltagsgetränk nicht durchsetzen.

Marzipan

Der Name der nicht nur in Deutschland beliebten Süßigkeit aus Mandeln und Zucker hängt nicht, wie man meinen könnte, mit dem lateinischen *Marci panis*, dem Brot des heiligen Markus zusammen. Aber die Assoziation zu Venedig ist dennoch nicht ganz falsch. Schon im vorislamischen Iran gab es eine Köstlichkeit, die auf Arabisch als *Lauzīnaj* bezeichnet wurde, wobei *lauz* das arabische Wort für Mandel ist. Nach neueren Untersuchungen bezieht sich das Wort wohl auf ein im 14. Jahrhundert auf Zypern verwendetes Hohlmaß. Dies wurde *Matapan* genannt. Es steht möglicherweise in einem etymologischen Zusammenhang mit einer arabischen Bezeichnung für Futterale oder Gefäße aus Glas oder Steingut für Konfitüren, die auch zur Aufbewahrung von kostbaren Dingen wie Perlen oder teuren Gewürzen dienten.

Jedenfalls ist der Name des Gefäßes auf dessen Inhalt übergegangen, was sich auch in anderen Fällen beim Übergang von arabischen Worten in europäische Begriffe feststellen lässt.

Lauzīnaq (auch Lauzīnaj)

Das mittelalterliche Rezept findet sich in verschiedenen Versionen bei al-Warrāq und al-Tujībī.

Löse Stärke auf und mach daraus eine dicke Paste, die du durchseihst. Für jeweils 30 g Stärke gib ein Eiweiß dazu und vermische die Menge ununterbrochen. Erhitze eine flache Pfanne und reibe sie mit einem Wachstuch und geschälten Walnüssen aus. Dann gib etwas von der Mischung in die Pfanne. Wenn das (dünne) Brot fertig ist, kratz es ab. Säubere die Pfanne wieder und mach ein weiteres Stück. Nimm abgehäutete Mandeln und Walnüsse. Nimm auch Zucker, der in der Menge der von Mandeln und Walnüssen gemeinsam entspricht. Zerstoße Mandeln und Walnüsse getrennt voneinander, wie auch den Zucker. Dann gib sie zusammen und verbinde sie mit Rosenwasser. Vermische alles gut mit etwas Moschus, etwas Amber und etwas Mastix, das alles fein zerrieben ist. Dann nimm weitere Walnüsse und Mandeln, extrahiere ihr Öl, gib es in eine Glasflasche und stell sie beiseite. Nimm schmiegsame Lauzīnaq-Blätter und füll sie mit der Nussmischung. Füll die einzelnen (Blätter) sehr gut. Schneide sie dann in kleinere Stücke, von der Größe, die du willst. Nimm einen Krug mit weiter Öffnung aus grüner Keramik oder Glas. Leg die einzelnen Lauzīnaq-Stücke hinein, bis er fast gefüllt ist. Dann gib das Nussöl, das du extrahiert hast, darauf. Gib so viel hinein, dass sie davon bedeckt sind. Du kannst sie auf Reisen oder zu Hause nutzen.

Safran

Safran ist das wohl teuerste Gewürz der Welt. Es besteht aus dem Narbengriffel einer Krokusart *(Crocus sativus)*, die nur in wenigen Gegenden der Welt wächst, wie in einigen Teilen des Jemen und des Iran, aber auch der Toskana und neuerdings in Sachsen. Das Sammeln ist sehr arbeitsintensiv. Man braucht 150 000 Blüten, um aus deren orangeroten Narbengriffeln 1 kg Safran zu gewinnen. In den orientalischen Küchen wird dieses Gewürz sehr geschätzt und vielfältig verwendet. Es dient nicht nur dazu, dem Kuchen eine schöne gelbe Farbe zu geben. Schon die vorislamischen Araber verwendeten Safran zu kosmetischen Zwecken. Frauen bemalten damit ihre Augenpartien, Männer färbten sich Bart und Haare. In islamischer Zeit wurde Safran als ein ausgesprochenes Luxusprodukt hin und wieder zum Färben von Stoffen verwendet. Mehr und mehr trat dann seine medizinische Bedeutung in den Vordergrund. Safran galt unter den arabischen Ärzten des Mittelalters als Medikament bei Nerven- und Herzerkrankungen sowie bei Menstruationsbeschwerden. Es sollte die Nierentätigkeit steigern, wurde auch zur Behandlung von Augenerkrankungen genutzt und sollte als Aphrodisiakum wirken. Nach den Vorschlägen der mittelalterlichen Kochbuchliteratur benutzte man Safran dagegen nicht nur zum Färben von Gerichten, sondern schätzte ihn speziell wegen seines feinen Dufts. Er wurde mit Essig, Honig und vor allem mit Rosenwasser kombiniert. In Iran, wo Safran häufig verwendet wird, ist man überzeugt, dass er die Menschen zum Lächeln bringt. Das folgende Rezept ist eines von zahlreichen aus Iran, bei denen Safran verwendet wird.

Morgh-e zafrān

500 g Hühnerfleisch, am besten Schenkel ohne Knochen, in größeren Stücken in eine Schüssel geben. 50 ml Olivenöl, eine Handvoll frische Minzblätter, 3 fein geschnittene Knoblauchzehen, 2 El (!)

zerstoßene und in warmem Wasser aufgelöste Safranfäden, fein geschnittene Schale und Saft von 2 Zitronen, Kardamompulver, eine gute Prise getrocknete Minze, Salz und Pfeffer pürieren und gut über dem Hühnerfleisch verteilen. Mindestens 1 Std. marinieren lassen. Dann unter dem Backofengrill bei hoher Temperatur von jeder Seite 2 bis 3 Min. grillen.

Sorbet

Sorbet, hergeleitet vom arabischen Wort *shariba* in der Bedeutung »trinken«, war zunächst ein mit Schnee gekühltes Zucker- oder Fruchtgetränk, das sich zuerst vor allem in der Abbasidenzeit großer Beliebtheit erfreute. Besonders häufig wurde zur Verfeinerung des Geschmacks Rosenwasser mit der kalten Flüssigkeit gemischt. Den verwendeten Schnee oder eventuell auch Eis zu beschaffen und das Gefrorene dann auch im heißen Sommer zur Verfügung zu stellen, erforderte einen beträchtlichen organisatorischen und finanziellen Aufwand. Der Schnee wurde zur Zeit der Abbasidenherrschaft in der Regel im Winter aus den Bergen Irans herbeigeschafft und in gut isolierten, tief gelegenen Kellern aufbewahrt. Mit den jahreszeitlich steigenden Temperaturen gingen die Preise für das Kühlungsmittel immer weiter in die Höhe. Auch am späteren osmanischen Hof war das Getränk als *Scherbet* sehr beliebt. Dort lernten es seit der Mitte des 16. Jahrhunderts europäische, vor allem venezianische Diplomaten und Kaufleute kennen, die es wiederum in ihren Heimatländern bekannt machten. Aus Italien gelangte *sorbetto* dann im 17. Jahrhundert nach Frankreich, wo es als *sorbet* in Paris belegt ist. Bei der Verbreitung spielte sicher die sich verstärkende Orientmode eine wichtige Rolle. Vor allem in Frankreich gelangte das Sorbet, nicht zuletzt mit der sich ständig verbessernden Kältetechnik, zu großer Beliebtheit und entwickelte sich zu dem leichten, halbgefrorenen Wassereis mit Früchten, das heute in der modernen Gastronomie mit den schwereren italienischen Eissorten zumindest gleichgezogen hat.

Tomaten und Paprika – Westlicher Einfluss auf die orientalische Küche

Veränderungen im Welthandel

Das militärische und politische Erstarken der christlichen Mächte seit dem 15. Jahrhundert hatte eine Reihe von politischen, gesellschaftlichen und wirtschaftlichen Konsequenzen für die Länder zwischen Atlas und Indus. Die Europäer brachten eine Vielzahl von Dingen und Kenntnissen mit, die das Alltagsleben veränderten: Geräte und Technologien, aber auch Lebensmittel und neue Zubereitungsarten. Anstoß zu diesem durchgreifenden Wandel war, dass portugiesische Seefahrer den Seeweg nach Indien um den afrikanischen Kontinent herum fanden. Auf diese Weise gelangten kostbare Gewürze direkt nach Europa. Damit wurde den orientalischen Händlern dieses Monopol entzogen, und die Einkünfte der orientalischen Staaten, die durch Steuern auf diese Waren über Jahrhunderte große finanzielle Gewinne erzielt hatten, erlitten nun beträchtliche Einbrüche. Die Beschaffungskosten für Gewürze blieben immens, die damit zu erzielenden Gewinne konnten nun aber die europäischen Kaufleute einfahren. Gewürze waren weiterhin für viele Europäer fast unerreichbar und fanden oft nur als Arznei Verwendung. Unerhört reiche Bürger wie die Unternehmerfamilie Fugger in Augsburg nutzten sie zur Demonstration ihrer finanziellen Potenz. So soll Jakob Fugger (1459 – 1525) die Schuldscheine, die ihm Kaiser Karl V. (1500 – 1558) ausgestellt hatte, in einem Feuer aus Zimtstangen verbrannt haben. Jedenfalls war das Monopol des Orients auf den Gewürzhandel durch die Erweiterung der Handelswege gebrochen. Vor allem das bis dahin politisch und wirtschaftlich dominierende Ägypten büßte seine Position ein, als sich Zolleinkünfte aus dem Gewürzhandel plötzlich stark reduzierten.

Die andere, genauso bedeutende Umwälzung im weltumfassenden Handel war die Entdeckung Amerikas 1493 durch spanische Schiffe unter Christoph Kolumbus. Neben großen Mengen an Edelmetallen gelangten auch zahlreiche Pflanzen aus der Neuen Welt nach Europa. Viele dieser amerikanischen Pflanzen wurden zunächst als Kuriositäten angesehen und in den botanischen Gärten der europäischen Adelshäuser gezüchtet. Es dauerte etliche Generationen, bis sie den Weg in die Küchen und Kochtöpfe der Alten Welt fanden. Wenn solche amerikanischen Pflanzen in den Orient gelangten, wurden sie häufig mit noch größerer Zurückhaltung aufgenommen, als das schon im Abendland der Fall gewesen war. Die Motive der Ablehnung unterschieden sich jedoch im Abendland und im Morgenland kaum voneinander. Leider haben sich bisher nur selten Kulturhistoriker mit der Geschichte der Übernahme amerikanischer Nutzpflanzen im Orient befasst.

Amerikanische Pflanzen in den orientalischen Küchen

Pflanzen aus Amerika wurden von den orientalischen Küchen unterschiedlich aufgenommen. Keine einzige konnte sich zunächst als Grundnahrungsmittel durchsetzen, wie es bei der Kartoffel in Irland oder Deutschland der Fall war. Von den Tomaten abgesehen haben viele amerikanische Pflanzen aus Sicht der orientalischen Köchinnen und Köche immer noch einen gewissen exotischen Charakter. Aber anders als in Europa, wo sie von den Kirchen teilweise kritisch betrachtet wurden, haben sich muslimische Rechtsgelehrte zu den amerikanischen Nutzpflanzen nicht geäußert, weil sie sich an dem Grundsatz orientieren, dass Pflanzen, die keine Rauschzustände hervorrufen, allgemein als *halāl* anzusehen sind.

In den verschiedenen umfassenden Darstellungen zur Weltgeschichte des Essens und Trinkens besteht der mehr oder weniger stillschweigende Konsens, dass die amerikanischen Nutzpflanzen über Europa und vor allem im Zusammenhang mit den modernen Kolonialisierungsbewegungen in die verschiedenen Regionen des Orients gekommen seien. Wenn eine Pflanze oder deren Frucht einen Namen wie »Türkischer

Weizen« oder »grano Turco« für Mais erhielt, wurde diese Etikettierung damit erklärt, dass mit dieser Benennung auf die fremde Herkunft dieser Pflanze hingewiesen werden sollte, aber nicht auf die tatsächliche Herkunft aus der Türkei. Diese pauschalen Behauptungen zu widerlegen ist schwierig, da die Quellen, die für differenzierte Informationen erforderlich gewesen wären, bisher kaum erschlossen wurden. Immerhin hat der eminente Kenner der orientalischen Geschichte von Essen und Trinken, der Iranist Bert G. Fragner, in seinem bemerkenswerten Aufsatz »From the Caucasus to the Roof of the World: A Culinary Adventure« von 1994 festgestellt, dass zumindest im Osmanischen Reich amerikanische Pflanzen nahezu gleichzeitig mit deren Verbreitung in Europa bekannt geworden seien. Die Pflanzen gelangten danach zunächst nach Spanien und dann über Nordafrika weiter nach Osten. Ein anderer Weg hing mit den damaligen guten Beziehungen Madrids mit Istanbul zusammen. Zu einer zeitlichen Verzögerung der Verbreitung kam es also wohl kaum.

Kartoffeln

Obwohl das südamerikanische Hauptanbaugebiet der Kartoffel in den Anden durch den spanischen Eroberer Francisco Pizarro schon 1532 erreicht wurde, dauerte es noch weitere vierzig Jahre, ehe die Kartoffeln bis nach Europa gelangten. Bekanntlich wurde die Pflanze zunächst als ein Kuriosum behandelt. Im 17. Jahrhundert wurden Kartoffeln als Nahrungsmittel in Irland und in Niederösterreich angebaut. Im norddeutschen Raum haben sie sich schließlich Ende des 18., Anfang des 19. Jahrhunderts endgültig durchgesetzt. Erst zwischen 1850 und 1900 verdoppelte sich hier der Kartoffelkonsum. Kartoffeln waren vielseitig. Sie konnten auch als Viehfutter verwendet oder zu hochprozentigem Alkohol destilliert werden. In Südeuropa blieb die Kartoffel dagegen eine weniger geschätzte Pflanze, die in der Küche eher als eine Art von Gemüse Verwendung fand. Erst mit dem Kochbuch von Pellegrino

Artusi (1820–1911), das 1891 in erster Auflage erschien, kann die Kartoffel in Italien als bekannt gelten, wenngleich sie nicht sehr beliebt war.

In den Orient gelangte die Kartoffel mit einiger Verspätung. Immerhin berichtet der deutsche Militärinstrukteur Helmuth von Moltke 1835 aus Istanbul von Kartoffeln. Das früheste gedruckte osmanische Kochbuch *Melce üt-tabbahīn* vergleicht die Kartoffeln mit Topinambur oder Jerusalem-Artischocken. Genaue Angaben zur Verbreitung von Kartoffeln in Mesopotamien finden sich erst 1886. Die osmanische Verwaltung des Bezirks von Mosul propagierte den Anbau von Kartoffeln und lobte spezielle Prämien für die Bauern aus. Es ist aber davon auszugehen, dass solche Versuche auch in anderen Provinzen des Osmanischen Reiches unternommen wurden. Mit dem Ausbau der Anatolischen Eisenbahn gelangten nämlich auch Deutsche in die Türkei, die zunächst in Adapazarı, später auch an anderen Orten an der Bahnstrecke Versuchsanstalten für den Kartoffelanbau gründeten. Wegen schlechter Weizenernten in den 1880er Jahren und vor allem infolge der großen Hungersnot von 1887 wurde der Kartoffelanbau im Osmanischen Reich weiter intensiviert. In den Kochbüchern vormals osmanischer Provinzen der 1950er Jahre finden sich dann schon etliche, teilweise durchaus anspruchsvolle Rezepte. Eine beliebte orientalische Zubereitungsart ist das Füllen von Gemüse. Auch Kartoffeln werden häufig auf diese Weise serviert.

Potato Chap

1,5 kg Kartoffeln mit Schale kochen, Wasser abgießen und die Kartoffeln pellen. Dann durch eine Kartoffelpresse drücken, 3 El Weißbrotbrösel und etwas Salz und Pfeffer zugeben. Gut durchkneten. Falls der Teig zu trocken ist, 1 Ei zugeben und kräftig untermischen. Zur Seite stellen. 1 kleine Zwiebel sehr fein schneiden. In

Öl andünsten, 200 g Gehacktes zugeben, mit Muskat, gemahlenen Nelken und gemahlenem Kardamom, Salz und Pfeffer würzen, gut einarbeiten. Beiseitestellen. Aus dem Kartoffelbrei Kugeln von der Größe eines Tischtennisballs formen. Die Kugeln abflachen und mit etwa 2 El der Fleischmischung füllen, die Seiten des Kartoffelteigs hochziehen und eine Kugel formen. Alternativ kann man ein Loch in den Kartoffelball drücken, dahinein die Fleischmischung füllen und das Loch wieder verschließen. Die gefüllten Kartoffelkugeln leicht flachdrücken. Die fertigen Kugeln vorsichtig zur Seite stellen und mit einem Küchentuch abdecken. Eine schwere Pfanne mit 4 bis 5 El Öl erhitzen. Wenn das Öl sehr heiß ist, jeweils drei oder vier Kugeln hineingeben und auf beiden Seiten leicht braun braten. Die Kugeln sofort auf Küchenkrepp abtropfen lassen. Heiß servieren. Wenn nicht alle Kugeln gleichzeitig gebraten werden sollen, kann man sie bis zu 2 Tage abgedeckt im Kühlschrank aufbewahren.

Das Wort »chap« wird als englisches Fremdwort in der irakisch-arabischen Umgangssprache angesehen. Es geht vielleicht auf »shape« für »Form, Gestalt« zurück. Das Rezept zeigt, wie mit einer neuen Zutat ein sehr typisch irakisches Gericht zubereitet werden kann.

Bei der Durchsicht der zahlreichen arabischen, persischen, kurdischen und indo-muslimischen Kochbücher wird deutlich, dass Kartoffeln im Orient bis heute nicht zu einem Grundnahrungsmittel geworden sind. Priorität haben immer noch Getreideprodukte wie Brot, Couscous oder Reis. Häufig treten die Kartoffeln in der Kombination mit anderen Gemüsesorten auf. Inzwischen haben sich natürlich auch die unvermeidlichen Kartoffelchips und Pommes frites in den modernen Haushalten des Orients verbreitet.

Die in Iran gerne genutzte Kombination von Fleisch und Früchten wird auch durch Kartoffeln ergänzt. Das folgende Rezept zeigt, dass die relativ geschmacksneutrale Kartoffel als gute Sättigungsergänzung in zahlreichen Schmorgerichten funktioniert.

Tāskabāb-e Ālūkhoshk

500 g Lammfleisch in Würfel (2 cm) schneiden. 5 geschälte Kartoffeln in Scheiben schneiden. 2 große Zwiebeln und 1 große Quitte in Stücke schneiden. Den Boden eines Topfes mit den Zwiebelringen auslegen, 1 Tasse Wasser und 4 El Öl zugeben. Die Hälfte der Kartoffeln, des Fleischs, der Quitte und 100 g entsteinte Trockenpflaumen einschichten. Mit Kardamom, Zimt, Salz und Pfeffer würzen. Saft einer halben Zitrone darüberträufeln. Mit einer Schicht eines über Nacht in einem Kaffeefilter getrockneten Joghurts abdecken. Darauf die andere Hälfte von Fleisch, Kartoffeln, Quitte und weitere 100 g Trockenpflaumen, Pfeffer, Salz, Kurkuma geben. Wieder mit getrocknetem Joghurt abdecken, Butterflöckchen darauf verteilen. 90 bis 120 Min. bei 150° im Backofen garen.

In der indo-muslimischen Küche werden Kartoffeln häufiger verwendet als in der iranischen oder arabischen. Das mag mit dem britischen Einfluss zusammenhängen. Immerhin finden sich bei den Rekonstruktionen der Moghul-Küche auch einige Kartoffelrezepte. Angesichts der intensiven Kontakte der Moghul-Herrscher nach Italien und Portugal ist es nicht ausgeschlossen, dass Kartoffeln wie andere amerikanische Pflanzen nur mit kurzer Verzögerung bei ihnen bekannt wurden. Die Kartoffelgerichte haben aber einen eindeutigen indischen Charakter bewahrt. Sie werden als in Öl ausgebackene Kartoffelküchlein, deren Teig indische Gewürze und Kichererbsenmehl untergemischt wird, als Snack auf den Straßen der großen Städte Nordindiens und Pakistans zum Verkauf angeboten. Ein besonders originelles Gericht stammt aus dem TV-Programm von Zubeida Tariq.

Kleine Kartoffeln in Karamellsauce

1 kg neue, sehr kleine Kartoffeln waschen, nicht schälen, und leicht kochen. Sie sollten noch ziemlich fest sein. Diese Kartoffeln dann in einem Karahi in heißem Öl frittieren, bis sie eine goldbraune Farbe angenommen haben. Aus dem Öl in eine Schüssel geben. Das Öl in eine andere Pfanne gießen. Den Karahi wieder auf eine starke Flamme geben, die Kartoffeln, 2 El Honig (oder 1 El Zucker), 1 Tl frisch gemahlenen schwarzen Pfeffer, 1 El zerkrümelte getrocknete rote Chilischoten, 2 El Sojasauce, 2 El Weißweinessig und Salz dazugeben. Unter ständigem Rühren braten, bis der Honig zu karamellisieren beginnt. Vom Feuer nehmen und den Saft von 2 Zitronen dazugeben. Wird als Beilage zu gegrilltem Lamm, Rindfleisch oder Hühnchen gereicht.

Das im Rezept »Karahi« genannte Gefäß ist einem Wok vergleichbar und wird in der indo-muslimischen Küche zum Frittieren gebraucht. Als Alternative kann eine Pfanne mit hohem Rand verwendet werden.

Tomate

Während den orientalischen Köchinnen und Köchen der Fremdcharakter von grünen Bohnen und Kartoffeln immer noch bewusst ist, sind Tomaten in den orientalischen Küchen völlig assimiliert worden. Da verhalten sich die Köchinnen und Köche an den südlichen und östlichen Ufern des Mittelmeers so wie ihre italienischen Kollegen, von denen manche fest davon überzeugt sind, dass es sich bei Tomaten um ein uritalienisches Gewächs handelt. Tatsächlich soll Kolumbus persönlich ein erstes Exemplar nach Spanien mitgebracht haben. Im von Spanien beherrschten Süditalien, also vor 1700, sollen die ersten Tomaten als Speisefrucht gezüchtet worden sein. Einige der wichtigsten heutigen Tomatensorten wurden zu Beginn des 20. Jahrhunderts in Süditalien gezüchtet. Aber schon davor gab es verschiedene Sorten. Von Italien aus kamen Tomaten nach Südfrankreich, wo sie als *pomme d'or* bezeichnet wurden, abgeleitet vom Italienischen *pomodori* (Goldäpfel). In Paris wurden sie allerdings erst 1790 bekannt. Nur einige Jahre später erreichten Tomaten auch den Orient. Im ersten osmanischen Kochbuch aus dem Jahr 1844 werden Tomaten bereits als Zutaten genannt. Im Jahr 1872 behaupten Reiseführer, dass Tomaten zum Beispiel im gesamten Niltal angebaut wurden. Die arabische Bezeichnung *Banadūra* für Tomate hängt offenbar ebenfalls mit dem italienischen Wort *pomodori* zusammen. Damit liegt einer der Wege nahe, den Tomaten in den Orient genommen haben, nämlich von Italien nach Ägypten. Aber schon um 1843 wurden grüne und rote Tomaten als Sommergemüse für den Hof des Sultans in großen Mengen eingekauft. Sie waren sogar nach der Reisebeschreibung eines italienischen Autors schon vor 1786 in den Gärten des Sultans angebaut worden. Auf der arabischen Halbinsel dagegen sind Tomaten in der ersten Hälfte des 20. Jahrhunderts kaum bekannt und spielen in der traditionellen Küche keine bedeutende Rolle. Die These einer arabischen Kochbuchautorin, dass Tomaten schon im 16. Jahrhundert im Nahen Osten bekannt gewesen seien, lässt sich nicht erhärten. Richtig ist aber, dass die Verwendung von Tomaten die orientalischen Küchen grundlegend veränderte. Sie wurden zu einem zentralen Mittel, um Eintopfgerichte anzudicken und zu färben. Man konnte nun leicht auf Nüsse oder den teuren Safran verzichten. Auch zur Säuerung von Eintöpfen und anderen Gerichten wurden Tomaten anstelle von Fruchtsäften oder Sirup verwendet. Nur in seltenen Fällen werden Tomaten roh zum Essen angeboten. Sie haben eine eher dekorative Funktion. Meist sind sie Bestandteil von Fleisch- oder Gemüsegerichten. Heute erfreuen sich Produkte wie Tomatenmark und Tomatenketchup großer Beliebtheit. Auch im Orient spielt dabei die Süße dieser Industrieprodukte eine wichtige Rolle.

Für Iran gibt es keine genauen Hinweise auf die ersten Bemühungen, Tomaten anzubauen. In Iran werden sie heute allerdings vor allem in Salaten verwendet, etwa in dem bekannten »Schiraz-Salat«, der aus Tomaten und Gurken besteht. Funktionen, die die neue Zutat in der arabischen Küche bekommen hat, werden in Iran weiterhin von den traditionellen Mitteln wie dem Granatapfelsaft übernommen. Auch in der Türkei werden Tomaten vor allem in Salaten verwendet. Daneben spielen sie hin und wieder eine Rolle als Saucen in einer Vielzahl von Fleisch- und Gemüsegerichten; häufiger aber wird Tomatenmark verwendet.

Çoban

100 g in dünne Scheiben geschnittene, nicht zu scharfe Zwiebeln mit Salz bestreuen, 5 Min. stehen lassen, abspülen und das Wasser herausdrücken. Die Zwiebeln ausgebreitet auf eine Platte legen. Darauf kommen übereinandergeschichtet 500 g geschälte, entkernte und in Würfel geschnittene Tomaten, 100 g geschälte und in Würfel geschnittene Gurken, ein wenig entkernte und fein gehackte Peperoni, einige Kresseblüten, wenn vorhanden, und eine Handvoll fein gehackte glatte Petersilie. Ein Dressing aus Zitronensaft, Olivenöl und Salz herstellen und unmittelbar vor dem Servieren über den Salat gießen. Einige große, entsteinte und in Scheiben geschnittene grüne Oliven und gewürfelten Schafskäse dazugeben.

Im Grunde findet sich in der gängigen türkischen Küche nur ein Rezept, in dem Tomaten von Bedeutung sind. Es ist das berühmte *İmām bayıldı*. Die wörtliche Übersetzung lautet: Der Imam fiel in Ohnmacht. In vielen türkischen Kochbüchern wird über die Ursache debattiert, warum der Imam, der Vorbeter in einer Moscheegemeinde, nun wirklich sein Bewusstsein verloren hat. Die einen meinen, dass er von dem köstlichen Geschmack des Gerichts überwältigt worden sei. Die anderen plädieren dafür, dass der fromme Mann wegen der großen Menge, die er von diesem Gericht gegessen hat, einen Zusammenbruch erlitten habe. Andere führen es auf seine Begeisterung zurück, als er den Duft des Gerichts wahrnahm. Schließlich soll er in Ohnmacht gefallen sein, als er hörte, wie viel von dem teuren Olivenöl für das Gericht verwendet werden musste. Wie dem auch sei: Das Gericht ist leicht zuzubereiten und von schönem orientalischem Geschmack.

İmām bayıldı (Der Imam fiel in Ohnmacht)

4 mittelgroße Auberginen in kochendem Salzwasser blanchieren, halbieren, das Fruchtfleisch mit einem spitzen Löffel vorsichtig auskratzen und würfeln, 1 geschälte große Zwiebel und 4 geschälte Knoblauchzehen sehr fein schneiden und in Olivenöl andünsten, 1 Dose Tomatenstücke und die Auberginenstücke zugeben, mit Salz, Pfeffer, Muskat, Zimt- und Nelkenpulver, eventuell Chili würzen. 15 Min. dünsten lassen. Falls die Masse zu dünnflüssig ist, etwas reduzieren. Die Auberginenhälften mit der Masse füllen. Dicht nebeneinander in eine ausgefettete Keramik-Form legen, mit Olivenöl reichlich beträufeln. Im vorgeheizten Backofen bei 200° etwa 30 Min. garen. Währenddessen 3 El Pinienkerne in einer trockenen Pfanne 1 Min. rösten. Sie dürfen nicht schwarz werden. Über die aus dem Backofen genommenen Auberginenhälften verteilen.

Paprika/Chili

Im Unterschied zu den anderen amerikanischen Pflanzen wurde Paprika sehr schnell in Europa akzeptiert, weil man ihn zunächst für eine Art des kostbaren Pfeffers hielt. Kolumbus hatte die Frucht (botanisch eine Beere) von seiner zweiten Reise mitgebracht. Sie wurde zunächst ausschließlich als Gewürz verstanden. Zu Beginn des 16. Jahrhunderts war Paprika in Europa allgemein bekannt, wenn er aus klimatischen Gründen auch nicht überall angebaut werden konnte. Er wurde erfolgreich als Medikament gegen die Mangelerkrankung Skorbut angewandt. Der dafür verantwortliche hohe Vitamin-C-Gehalt wurde allerdings erst später entdeckt. Seeleute der Osmanischen Kriegsflotte lernten Paprika schon 1513 kennen und sorgten für seine Verbreitung in dem Herrschaftsgebiet des Sultans. So kam er nach Ungarn, aber auch in die arabischen Provinzen des Reichs. Im 18. Jahrhundert war er schließlich allgemein bekannt und wurde am Hof des Sultans regelmäßig verwendet.

In Nordafrika spielt Paprika vor allem in seinen schärferen Varianten und als Gewürz eine besondere Rolle. Bei Reisen kann man auch heute noch auf den Flachdächern der Dörfer die zum Trocknen ausgelegten oder an Leinen aufgehängten roten Schoten sehen, die als Grundlage für die Würzpaste *Harissa* dienen. Es heißt, sie sei von den spanischen Eroberern aus Amerika nach Europa gebracht worden und von dort nach Nordafrika gelangt. Die Paste wird zu beinahe allen Gerichten – außer Desserts – als Geschmacksergänzung gereicht, oft durch frische Zwiebeln und Petersilie verfeinert und mit Olivenöl beträufelt. Es gibt zahlreiche Varianten der Würzpaste. Immer ist sie aber sehr scharf. Die Paste wird inzwischen auch industriell hergestellt und ist in Tuben oder Konserven erhältlich.

Harissa

100 g getrocknete rote Chilischoten und 500 g entkernte und geviertelte rote Paprikaschoten ohne Haut im Mixer oder mit dem Pürierstab fein pürieren. 1 kleine, fein geschnittene Zwiebel, 3 zerdrückte Knoblauchzehen, 1 Tl gemahlenen Koriander und 1 Tl Kuminpulver in einer Pfanne trocken kräftig bräunen. Das Chili-Paprika-Gemisch und den Saft einer halben Zitrone zugeben. Bei mittlerer Hitze 10 Min. unter ständigem Rühren garen. Vom Feuer nehmen und abkühlen lassen. Mit Olivenöl zu einer sämigen Paste verarbeiten. In einem Glas mit mindestens 1 cm Olivenöl bedecken. Bei der Arbeit die für den Umgang mit Chilischoten notwendigen Vorsichtsmaßnahmen beachten, also Handschuhe anziehen, vor allem nicht die Augen reiben!

Shakshūka

4 rote Paprikaschoten entkernen, halbieren und im Backofen bei 220° rösten, bis die Haut schwarz wird. Etwas abkühlen lassen und in einer Kunststofftüte verschließen, nach 10 Min. kann man die Haut leicht abziehen. Die Paprika, 30 g gemahlene Mandeln, 3 durchgepresste Knoblauchzehen und eine Prise Salz im Mixer zerkleinern. In einer Pfanne mit hohem Rand in heißem Olivenöl auf kleiner Flamme köcheln lassen. Es sollte leicht blubbern. 10 Min. ständig rühren. Vom Feuer nehmen, abkühlen lassen und im Kühlschrank 1 Std. ruhen lassen. 30 Min. vor dem Servieren auf Zimmertemperatur bringen.

Shakshūka erfreut sich vor allem in Marokko großer Beliebtheit. Es gibt eine Vielfalt an Rezepten. In Palästina werden auf dem Gemüse Spiegeleier gegart und das Gericht wird heiß serviert. Internationale Köche rühmen sich, dass sie die *Shakshūka* in mehreren Versionen zubereiten können.

Die Form der Paprika lädt geradezu ein, sie zu füllen. Es gibt zwei grundlegend unterschiedliche Varianten: Die gefüllten Paprika werden entweder eingelegt oder im Topf gegart.

Filfil mahshī

Zunächst die Lake herstellen, indem man auf 1 l Wasser 100 g Salz gibt. Den Stengelteil der Paprikaschoten abschneiden und von oben aushöhlen. Dabei alle Kerne und Häute im Inneren entfernen. 2 Tage in der Salzlake ruhen lassen. Danach abwaschen. Obstessig aufkochen und Stücke von frischem Ingwer, zerriebene trockene Chilischote, Currypulver, Kurkuma, Lorbeerblatt, 5 geschälte Knoblauchzehen, getrocknete oder frische Kräuter wie Petersilie, Minze oder Dill dazugeben. Die Essigmischung abkühlen lassen.

Die Füllung für die Paprika aus je 250 g fein geschnittener Petersilie, fein geschnittenen Korianderblättern, kleingehacktem Weißkohl und kleingehackten Möhren, 125 g fein geschnittenen Zwiebeln, 125 g fein geschnittenen getrockneten Tomaten, 125 g fein geschnittenem Schnittlauch, 1 El Currypulver, 1 Tl Kurkuma, 1 Tl Kardamom, 1 Tl Zimt, 1 Tl fein zerstoßener getrockneter Peperoni, 2 Tl fein geschnittenem Ingwer, einem halben Tl Salz herstellen. Gut vermischen und die Paprika mit dieser Mischung füllen. In ein großes Glas füllen und mit dem Essig bedecken und fest verschließen. Vor dem Gebrauch mindestens eine Woche ruhen lassen.

Das Einlegen von Gemüse ist eine alte kulinarische Technik, die schon im Alten Orient praktiziert wurde. Eingelegte Gemüse werden häufig von fliegenden Händlern in den Straßen der großen orientalischen Städte angeboten. In Baghdad werden alle in Essig eingelegten Gemüse *Torshī* genannt und sind eine allgemein übliche Beilage zu vielen Gerichten.

In der Türkei werden Paprika mit Füllungen aus Fleisch oder Reis zubereitet. Dabei wird die Füllung mit Gehacktem als die eigentliche Art der Zubereitung betrachtet. Die Paprika mit Reisfüllung werden *Yalancı Biber Dolması* (Falsche gefüllte Paprika) genannt.

Biber Dolması

Natürlich gibt es zahlreiche Versionen dieses Gerichts. Das folgende Rezept für die Füllung stammt aus Istanbul.

400 g Lammgehacktes, 1 in feine Scheiben geschnittene Zwiebel, Salz, 1 El frische Dillspitzen, 1 El frische gehackte Minze, 100 g gewaschenen Reis, 100 g Butter, gemahlenen schwarzen Pfeffer, Paprikapulver und 100 ml Fleischbrühe gut miteinander vermischen. Butter in einer Pfanne erhitzen und die Füllung darin unter Rühren anbraten. Sie soll nur halb gar werden. Bei gewaschenen mittelgroßen Paprikaschoten am Stielende einen Deckel abschneiden und mit einem spitzen Löffel Samen und Häute herausnehmen. Die Schoten blanchieren. Nun die Schoten mit der Fleischmischung füllen und den Deckel wieder auflegen. Die Paprika aufrecht und fest in einen passenden Topf stellen, 200 ml Fleischbrühe angießen. Den Topf zum Kochen bringen, die Temperatur reduzieren und bei mittlerer Hitze 30 Min. köcheln lassen, bis die Paprika weich sind. Heiß servieren.

Muhamarra

1 kg rote Paprika halbieren und putzen. Im auf 200° vorgeheizten Ofen auf einem eingeölten Ofenblech so lange liegen lassen, bis die Paprika schwarz werden und die Haut Blasen wirft. Die Paprika in einem Plastikbeutel abkühlen lassen. Dann die Haut abziehen. Die Paprikastücke mit 100 g Brot vom Vortag, das in kleine Stücke geschnitten ist, mit einer gehackten Knoblauchzehe, 125 g grob gehackten Walnüssen, einer ganz klein zerbröselten Chilischote, Saft einer halben Zitrone, 5 El Granatapfelsirup, 2 Tl Zucker, 1 Tl gemahlenem Kreuzkümmel, 1 Tl Kardamom, 1 Tl Zimt, Salz und Pfeffer und 4 El Olivenöl im Mixer oder mit einem Pürierstab zu einer groben Paste zerkleinern. In einer mit Plastikfolie abgedeckten Schüssel mindestens 8 Std. im Kühlschrank stehen lassen. In einem luftdichten abgeschlossenen Behälter kann sich das Gericht bis zu 5 Tage im Kühlschrank halten.

✵ ✵ ✵ ✵ ✵ ✵ ✵ ✵ ✵ ✵ ✵ ✵ ✵ ✵ ✵ ✵

Muhamarra kommt aus der Türkei und wird in der Regel mit Fladenbrot serviert.

In Iran werden die gefüllten Paprika mit Linsen, Reis und Gehacktem gefüllt und nicht in einer Brühe, sondern in einer Tomatensauce gegart, bestehend aus 1 kg Tomaten, 50 g Petersilie, Knoblauch, etwas Zucker, Essig, Salz und Pfeffer. Andere Zubereitungsarten sind nicht üblich.

Mais

Mit Mais hat es im Orient eine besondere Bewandtnis. Er war von Christoph Kolumbus 1493 mit nach Spanien gebracht und dort schon bald erfolgreich angebaut worden. Um 1520 gelangte er nach Südfrankreich, etwa zehn Jahre später wurde er im italienischen Veneto angebaut. Bald schon fand er sich auch in Ungarn und auf dem Balkan. Trotz dieses Verbreitungsweges wurde er nicht nur *Kukuruz* im Slawischen, sondern auch *grano turco* (Türkisches Korn) oder in Österreich *Türkischer Weizen* genannt. Immerhin wurde er 1574 im Osmanischen Reich verschiedentlich angebaut, zum Beispiel am Oberlauf des Euphrat. Wegen seines hohen Stärkeanteils konnte er sich zunächst als preiswerter Ersatz für Weizen bei der ärmeren Bevölkerung durchsetzen. In der Mitte des 19. Jahrhunderts fand man auch in der Mittelschicht Gefallen an dieser Körnerfrucht. Im gesamten Orient wird Mais heute vor allem in Form von Stärke verwendet. Es gibt aber auch Maisbrot oder einige Gerichte, zu deren wichtigsten Bestandteilen weißes oder gelbes Maismehl gehört. Immer wieder werden in den modernen Kochbüchern Maiskolben genannt, die über glühender Holzkohle geröstet werden. Dabei gibt es dann die Möglichkeit, die Maiskolben vor oder nach dem Rösten mit verschiedenen Buttermischungen zu bestreichen. Die Maiskolben werden sogar gekocht und entsprechend verfeinert.

Jerusalem-Artischocke (Topinambur)

Die Jerusalem-Artischocke ist erst seit kurzer Zeit wieder als Gemüsepflanze in Deutschland zur Kenntnis genommen worden. Sie war in Frankreich schon im 17. Jahrhundert bekannt. Einerseits wurde sie anstelle von Artischocken verwendet, wenn diese nicht zu bekommen waren. Andererseits galt sie als Nahrungsmittel für einfache Leute, die sie als *pomme de terre* bezeichneten. In einem handschriftlichen Kochbuch aus dem Jahr 1565/66 wird sie im osmanischen Kontext zum ersten Mal ebenfalls unter dem Namen »Erdapfel« *(Tüffāhül-arz)* erwähnt. Sie galt als Wintergemüse. In dem osmanischen Kochbuch *Melce üt-tabbahīn* erklärt man die entsprechenden Rezepte für typisch französisch. Derzeit ist sie in den orientalischen Küchen kaum bekannt, findet sich aber auf den Speisekarten der Restaurants der internationalen Hotels.

Kakao

Spanische Eroberer überreichten Karl V. 1527 in Madrid zum ersten Mal Kakaobohnen. Die Höflinge, denen ein Getränk daraus angeboten wurde, waren aber überhaupt nicht begeistert davon. Erst Ende des 16. Jahrhunderts fand das Getränk überall begeisterte Anhänger. Als Papst Pius V. im Jahr 1569 ex cathedra erklärte, dass man mit dem Verzehr von Schokolade das Fasten nicht breche, genoss man den amerikanischen Import auch in der Fastenzeit ohne Gewissensbisse. Im 18. Jahrhundert gelangte Schokolade als Getränk in das Osmanische Reich. Der Genuss blieb aber weiterhin ein eher exotisches Vergnügen, das vor allem in diplomatischen Kreisen gepflegt wurde. Der chaldäische Mönch Ilyas ibn Hanna al-Mausuli, der zwischen 1675 und 1683 Mittel- und Südamerika bereiste, war wohl der erste Araber, der über den Kakao-Baum und über Schokolade berichtete: »Man kann in Babahoyo (Ecuador) Bäume finden, die den Maulbeerbäumen ähneln. Diese tragen Früchte, die Kakao genannt werden und aus denen man Schokolade macht. Die Früchte hängen von den Bäumen wie Melonen und finden sich an den Stämmen. Wenn sie reif sind, werden sie gelb. Man erntet sie und schneidet sie auf. In ihnen ist eine Frucht, die aus Samen besteht, die härter als Nüsse sind. Diese lassen sie trocknen. Dann rösten sie sie, bis sie in Farbe, Duft und Geschmack Kaffeebohnen ähneln. Aber sie sind ölig, sogar weich. Sie fügen so viel Zucker hinzu, wie nötig ist, Zimt und Ambra. Aus der Mischung stellen sie dann kleine Pasteten her, die sie im Schatten trocknen. Aus diesen Pastetchen stellen sie Schokolade her, die sie wie Kaffee trinken. Diese Frucht ist in allen christlichen Ländern verbreitet, die sie von dort importieren und verkaufen.« Ob Schokolade aber aus Italien oder aus Frankreich in das Osmanische Reich gelangte, ist nicht endgültig zu klären. In Kochbüchern seit dem 19. Jahrhundert sind keine Rezepte mit Kakao als Zutat zu finden. Erst in der zweiten Hälfte des 20. Jahrhunderts kommen Rezepte auf, in denen er eine Rolle spielt. Dabei handelt es sich vor allem um Kuchen, wie sie sich auch in europäischen Kochbüchern finden. So werden Marmorkuchen vorgeschlagen oder eine Schokoladenglasur für Eclairs.

Tee

Neben dem Kaffee gehört heute schwarzer oder grüner Tee zu den vertrauten heißen Getränken im Orient. Ein Glas Tee ist ein üblicher Willkommensgruß. Man hat als ausländischer Gast den Eindruck, dass es sich bei dieser Geste um eine alte Sitte handelt. Dabei ist der Tee für den Nahen Osten ein relativ modernes Getränk. Erst seit den 1920er Jahren ist es zu einer allgemeinen Verbreitung gekommen. Der Teekonsum ging einerseits von der Türkei aus. Man hatte ihn schon in osmanischer Zeit als sogenannten Karawanentee aus Zentralasien kennengelernt. Nach der Gründung der Türkischen Republik durch Mustafa Kemal Atatürk gab es starke Tendenzen im Land, wirtschaftliche Autarkie zu erlangen. Kaffee war aber ein Importprodukt, während sich bestimmte Teesorten an der türkischen Schwarzmeerküste problemlos anbauen ließen. Mit staatlicher Förderung wurde die Teeproduktion gesteigert, sodass die Türkei relativ bald Tee exportieren konnte. Auch in anderen Ländern am Schwarzen Meer wie Aserbaidschan oder Georgien entwickelte sich eine erfolgreiche nationale Teeproduktion. Die mehr oder weniger direkte Herkunft über Russland zeigt sich daran, dass der Tee häufig mit dem Samowar zubereitet wird.

In Marokko ist Tee schon etwas früher bekannt geworden. Besonders guter Tee aus Indien und China wurde seit dem Beginn des 19. Jahrhunderts mit Karawanen über Land durch Russland an die Ostsee gebracht. Anschließend wurde er per Schiff weiter nach England transportiert. Als während des Krimkriegs 1854 der Teetransport über die Ostsee zeitweilig unterbrochen war, verschifften die britischen Kaufleute den Tee auf dem Seeweg rund um Afrika und luden ihn in Marokko in den Hafenstädten Essaouira und Tanger aus. Von dort ging der Transport weiter nach Europa. Auch Marokkaner waren von dem grünen Tee angetan. Recht bald mischten sie ihn mit einigen Blättern frischer Minze. Auf diese Weise erfanden sie ihr typisches Nationalgetränk.

Döner und Falafel – Orientalische Küche in Europa

Döner und Falafel

Bisher ist wenig bekannt darüber, wie die arabische Kochpraxis seit dem Mittelalter in das Abendland gelangt ist. Natürlich hatten die spanischen Christen unter muslimischer Herrschaft vieles aus den Küchen ihrer muslimischen Herren übernommen. Auch auf Sizilien blieben trotz der kürzeren muslimischen Herrschaft viele kulinarische Traditionen erhalten. Vor allem aber war das Mittelmeer seit der Antike bis in das 19. Jahrhundert hinein trotz mancher militärischer Konflikte Garant für regen Austausch zwischen den Anrainerstaaten. So lange der Orient die technologisch, medizinisch, aber auch philosophisch überlegene Kultur darstellte, gelangten über Südeuropa zahlreiche Erfindungen und Entdeckungen nach Frankreich und über Italien bis zu einem gewissen Grad auch in das Reich der Habsburger. Von dort wurden diese Kenntnisse an den Norden Europas weitergegeben.

Unter Kulturhistorikern, die sich mit Essen und Trinken befassen, ist umstritten, ob mittelalterliche Rezepte und solche der Renaissancezeit direkt von orientalischen Vorbildern beeinflusst sind. Einige Historiker vertreten die Ansicht, dass Bezeichnungen von Rezepten wie »sarazenisch« nicht auf eine muslimische Herkunft hindeuten, sondern eher auf sprachlichen Missverständnissen beruhen. Hier mag es tatsächlich einige »Etymogeleien« gegeben haben. Wenn man sich aber die Kochbücher dieser Perioden anschaut, findet man etliche Rezepte, die sich auf einen orientalischen Ursprung zurückführen lassen, sowohl was Zutaten angeht als auch deren Zubereitung. Als Beispiel sollen im Folgenden ein arabisches und ein mittelalterliches deutsches Gericht nebeneinandergestellt werden.

Zunächst das Rezept des mittelalterlichen arabischen Kochbuchs von al-Warrāq:

Ein Fischrezept, bei dem der Kopf gebacken, die Mitte gekocht und der Schwanz frittiert wird.

Schuppe einen großen Fisch und nimm ihn aus. Du kannst den Fisch füllen. Wenn du den Fisch gesäubert hast, fülle sein Maul, die Kiemen und die Kinnbacken mit fein geschnittenen Zitronenblättern, Apfelschalen, Salz, Thymian und Raute. Nimm einen breiten, in Wasser getränkten dicken Streifen Stoff und wickle ihn dreimal um die Mitte des Fischs. Die Breite soll 2 Fäuste ausmachen und 4 Finger unter dem Kopf beginnen. Versichere dich, dass er dreimal umwickelt ist. Denn sonst würde der Stoff brennen und der ganze Fisch wird gebacken. Dadurch würde das Hauptziel des Rezepts verfehlt. Das untere Drittel des Fischs wickle in überlappenden Streifen von Leinen, das in Öl getränkt ist. Man kann die Umwicklung sichern, indem man dünne Stoffstreifen um die Mitte und den Schwanzteil des Stoffs wickelt. Gib den Fisch in einen gut geheizten Backofen (tannūr). Wenn er gar ist, nimm ihn heraus und wickle ihn aus den Tüchern. So erhältst du einen Fisch, der auf drei Arten gekocht ist. Der obere Teil ist gebacken, der mittlere Teil ist gekocht und der untere Teil ist frittiert. Bereite für jeden Teil eine passende Sauce. Dann kann niemand vermuten, dass dieser Fisch in Wirklichkeit in einem Stück zubereitet wurde. Wenn Gott will.

Das mittelalterliche deutsche Rezept aus dem Kochbuch des Meister Eberhard aus der Zeit um 1495 ist weniger kompliziert, folgt aber dem arabischen Vorbild.

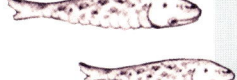

Drei- oder viererlei Essen an einem Fisch

Willst du dreierlei Gerichte von einem Fisch machen, sodass der Fisch doch scheinbar ganz bleibt, so schlag einen Hecht oder irgendeinen anderen Fisch in drei oder vier Teile. Den ersten Teil lege auf einen Rost und brate ihn. Den zweiten Teil koche in Wein gar und würze ihn, den dritten in Essig eingelegt, den vierten Teil, den Schwanz, gebacken. Und der Fisch soll zusammengelegt werden, ein Stück nach dem anderen, als ob er ganz sei: Zuerst das Kopfstück, dann das Mittelstück, danach den Schwanz, mit gehackter Petersilie aufgetragen. Dazu soll gute Sauce oder Essig in vielen kleinen Schälchen serviert werden. So isst jeder Gast anders als der andere. Das ist ungewöhnlich.

Die Grundidee, aus einem einzigen Fisch unterschiedliche geschmackliche Strukturen zu gewinnen, weist erstaunliche Gemeinsamkeiten auf, die auf die überlegene Kochkunst der arabischen Küche zurückgeführt werden können. Ein anderes Beispiel dafür, dass sich ein Rezept nicht nur wegen seines Namens an ein orientalisches Vorbild anlehnt, findet sich in dem *Buoch von guoter Spîse* (um 1350). Die Verwendung von Mandelmilch und Zucker sind typisch für die orientalische Küche:

Jerusalem-Speise

Willst Du ein gutes Fastengericht machen, so nimm Barsche und tu sie in dicke Mandelmilch und koch sie gar in Mandelmilch. Und tu dann Zucker darauf. Das Gericht soll »Jerusalem-Speise« heißen, und man isst es kalt oder warm.

Bei Ibn Sayyār al-Warrāq findet sich noch ein anderes Rezept, von dem Romanisten vermuten, dass es für ein spanisches Gericht oder besser für eine Zubereitungsart auch dem Namen nach Vorbild war. Es handelt sich um eines der zahlreichen Rezepte der mittelalterlichen arabischen Küche, in denen Essig verwendet wird.

Sikbāj

Schneide fettes Fleisch in mittelgroße Stücke, lege sie in einen Topf und bedecke sie mit Wasser; gib frischen Koriander, Zimtschale und Salz dazu nach Geschmack. Wenn es kocht, entferne Schaum und Schmutz mit einem Schaumlöffel und wirf das fort. Nimm den frischen Koriander heraus und gib stattdessen getrockneten hinein. Nimm weiße Zwiebeln, syrischen Lauch und Karotten, wenn sie Saison haben, sonst aber Aubergine. Schäle die Aubergine, schneide sie durch und gib sie in einem separaten Topf ins Wasser. Dann seihe sie durch und gib sie zu dem Fleisch. Gib Gewürze und Salz dazu. Wenn das Gericht fast gar ist, nimm Weinessig und Dattelsirup oder Honig, wenn das bevorzugt wird. Dattelsirup ist aber besser. Vermische das so, dass die Mischung in der Mitte zwischen scharf und süß ist. Gib das in den Topf und lass es eine Std. kochen. Wenn das Gericht fertig ist, nimm es vom Feuer. Nimm etwas von der Brühe und gib dahinein so viel Safran, wie es nötig ist. Schütte das zurück in den Topf. Dann nimm süße Mandeln, schäle sie und schneide sie in Splitter und gib sie oben auf den Topf. Nun nimm einige Rosinen, Johannisbeeren und getrocknete Feigen. Bedecke alles und lass es eine Std. auf dem Feuer. Wisch die Seiten des Topfes mit einem Lappen sauber und bespreng das alles mit Rosenwasser. Wenn es sich gesetzt hat, nimm den Topf vom Feuer.

Das Besondere und für die mittelalterliche orientalische Küche Typische an diesem Gericht ist die Mischung aus Süßem durch Dattelsirup oder Honig und Saurem durch den Essig. In der spanischen Küche gibt es nun eine Technik, bei der man Fleisch oder Fisch mit einer Essigbeize mariniert. Diese wird als »Escabeche« bezeichnet. Von Spanien ist sie natürlich auch nach Mexiko, Mittel- und Südamerika gelangt.

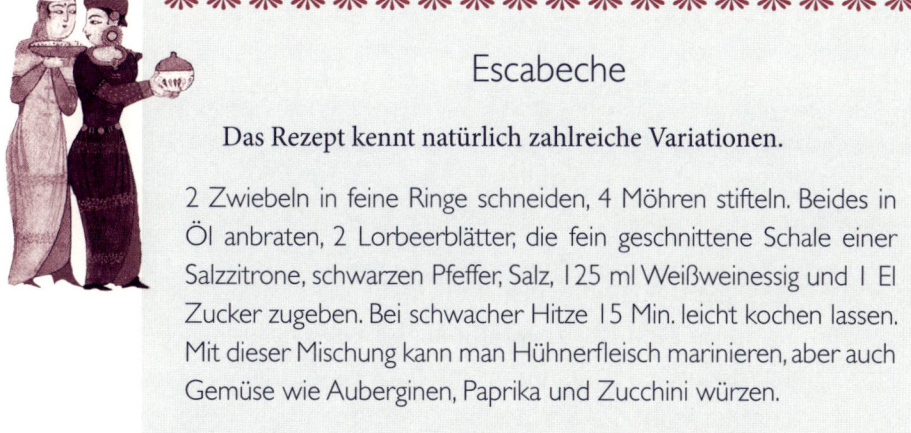

Escabeche

Das Rezept kennt natürlich zahlreiche Variationen.

2 Zwiebeln in feine Ringe schneiden, 4 Möhren stifteln. Beides in Öl anbraten, 2 Lorbeerblätter, die fein geschnittene Schale einer Salzzitrone, schwarzen Pfeffer, Salz, 125 ml Weißweinessig und 1 El Zucker zugeben. Bei schwacher Hitze 15 Min. leicht kochen lassen. Mit dieser Mischung kann man Hühnerfleisch marinieren, aber auch Gemüse wie Auberginen, Paprika und Zucchini würzen.

Geflügel

Geflügel aller Art war im mittelalterlichen Europa wie im Orient bekannt und geschätzt. In manchen europäischen Rezepten ist ein orientalisches Moment nicht zu verkennen. Thomas Dawson bereitete in England um 1596 Hühner mit Weintrauben zu, und der Koch Pierre de Lune, dessen Kochbuch um 1660 erschien, gibt ein Rezept wieder, das nicht nur wegen seines Namens auf arabische Vorbilder hindeutet.

Arabische Entensuppe

Eine Ente wird stark gespickt und angebraten. Rüben werden sehr klein geschnitten und mit der Ente in heißem Wasser gekocht. Salz, Gewürze, Pfeffer und Nelken werden hinzugegeben. In einen kleinen Topf gießt man Weißwein und kocht darin zwei Dutzend Katharinenpflaumen. Sind sie gekocht, presst man sie und gießt sie mit dem Saft in einen Topf. Dahinein legt man die Ente und gibt Kapern und abgeschälte Oliven dazu. Dann weicht man darin Brotkrusten ein und gießt Zitronensaft darauf. Beim Anrichten legt man Zitronenscheiben und Granatapfelkörner dazu.

Fleisch erst zu braten und dann zu kochen war eine schon in der Antike bekannte Technik, die später auch in den orientalischen Küchen praktiziert wurde. Eindeutig orientalisch ist in dem vorausgehenden Rezept dagegen wohl die Verbindung von Entenfleisch mit Pflaumen und die Zugabe von Zitronen und Granatapfelkernen.

Blancmanger

Zu den Rezepten, denen ohne jede Debatte eine arabische Herkunft zugestanden wird, gehört die Blancmanger, die der Kulturhistoriker Peter Peter als »allgegenwärtig« bezeichnet. Er fährt fort: »Der im modernen Frankreich und England auf süßen Pudding reduzierte Begriff wird im Mittelalter wahllos für helle Speisen verwendet, ist in seinen ältesten Rezepten aber Schonkost aus Hühnerfleisch, Zucker, Reis und Mandelmilch.« Das berühmteste dieser arabischen Rezepte ist die *Jūdhāba*, ein Wort, das die mittelalterlichen arabischen Philologen mit dem Verb *jadhaba* im Sinn von »anziehen« oder »Anziehungskraft besitzen« in Zusammenhang bringen. Al-Tūjībī, der die muslimische andalusische Küche nach der christlichen Reconquista rekonstruiert, beschreibt das Gericht so:

Jūdhāba

Man nimmt ein junges, fettes Huhn, bereitet es vor, schneidet es an der Brust auf und gibt es, wie es ist, in einen Topf. Dann fügt man Öl, Salz, Pfeffer, Narde und Kardamom hinzu und gibt alles aufs Feuer zum Garen. Man kann anstelle von Wasser auch gutes Rosenwasser zugeben und ohne Brühe kochen. Wenn es gar ist, nimmt man zwei dünne Brotfladen und breitet sie auf dem Boden eines Topfes aus Stein oder Ton aus, dessen Boden und Seiten man mit gesäubertem und zu einer Markkonsistenz zerriebenem Nierenfett eingerieben hat. Man bringt die Fladen auch so an den Seiten des Topfes an, dass sie diese bedecken. Auf die Fladen auf dem Boden des Topfes streut man nun je einen Löffel Zucker, gebrochene und zerriebene Mandeln, Nelke und Narde. Dann tröpfelt man ein gutes Maß Öl darauf und darauf wieder Zucker mit Rosenwasser, in dem etwas Kampfer und Moschus aufgelöst sind, sodass es den Zucker befeuchtet. Darauf gibt man wieder ein oder zwei Fladen, streut darauf wieder Zucker, Mandeln und Gewürze und besprengt sie mit Rosenwasser wie zuvor. Das wird so lange wiederholt, bis die Hälfte des Topfes gefüllt ist. Dann nimmt man das vorbereitete Huhn, bestreicht es mit in Rosenwasser aufgelöstem Safran und legt es in die Mitte des Topfes. Nun bedeckt man es mit Fladen und bestreut es mit Zucker und Mandeln wie zuvor. Anschließend gibt man darauf einen anderen Fladen, bis der Topf gefüllt ist und das Huhn in seiner Mitte begraben bleibt. Wenn das geschehen ist, streut man darüber viel Zucker, träufelt ein gutes Maß Öl und Rosenwasser darauf und bedeckt alles mit den Fladen, die an den

Seiten hängen, wickelt den Topf in eine feste Hülle ein und versiegelt ihn mit dem Teig. Dann gibt man ihn bei mäßiger Hitze in den Backofen und lässt ihn so lange darin, bis das Fleisch gar ist. Danach holt man ihn heraus und zerbricht die Versiegelung, sodass durch den Duft ein vollkommenes Aroma vorhanden ist. Die Deckfladen werden beseitigt, wenn sie durch das Feuer in Mitleidenschaft gezogen worden sind, ebenso die, die sich an den Seiten des Topfes befinden. Man stürzt den Inhalt des Topfes auf eine Platte um, wie er ist, und serviert.

Auch in dem mittelalterlichen *Buoch von guoter Spîse* handelt es sich zunächst um ein Hühnergericht.

Willst du ein Blancmanger machen

Wie man ein Blancmanger machen soll. Man soll Ziegenmilch nehmen und ein halbes Pfund Mandeln vorbereiten. Ein Viertel Reis soll man zu Mehl zerstoßen und das in die kalte Milch tun. Und nimm eine Hühnerbrust, die soll man zerpflücken, kleinhacken und hineingeben. Und ein Viertel Schmalz soll man hineintun und soll es darin sieden, und lass es lange genug kochen und nimm es dann wieder herunter vom Feuer. Und nimm gestoßene Veilchen und gib sie hinein. Und ein Viertel Zucker tue man darein und reiche es. Auf diese Weise kann man in der Fastenzeit ein Blancmanger von einem Hecht zubereiten.

Auch in der Küche der Renaissance bei Martino da Como bleibt das Rezept immer noch im Grunde eines für Geflügel.

Wie man eine Blancmanger mit einem Kapaun macht

Um 12 Portionen zu machen, nimm 2 Pfund von Mandeln und zerstoße sie fein. Damit sie so weiß wie möglich bleiben, lass sie in kaltem Wasser für einen Tag und eine Nacht einweichen. Dann zerreibe sie, und wenn sie zerrieben sind, dann gib ein wenig kaltes Wasser hinein, sodass sie nicht ihr Öl verlieren. Nun nimm eine Kapaunbrust und zerreibe sie zusammen mit den Mandeln. Und nimm etwas weißes Brot und weiche es in magerer Kapaunbrühe ein. Dann zerreibe es mit den anderen Zutaten. Nimm etwas Verjuice, eine halbe Unze Ingwer, die gut abgeschält ist, sodass sie weiß ist. Nimm dazu ein halbes Pfund Zucker oder mehr und verdünne es mit etwas magerer Kapaunbrühe. Treib dies alles durch ein Sieb in einen sauberen Topf. Stell diesen Topf über ein heißes Feuer, aber entfernt von der Flamme. Rühre häufig mit einem Löffel um und lass ihn für eine halbe Std. kochen. Wenn das Kochen beendet ist, gib drei Unzen Rosenwasser dazu. Dann serviere es in Schüsseln. Oder bedecke den ganzen Kapaun mit Blancmanger und serviere es. Wenn du die Bedeckung mit der Blancmanger noch verfeinern willst, dann gib großzügig Apfelstücke darauf. Wenn du dieses Gericht zweifarbig anbieten willst, nimm ein Eigelb und etwas Safran. Nun misch das mit einem Teil des Gerichts. Sorge dafür, dass es durch den Verjuice eine größere Säure hat als eine weiße Version. Wenn es auf diese Art zubereitet wird, kann es als bräunlich bezeichnet werden. Wenn du zwei Kapaune hast, kannst du einen weiß und einen gelb zubereiten.

Spätestens im frühen 19. Jahrhundert ist das Fleisch aus der Blancmanger verschwunden, die nun im Rahmen einer Reinigung der deutschen Sprache von französischen Begriffen als *Mandelmilch* bezeichnet wird. Die Verwendung von Fleisch in Desserts ist auch im Orient weitgehend verlorengegangen. Eine Ausnahme bildet ein iranisches Gericht, *Khotesht-e Mast*, das jedoch heute nur noch in Isfahan zu bekommen ist. Dabei werden getrockneter Joghurt, Honig, Safran und sehr fein geschnittenes gekochtes und püriertes Fleisch vom Lammnacken kombiniert.

Rosenwasser

Zu den orientalischen Zutaten, die sich im Abendland lange Zeit besonderer Beliebtheit erfreuten, gehörten verschiedene Produkte aus Rosen, allen voran das Rosenwasser, eine Essenz, die aus den duftenden Blütenblättern von Rosen gewonnen wird. Wie im Orient war es auch im christlichen Abendland wegen seines Preises eine Prestigewürze, wurde nur sparsam bei Desserts und hin und wieder bei Fleischgerichten verwendet. Die Rezeptur seiner Herstellung wurde als Geheimnis gehandelt, entsprechend findet man nur versteckte Hinweise in den orientalischen Kochbüchern. Anders verhält es sich in den mittelalterlichen arabischen naturwissenschaftlichen Werken. Autoren wie Ibn Jazla (gestorben 1100) beschrieben die Produktion und die dafür erforderlichen Geräte genau. Auch in europäischen Kochbüchern des Mittelalters und der Renaissance erfährt man wenig über die Produktion von Rosenwasser. Dafür gibt es in dem *Niederdeutschen Kochbuch* aus der Zeit um 1500 ein Rezept mit Rosenblättern.

Mus von weißen oder roten Rosen

Willst du ein Mus von weißen Rosen machen, so pflücke die Blütenblätter ab und tu sie in reines Wasser. Drücke sie aus und hack
sie klein. Nimm die Rosen und Weißbrot und Kräuter und süße
Milch und rühr das zusammen und lass es aufkochen. Schlag Eier
hinein. Rühr das ab. Gib es in eine Schüssel. Streu Pfeffer darauf.
Willst du ein Mus von roten Rosen machen, so nimm die Rosen
und behandele sie wie die anderen. Jedoch tu Wein in einen drei-
beinigen Kochkessel. Da tu die Rosen hinein. Lass sie aufkochen.
Rühr das ab mit Eiern. Mach es rot mit Safran.

Spuren des Orients in der deutschen Küche

In der Folgezeit nimmt die Zahl der Gerichte, in denen die orientalische Herkunft auf Anhieb einleuchtet, mehr und mehr ab. Erst in dem
umfänglichen Kochbuch von Henriette Davidis, dessen erste Auflage
1845 erschien, gibt es wieder Rezepte, die zumindest dem Namen nach
einen orientalischen Bezug haben. Die Zubereitungsarten lassen sich
jedoch nicht direkt auf orientalische Vorbilder zurückführen. Im Ab-
schnitt »Klöße, welche mit Sauce oder Obst gegessen werden« stellt Davidis ein Rezept mit dem Namen Ägyptischer Kloß vor.

Ägyptischer Kloß

300 g Zwiebacksemmeln werden gerieben und in Milch nicht zu stark eingeweicht. Unterdes reibt man 130 g Butter zu Sahne, rührt nach und nach 8 Eier, danach 70 g kleingeschnittene Mandeln, die Schale einer Zitrone und zuletzt geriebenes Brot dazu. Nach einer Viertelstunde wird der Kloß geformt und auf 1/2 kg Zwetschen gelegt, welche schon eine halbe Std. vorab gekocht haben. Man lässt denselben eine Std. in einem offenen Topfe langsam kochen, während man ihn in der Hälfte der Zeit mit dem Schaumlöffel umlegt. Der Kloß wird mit den Zwetschen ringsum angerichtet.

Der Gebrauch von Mandeln, die Zitrone und vielleicht die Verwendung von Zwiebacksemmel anstelle des kleingebröckelten trockenen arabischen Fladenbrots mögen auf einen orientalischen Hintergrund verweisen. Wie das Rezept in die Sammlung von Henriette Davidis geraten ist, lässt sich nicht rekonstruieren. Ein anderes Rezept mit dem blumigen Titel Sultan-Creme wird mit Zitronenschale und Zimt zubereitet.

Von der Gastarbeiter-Küche zu Döner und Falafel

Im 19. und in der ersten Hälfte des 20. Jahrhunderts folgte man in der deutschen Küche der führenden französischen Küche. Bis in die 1950er Jahre waren als Folge von Kriegen und Wirtschaftskrisen weder Zeit noch Gelegenheit, sich intensiv mit den verschiedenen Formen der orientalischen Küchen auseinanderzusetzen. Immerhin kennt Rotraud Degner in der zweiten Hälfte der 1950er Jahre eine Reihe von orientalischen Rezepten wie die Gefüllten Weinblätter. Das Rezept hat aber noch einen erkennbar deutschen Charakter, wenn geraten wird, die gefüllten Weinblätter im Topf mit Salzwasser knapp bedeckt garen zu lassen. Wenige Jahre später schlagen türkische Kochbücher in deutscher Sprache vor, im Topf auf einer Schicht Olivenöl eine Schicht von Weinblättern auszubreiten und auf dieser dann die gefüllten Weinblätter zu platzieren. Zahlreiche Rezepte waren von der Balkanküche inspiriert, die wiederum stark von der türkischen beeinflusst ist.

Der Zuzug von Gastarbeitern aus Ländern wie der Türkei, Marokko oder Tunesien und politisch Verfolgten aus vielen orientalischen Ländern wie Afghanistan, Pakistan und bis nach Zentralasien hat neue Anstöße in die deutsche Küchen-Kultur gebracht. Es werden nun wieder orientalische Gewürze in einem ganzen Spektrum von Rezepten von süß bis salzig empfohlen. Auch die Verwendung von Kräutern nimmt wieder deutlich zu. Die Nachfrage der sogenannten Gastarbeiter nach bestimmten Zutaten führte zu einem entsprechenden Angebot, das sogar von abenteuerlustigen Essern unter den Herkunftsdeutschen gekauft wurde. Diese hatten in Nordafrika, der Türkei und auf dem Balkan seit den 1960er Jahren eine Küche kennengelernt, die sie so ansprechend fanden, dass sie sie selbst ausprobieren wollten. Das Erscheinen von Kochbüchern und die ersten Zeitschriften über kulinarische Themen in deutscher Sprache taten ein Übriges, um das Interesse an der orientalischen Küche zu fördern. Der erste deutsche Fernsehkoch, Clemens Wilmenrod, brachte in seinen Programmen und Büchern immer wieder Rezepte, bei denen die Leser eine orientalische Herkunft vermuteten. Seine Kochbücher der 1950er und 1960er Jahre sind von einer beeindruckenden Authentizität, was Land und Leute angeht, über die er berichtet. Bei den Rezepten gab es aber manche Merkwürdigkeiten: So beschreibt er ein »Arabisches Reiterfleisch« aus dem Libanon mit Gehacktem »Halbundhalb« als Hauptzutat, also mit Schweinefleisch. Seit den 1970er Jahren publizierten Publikumszeitschriften wie die Wochenzeitung »Die Zeit« oder die Illustrierte »Der Stern« regelmäßig kulinarische Spalten, in denen immer wieder orientalisch inspirierte Rezepte abgedruckt wurden.

Eine weit unterschätzte Rolle spielten die Restaurants, die von Arbeitsmigranten vom Balkan und aus dem Orient eröffnet wurden. Die Wirtschaftskrise in Westdeutschland nach dem Ölpreisschock von 1973 stellte viele Arbeitsmigranten vor die Entscheidung, in ihre Heimat mit ungewisser wirtschaftlicher Zukunft zurückzukehren oder sich in Deutschland selbständig zu machen. Es entwickelten sich nun Restaurants, die sich zum Teil um eine durchaus anspruchsvolle Küche bemühten. Sie wurden von orientalischen Köchen geleitet und beschäftigten ein angelerntes Personal, das die Besonderheiten der entsprechenden Rezepturen erst kennenlernen musste. Das betraf vor allem türkische, libanesische, marokkanische, iranische oder afghanische Gaststätten. Indische Speiselokale wiesen häufig darauf hin, dass sie sich auf die Moghul-Küche spezialisierten, oder sie vermerkten auf den Speisekarten, welche Gerichte sie zu dieser Tradition zählten. Daneben verbreiteten sich bald überall Imbiss-Lokale mit einer orientalisch inspirierten Speisekarte. Im Mittelpunkt des Angebots steht heute sozusagen flächendeckend der Döner-Kebap. Das Wort Döner hängt mit dem türkischen Wort *dönmek* (sich drehen) zusammen. Richtiger wäre auch die Schreibweise »Kebab«, da es sich dabei um ein arabisches Wort handelt. Im arabischen Alphabet gibt es den Buchstaben »p« nicht. Nach einigen Berichten soll das Gericht entweder um 1830 im türkischen Kastamonu, im Pontus-Gebirge gelegen, oder um 1860 in Bursa entstanden sein. Auch andere türkische Köche erheben den Anspruch, die Erfinder dieses Fast-Food-Erfolgs zu sein. Manche hielten sogar das Berlin der 1970er Jahre für den Ursprungsort. Die Praxis, Fleisch auf einem Drehspieß zu garen, hatte sich aber viel früher rasch in allen Teilen des Osmanischen Reiches verbreitet. Bis heute wird es dort vor allem im Straßenverkauf angeboten. Ursprünglich handelt es sich um ein Tellergericht, das mit Reis und einem gemischten Salat serviert wird. Nach einem arabischen Kochbuch aus den 1990er Jahren wird der Fleischspieß folgendermaßen hergestellt:

Shāwarmā

2 kg Lamm- oder Kalbfleisch (Entrecôte oder falsches Filet) in runde Stücke von circa 10 cm schneiden. Dann klopfen, wie man ein Schnitzel klopft. Das Fleisch in eine Glasschüssel legen und eine in dünne Scheiben geschnittene Zwiebel hinzufügen, ferner 5 g schwarzen Pfeffer, 30 g weißen Pfeffer, etwas Muskatnuss, ein Lorbeerblatt, einige Thymianblätter, eine halbe Tasse Essig, gehackte Petersilie und gehackte grüne Pfefferminze. 400 g Lammfett in dünne runde Scheiben schneiden, marinieren, aber nicht mit dem Fleisch zusammen. 30 g Salz erst unmittelbar vor dem Kochen (sic) hinzugeben, damit es nicht auf das Fleisch einwirkt und den Saft herauszieht. Das Fleisch 24 Std. lang marinieren. Einen langen Bratspieß nehmen, wie er speziell für Shāwarmā verwendet wird. Nun die Fleischstücke eines auf dem anderen aufspießen. Nach drei oder vier Fleischstücken ein Stück rundes Fett dazwischenstecken, bis das Ganze eine kegelförmige Gestalt angenommen hat. Den Spieß in das entsprechende Gerät stellen, das mit Kohle oder Gas betrieben wird. Der Spieß wird hin und her gedreht. Mit einem langen scharfen Messer feine Stücke abschneiden, wenn das Fleisch gar ist.

Warum das Rezept in gängigen Kochbüchern der regionalen Küchen nicht vorkommt, ist leicht verständlich. Wer mag schon das kostenintensive Grillgerät, das sich nur für den professionellen Einsatz lohnt, für die private Küche anschaffen. Der Erfolg des Döner-Kebap als Fast-Food in Deutschland und inzwischen in ganz Westeuropa und Teilen Osteuropas geht auf eine besondere Form des Servierens zurück. Schon in dem oben zitierten Kochbuch aus dem Libanon wird vorgeschlagen, das Fleisch in ein halbes arabisches Fladenbrot zu geben, bei dem durch das Durchschneiden eine Tasche entsteht. Üblich war es, zu dem Fleisch noch einige Blätter Petersilie oder Pfefferminze hinzuzufügen.

An den Döner-Ständen in deutschen Großstädten wurde das Fleisch von Anfang an genau so serviert. Man fügte aber immer etwas gemischten Salat und eine Sauce dazu. Bei der Sauce können die Kunden zwischen verschiedenen Sorten wählen. Inzwischen hat sich eine regelrechte Döner-Industrie entwickelt. Diese liefert den Imbissbetreibern nicht nur die fertig zubereiteten Döner-Spieße, sondern auch die Grillinstallationen und alles andere, was für einen Imbiss erforderlich ist. Der Jahresumsatz dieser Industrie wird als höher eingeschätzt als jener aller anderen Fast-Food-Anbieter zusammen. Natürlich herrscht ein harter Konkurrenzkampf zwischen den verschiedenen Döner-Imbissen. Um die Preise zu senken, werden im Handel Spieße angeboten, die mit Hühnerfleisch oder mit Gehacktem angereichert werden. Zu dem Publikum der Döner-Läden gehören häufig jüngere Leuten, von denen manche sich vorwiegend vegetarisch ernähren. Auch diesen Kundenkreis wollen die Unternehmer bedienen. Für sie werden einige Löffel von einem Gemüsegericht in die Brottasche gefüllt. Inzwischen gibt es natürlich auch ein veganes Angebot. Sogar süße Döner werden in manchen Döner-Imbissen verkauft. Das Wort Döner hat im Deutschen einen Bedeutungswandel erfahren. Döner ist nicht mehr das Fleisch, das auf einem Drehspieß gegrillt wird, sondern die Brottasche mit ihren unterschiedlichen Füllungen.

Trotz seiner relativ jungen Geschichte in Deutschland wird Döner-Kebap inzwischen als typisch deutsch angesehen. In spanischen Touristenzentren preisen Restaurants »deutsche Küche« an, die neben Eisbein mit Sauerkraut auch Döner-Kebap auf der Speisekarte führen. In der Tat hat sich die in Deutschland übliche Form des Döner-Kebap gegenüber der orientalischen verändert. Da in Deutschland zunächst Lammfleisch und vor allem Lammfett nicht geschätzt wurden, benutzten die Hersteller für die Döner-Spieße teures Kalbfleisch und Huhn. Um den Geschmack deutschen Vorlieben anzupassen, wurde das Fleisch mit Ananas-Saft mariniert. Auf diese Weise erhielt der Döner-Kebap eine gewisse Süße. Dass die Kombination von Fleisch und Früchten in den orientalischen Küchen beliebt ist, wird den deutschen Kunden nicht bewusst sein, den Produzenten möglicherweise auch nicht. Deutsche Touristen in der Türkei, aber auch Touristen aus Deutschland mit türkischer Herkunft waren an diese deutsche Version des Döner-Kebap gewöhnt und vermissten sie bei Aufenthalten in den türkischen Touristenzentren. Daraufhin übernahmen türkische Döner-Kebap-Anbieter die deutsche Würzung, die sich zumindest in den großen türkischen Städten und Schwerpunkten der Tourismusindustrie inzwischen durchgesetzt hat.

Die verstärkte Nachfrage nach vegetarischen Fast-Food-Produkten hat einem anderen nahöstlichen Gericht, das sich zum Mitnehmen und zum raschen Verzehr gut eignet, zum Erfolg verholfen, der Falafel (richtig: *Falāfil*, hängt zusammen mit dem arabischen Wort für Pfeffer). Das Gericht wird in Ägypten *Ta'miyya* genannt. In diesem Fall bezieht sich die Bezeichnung auf das arabische Wort für »Essen, Speise«. *Ta'miyya* bedeutet wörtlich »kleine Mahlzeit«. Ursprünglich ist das Gericht wohl eine Fastenspeise der orientalischen Christen gewesen, in Ägypten also der Kopten. Allerdings gibt es zwei unterschiedliche Formen der Herstellung. In Libanon, Syrien oder Palästina ist die Hauptzutat Kichererbsenmehl, am Nil sind es geschrotete braune Bohnen oder dicke Bohnen. In Deutschland wird vor allem die Kichererbsenvariante angeboten. Der Rezeptvorschlag des libanesischen Starkochs Chef Ramzi ist vielleicht der eleganteste für dieses einfache, aber sehr beliebte Gericht.

Falafel

400 g Kichererbsen und 400 g Puffbohnen abspülen und mindestens über Nacht in kaltem Wasser einweichen. Auf einem Sieb abtropfen lassen und mit 2 fein gehackten Zwiebeln, 3 fein gehackten Knoblauchzehen, 1 El fein gehacktem Chili in der Küchenmaschine oder mit dem Mixstab pürieren. Die Masse mit Salz, 30 g frisch geschnittenem Koriandergrün, Kreuzkümmel, Zimt und Sumachpulver abschmecken. 2 Std. quellen lassen. Danach kleine Bällchen formen, in Sesamsamen wälzen und in heißem Öl goldbraun frittieren. Dazu wird warmes Fladenbrot mit Tomaten, Lauchzwiebeln, Minze und Salatblättern gereicht. Eventuell kann man auch noch eine Sesamsauce (Taratour) zugeben.

Die Zubereitung in den Falafel-Imbissen ist reine Handarbeit. Lediglich durch Falafel-Portionierer wird eine gleichmäßige Größe der einzelnen Falafel-Bällchen sichergestellt. Auch orientalische Hausfrauen nutzen solche Geräte inzwischen. Die Faszination dieses Gerichts liegt wohl in seiner indifferenten Textur. Da hat man einerseits mit einer durch das Frittieren recht kräftigen Kruste zu tun und andererseits mit einer weichen, eher musartigen Konsistenz des Inneren. Diese taktile Struktur entspricht einem orientalischen kulinarischen Ideal, das auch in Deutschland viele Liebhaber findet. Im Gegensatz zum Döner-Kebap hat Falafel seinen orientalischen Charakter aus Sicht der deutschen Konsumenten noch nicht verloren. Auch Falafel wird in einem halbierten arabischen Fladenbrot als *Take-away*-Speise angeboten.

Süßigkeiten

Vor allem orientalische Süßigkeiten waren es, die von jeher das Vergnügen von Essern im Abendland hervorgerufen haben. Die Mehrzahl der Rezepte war jedoch aufgrund ihrer komplizierten Herstellung eher etwas für professionelle Köche und Konditoren. Zudem waren sie lange Zeit mit erheblichen Kosten verbunden. Denn nicht nur Zucker, sondern auch Mandeln, Pistazien und Rosenwasser waren teure Ingredienzien. Im Kochbuch der Philippine Welser, die sich als Ehefrau Erzherzog Ferdinands III. von Habsburg kostspielige Zutaten leisten konnte, findet sich folgendes Rezept.

Mandeltörtchen

Willst du eine Mandeltorte machen, so nimm zuerst auf einen Tisch ein Pfund Mandeln und stoß oder reib sie, und wenn sie ölig werden, so gieß etwas Rosenwasser hinein. Und wenn sie gerieben sind, so tu sie in eine Schüssel und nimm das Weiße von 5 Eiern und Sahne und Rosenwasser und tu das zu den gestoßenen Mandeln, bis die Masse dünn wird, dass sie fließt, aber nicht zu dünn. Und tu alles auf einen Tortenboden und lass es vorsichtig backen in einer Kuchenform. Und wenn die Masse auf dem Boden erstarrt ist, so misch ein Eigelb mit Rosenwasser und bestreich den Kuchen überall (oben und am Rand) und lass ihn zu Ende backen.

Die eigentlichen orientalischen Desserts und Süßigkeiten kamen als Nachzügler jedoch erst mit der Arbeitsmigration nach Deutschland. Die verschiedenen Schnellimbiss-Arten und Brotsorten waren schon längst etabliert, ehe die vielfältigen orientalischen Leckereien in

Spezialgeschäften angeboten wurden. Als Kunden hatten die Unternehmer zunächst die eigenen Landsleute und die nachfolgenden Generationen im Blick. Herkunftsdeutsche standen den Produkten dieser Art eher skeptisch gegenüber. Es herrschte das weit verbreitete Vorurteil, dass die orientalischen Desserts außerordentlich süß und fett seien und einem deutschen Geschmacksempfinden zu viel abverlangten. Orientalische Kochbuchautoren stimmen dem nur eingeschränkt zu. Hauptzutaten der Desserts, zu denen verschiedenste Fruchtzubereitungen gehören, sind vor allem Datteln, getrocknete Feigen, Walnüsse, Pistazien und natürlich Mandeln. Angesichts der erheblichen Fruchtsüße der Datteln und Feigen verlangen nicht alle Rezepte große Zucker- oder Honigmengen. In einem modernen irakischen Dessert wird weder das eine noch das andere verwendet.

Madgūga

Der Name des Rezepts bedeutet eigentlich »im Mörser bearbeitet«. Empfohlen werden Datteln, die getrocknet worden sind. Man kann im Prinzip jede Sorte von Datteln nehmen.

125 g Mehl in einem schweren Topf auf mittlerer Hitze rösten, bis es braun wird und zu duften beginnt. 400 g entsteinte Datteln und 3 El Tahini (Sesampaste) mit dem gerösteten Mehl in einem Mixer oder mit dem Mixstab durcharbeiten, bis man einen Ball daraus formen kann. Falls er zu fest ist, kann man noch mehr Sesampaste zufügen. Nun 1 Tl gemahlenen Kardamom, 1 Tl gemahlenen Zimt, 1 Tl gemahlenen Koriander einarbeiten. Aus der Dattelmischung kleine Kugeln formen und einen gerösteten, möglichst ganzen Walnusskern hineinstopfen. In geröstetem Sesamsamen rollen und servieren.

Die berühmten Baklava-Süßigkeiten werden im Orient von den Konsumenten vornehmlich in Fachgeschäften gekauft. Das ist verständlich, wenn man bedenkt, dass die Herstellung sehr zeitintensiv ist. Ohne die Herstellung des Teigs, der mehrfach kürzer und schließlich eine Nacht lang ruhen muss, rechnet man mit 2 bis 3 Stunden Zeit. Schon die Herstellung des Teigs ist Schwerstarbeit. Er muss immer wieder durchgeknetet werden und sollte schließlich so dünn sein, dass man die Hand dahinter sehen kann. Zutaten sind neben dem Teig, anstelle dessen heute gerne tiefgefrorener Blätterteig verwendet wird, Walnüsse, Pistazien, Zucker, Butter, Muskat, Zimt und eventuell noch Zuckersirup. Der Arbeitsaufwand ist wohl der Grund dafür, warum man in modernen arabischen Kochbüchern keine Rezepte für Baklava findet.

Heute halten sich die Hersteller von Baklava und anderen Süßigkeiten mit der Verwendung von Zucker und Honig noch stärker zurück als in den 1960er Jahren. Sie folgen dabei einer in orientalischen Ländern zu beobachtenden Gesundheitsbewegung, die Zucker als ungesund einschätzt. In westlichen Ländern kommt diese Reduzierung der Süße dem Geschmack entgegen. Die verschiedenen Baklava-Sorten werden inzwischen auch von Deutschen gerne gekauft.

Altes und Neues – Moderne orientalische Küche

Praktische und technische Neuerungen in großen und kleinen Haushalten

Seit der ersten Hälfte des 19. Jahrhunderts wurden orientalische Gesellschaften mit einer europäischen Zivilisation konfrontiert, die ihnen in vielem sehr fremd war. Technische und medizinische Neuerungen, moderne Formen der Literatur oder der Unterhaltung wurden importiert. Doch es dauerte seine Zeit, bis moderne Küchengeräte und Zubereitungsweisen in den Küchen orientalischer Gesellschaften Einzug hielten. Zwar wurden in Europa gebräuchliche Zutaten in den orientalischen Hofküchen der Paläste der regionalen und lokalen Herrscher verarbeitet, wenn es galt, europäische Gäste zu bewirten. Im Übrigen blieb man aber den traditionellen Gerichten und deren Herstellung verbunden. Im Gegensatz zu technischen und medizinischen Errungenschaften war man überzeugt davon, dass die orientalische Küche der westlichen überlegen war. Die Zubereitung der traditionellen orientalischen Gerichte war allerdings sehr zeitintensiv. Solange eine ausreichend große Zahl von Hilfskräften zur Verfügung stand, gab es nur wenig Anlass, sich mit technisch modernen Formen einer europäischen Küchenpraxis auseinanderzusetzen.

Essen bei Tisch

Als Erstes veränderte sich die Art und Weise, wie die Gerichte konsumiert wurden. Über Jahrhunderte hindurch hatte man im Orient Speisen zu sich genommen, die auf einer auf dem Boden ausgebreiteten Decke aus Leder oder Textilien oder auf einer großen Metallplatte platziert wurden, die ebenfalls auf dem Boden lag oder auf niedrigen Metallkonstruktionen stand. Man aß mit der rechten Hand, in der Regel mit dem Daumen, dem Zeige- und dem Mittelfinger. Flüssige Speisen nahm man mit einem Löffel zu sich. Stücke von Fladenbrot konnten als Hilfsmittel verwendet werden, um die Speisen aufzunehmen. Bei Nomaden, aber auch in zahlreichen traditionellen Privathaushalten wie auch in ebensolchen Restaurants konnte man diese Art des Speisens noch weit in das 20. Jahrhundert hinein zwischen Marokko und Pakistan erleben. Veränderungen waren aber schon in der Zeit des osmanischen Sultans Mahmud II. (regierte 1808 – 1839) festzustellen. Er speiste im europäischen Stil an einem Tisch, auf einem Stuhl sitzend. Das Besteck bestand aus Messern, Gabeln und Löffeln und war nach westlicher Mode angeordnet. Mahmud war so fasziniert von der europäischen Lebensweise, dass er sogar einen seiner Köche zur Fortbildung nach Wien entsandte. Dieser Koch mit Namen Hüseyin war von 1837 bis 1839 in der Küche des Wiener Hofes tätig. Wie weit er seine neu erworbenen Kenntnisse in der Palastküche des Topkapı-Seray anwenden konnte, ist nicht bekannt. Entsprechende Kochbücher oder andere Dokumente sind nicht erhalten geblieben. Er hatte auch kaum Zeit und Gelegenheit, dem Sultan seine Erfahrungen praktisch vorzuführen, da dieser im Jahr seiner Rückkehr starb.

Zunächst bevorzugte die osmanische Elite nach dem Tod des modernistischen Sultans weiter die althergebrachten Arten zu essen. Seit den 1850er Jahren begann ein Teil der osmanischen Eliten jedoch an einem Tisch mit Stühlen zu speisen. Die traditionelle Art existierte daneben weiter, wobei der ungarische Reisende Hermann Vámbéry (1832 – 1913) aus der Zeit um 1870 berichtet, dass im Osmanischen Reich die Eliten bei Tisch aßen. Für die beiden unterschiedlichen Arten des Speisens entwickelten sich die aus dem Italienischen stammenden Bezeichnungen *allafranga* und *allaturca*, die dann auch auf die zubereiteten

Speisen übertragen wurden. Man servierte die auf beide Arten zubereiteten Gerichte aber durchaus gleichzeitig.

In den Hofküchen wie in denen der politischen Eliten gab es zahlreiche unterschiedliche Küchengeräte: alle möglichen Formen von
Töpfen, die verschiedensten Pfannen, größere und kleinere Schüsseln
sowie Töpfe bis zu der Größe, dass man in ihnen ein ganzes Lamm
zubereiten konnte. Die traditionellen Töpfe und Pfannen bestanden
aus Kupfer, das immer wieder verzinnt werden musste, um die gesundheitsgefährdenden chemischen Reaktionen von Kupfer zu vermeiden.
Auch in städtischen Haushalten der osmanischen Provinzen waren
Töpfe und Pfannen aus Kupfer in Gebrauch. Je nachdem wie wohlhabend ein Haushalt war, wurden teure oder preiswerte Küchenutensilien benutzt, die sich in der Qualität unterschieden, aber auch darin, ob
sie mit Henkeln und Deckeln versehen waren. Ein weiteres Kriterium
war die Zahl der Töpfe und Pfannen. Andere Küchengeräte wurden
aus Holz hergestellt, darunter verschiedene Tabletts, Schneidebretter,
Löffel, Schöpflöffel und Nudelhölzer. Und es gab Küchenutensilien aus
Ton und Glas, wie Trinkbecher und Krüge oder Tontöpfe, in denen
Speisen wie zum Beispiel Gemüse langsam gekocht werden konnten.
Körbe unterschiedlicher Größe wurden aus Hölzern und Gräsern geformt und geflochten. Es gab spezielle Kochmesser und diverse Utensilien zur Reinigung der Küche wie Besen, Seifenschalen und so weiter.
In großen Küchen bestanden die Kochstellen aus einer Reihe von miteinander verbundenen Lehmöfen oder gemauerten Öfen. Brot, aber
auch manche anderen Gerichte wurden in Backöfen zubereitet. In einigen nahöstlichen Regionen wie dem jemenitischen San'a hatten einige
Familien sogar Backöfen in drei verschiedenen Größen. Der kleinste
wurde vor allem morgens genutzt, damit man für die Zubereitung von
Fladenbroten nicht den großen Backofen anheizen musste. In den Küchen weniger begüterter Familien wurden die vorbereiteten Brote bis
weit in die Mitte des 20. Jahrhunderts zu einem öffentlichen Bäcker
getragen. Damit sie nicht verwechselt werden konnten, wurden sie mit
speziellen Motiv-Stempeln gekennzeichnet. Noch bis in die zweite Hälfte des 20. Jahrhunderts hinein gab es Kohlebecken aus Eisenblech, die

auf vier Füßen standen. Über der in diesen Becken erhitzten Holzkohle wurden Fleischspieße gegrillt oder Auberginen und Paprika, die nach dem Rösten weiterverarbeitet wurden. Solches Zubehör konnte in der Regel auch auf den Märkten in den orientalischen Städten des 19. Jahrhunderts erworben werden. Benötigte eine Familie für ein großes Fest wie eine Beschneidung oder eine Hochzeit größere Gefäße, konnte sie diese auf dem Markt der Schmiede gegen eine geringe Gebühr ausleihen. In den Städten waren seit dem 18. Jahrhundert vermehrt Produkte der europäischen Porzellan- und Glasindustrie in Gebrauch. So lebte in Baghdad seit der ersten Hälfte des 19. Jahrhunderts eine böhmische Familie, die über Generationen den Handel mit entsprechenden Glaswaren kontrollierte. Unter den Eliten des Osmanischen Reiches erfreuten sich seit dem 18. Jahrhundert auch Produkte der Meissener und Dresdener Porzellanmanufaktur großer Beliebtheit.

Lange Zeit stellte in vielen Regionen des Orients die Versorgung mit Brennmaterial ein Problem dar. Die Preise schwankten regional sehr stark. Während der Mamlukenherrschaft zwischen dem 13. und 16. Jahrhundert war Holz in Damaskus sehr teuer, in Beirut dagegen erstaunlich preiswert. Kohle ließ sich nur im zentralasiatischen Ferghana-Tal fördern und war in anderen Regionen kaum bekannt. Holz und Holzkohle waren daher die üblichen Materialien. Man legte Wert darauf, dass beim Verbrennen des Materials nur wenig Rauch entstand. Die mittelalterlichen arabischen Kochbücher empfehlen Holz von Palmen, Ilex und Olivenbäumen, während von dem Holz von Feigenbäumen wegen seiner starken Rauchentwicklung abgeraten wurde. Von dem häufig in europäischen Reiseberichten angesprochenen getrockneten Kameldung als Feuermaterial wurde in den Kochbüchern ebenfalls dringend abgeraten. Angefeuert wurde mit Reisig, Hanfstengeln und kleingehacktem Holz. Um Brennmaterial sparsam zu verwenden, vermied man lodernde Feuer und kochte möglichst langsam.

Leider fehlen Untersuchungen über die Gebrauchsgegenstände in orientalischen Küchen zwischen der Mitte des 18. und den fünfziger Jahren des 20. Jahrhunderts wie auch zur Versorgung mit Energie und Wasser. Immerhin ist bekannt: Wasser wurde lange Zeit aus öffentlichen Brunnen beschafft. Hausbewohner, auf deren Grundstücke sich Brunnen und damit verbundene Pumpen befanden, konnten sich glücklich schätzen. Eine allgemeine zentrale Wasserversorgung gab es in Istanbul erst seit dem Beginn der 1940er Jahre. In Damaskus und Baghdad war es nicht anders. Man kann jedoch annehmen, dass schon seit dem Beginn des europäischen Kolonialismus neue Küchengeräte in den Orient gelangt waren. Dabei ging es vor allem um Töpfe aus Gusseisen oder geschmiedetem Eisen, die den Vorteil hatten, nicht immer wieder behandelt werden zu müssen wie die Kupfertöpfe. Ob die großen Herde oder Kochmaschinen, die seit den 1850er Jahren in den europäischen Küchen zu finden sind, auch in orientalische Länder importiert wurden, lässt sich vorerst nicht belegen.

Eine grundlegende technische Veränderung ergab sich erst, als es seit der Zeit nach dem Zweiten Weltkrieg möglich wurde, Metallbehälter mit Propangas zu füllen. Die damit betriebenen Gasherde konnten schnell hohe Temperaturen erreichen. Zugleich ließen sich die Temperaturen leicht regulieren. Zudem konnte dieses Gas in Flaschen von verschiedenen Größen transportiert werden. Besonders weit verbreitet sind bis heute die kleinen Gaskocher, auf denen ein Topf Platz hat. Im Grunde handelt es sich hier um eine Fortentwicklung der Situation, mit der sich Hausfrauen in zahlreichen Volksvierteln orientalischer Städte seit jeher konfrontiert sahen. Sie verfügten nur über eine einzige Feuerquelle, auf der sie vornehmlich Eintopfgerichte zubereiteten. Größere Gasflaschen konnten dagegen zur Energieversorgung mehrflammiger Gasherde verwendet werden, wie man sie noch immer in den Küchen der Mittelklasse orientalischer Gesellschaften antrifft. Diese Herde haben wie die entsprechenden europäischen Gasherde drei bis vier Flammen und einen Backofen. Die leeren Gasflaschen müssen regelmäßig ausgetauscht werden. Häufig werden diese schweren Flaschen auf niedrigen, mit kleinen Rädern versehenen Bretterwägelchen transportiert, die sich in den Augen der Kinder des Viertels auch als Spielgerät eignen. Lastkraftwagen, die voll mit Gasflaschen, in hohem Tempo und mit viel Lärm unterwegs sind, gehören zum Bild der orientalischen Großstädte. In anspruchsvolleren Küchen sind diese Gasherde in traditionell gemauerte und verputzte

Unterschrankkonstruktionen eingebaut, die zugleich auch Möglichkeiten für die Ablage von Schüsseln, Tellern und anderem Küchengerät bieten. In sparsameren Haushalten stehen auf diesen gemauerten Anrichten einzelne Gaskocher oder zwei- bis dreiflammige Gaskochplatten, die durch Schläuche mit den Gasflaschen verbunden werden.

Mit Elektrizität betriebene Herde sind dagegen immer noch die Ausnahme, was wohl mit den üblichen Spannungsschwankungen in vielen orientalischen Regionen zu tun hat. Vor allem die Einrichtung der Elektrizität ließ lange Zeit auf sich warten. In Istanbul wurde sie in manchen Stadtteilen erst in den 1930er Jahren eingeführt. So erklärt es sich, dass in der Zeit vor dem Zweiten Weltkrieg die Kühlschränke vor allem mit Gas betrieben wurden. Seit den 1950er Jahren traten die elektrischen Kühlschränke in den Haushalten, Lebensmittelgeschäften und Restaurants ihren Siegeszug an. Diesen folgten wenig später Tiefkühlgeräte, die zunächst in großen Lebensmittelgeschäften aufgestellt wurden. Nach und nach wurden aber auch kleinere Geräte für private Haushalte angeboten und rasch angenommen. Inzwischen finden Kühl- und Tiefkühlgeräte sogar eine große Nachfrage in Pkws, vor allem in jenen Regionen der arabischen Halbinsel, in denen die Tradition von Picknicks weit verbreitet ist.

Moderne Konservierungstechniken

Die Technik der Fertigung von Konservendosen war in Frankreich und England zu Beginn des 19. Jahrhunderts entwickelt worden, und solche Dosen hatten sich rasch auch in orientalischen Haushalten verbreitet. Die erfolgreichste europäische Konserve, der Fleischextrakt, fand unter Muslimen jedoch kein Interesse. Die Frommen blieben bei der Frage, ob das Produkt den Vorstellungen der rituellen Reinheit entspricht, außerordentlich skeptisch. Gleiches galt für *Corned Beef*. Anders bewertete man Tomatenmark und Tomatenpüree. Vor allem aber schätzten die Verbraucher Konservenmilch, die man bis in die 1980er Jahre selbst in den kleinsten Geschäften orientalischer Städte finden konnte. Für viele Konsumenten waren diese Konserven aber sehr teuer. Daher erhielten sie wohl den Rang eines Prestigeprodukts.

Die seit den 1980er Jahren verstärkte Produktion von Tiefkühlgeräten führte zu einer Reihe von grundlegenden Veränderungen des internationalen Lebensmittelmarktes, der seine Tiefkühlangebote auch auf die orientalischen Regionen ausweiten konnte. Es dauerte aber einige Zeit, bis die Produzenten die kulturellen Besonderheiten orientalischer Gesellschaften zur Kenntnis genommen hatten. Im Zentrum stand zunächst die Frage nach der rituellen Reinheit der angebotenen Lebensmittel. Bei den pflanzlichen Produkten gab es grundsätzlich kein Problem, ebenso wenig wie für Fisch und Fischprodukte, solange sichergestellt war, dass im Produktionsprozess kein Alkohol in irgendeiner Form verwendet wurde. Problematisch für Muslime ist Gelatine. Sie wird gemieden, weil zu ihrer Herstellung Teile des Schweins verwendet werden können. Und es muss gesichert sein, dass es sich beim Fleisch um rituell reine Produkte handelt. Die Lupen, die man neben einigen Lebensmitteln in manchen Geschäften vorfinden kann, werden von muslimischen Käufern vor allem dazu benutzt, die Zutaten und die Herstellungsarten zu studieren.

Wie überall bedeutet die Verwendung von Tiefkühlprodukten eine Zeitersparnis, die auch in orientalischen Familien nötig geworden war, in denen die Zahl der Hilfskräfte in den Haushalten reduziert wurde. Dieser Zeitgewinn hatte jedoch eine unerwartete Folge. In einer familiensoziologischen Untersuchung über das Libyen der 1980er Jahre wird berichtet, dass Frauen aus traditionellen Haushalten vor allem über Langeweile klagten, weil sie infolge der neuen technischen Hilfsmittel und der Halbfertig- und Fertigprodukte kaum noch etwas im Haus zu tun hätten. Sie konnten das Haus aber nicht ohne ihre Männer verlassen, die häufig an externen Arbeitsplätzen tätig waren. Eine der wenigen Möglichkeiten der Abwechslung boten die neu entstandenen Video-Filme, die ausgeliehen werden konnten. Frauen in modernen Familien hatten wiederum die Möglichkeit, eine Berufstätigkeit aufzunehmen, ohne ihren Haushalt zu vernachlässigen.

Willkommene technische Neuerungen waren Dampfdrucktöpfe, die die Zubereitung von Gerichten mit getrockneten Kichererbsen oder getrockneten Bohnen beschleunigen. So ist das aufwendige Einweichen und Kochen von Hülsenfrüchten nicht mehr erforderlich; denn orientalische Hausfrauen sind der Überzeugung, dass Konserven weniger gut schmecken, und ziehen daher die getrockneten Produkte vor. Ein japanisches Unternehmen hat in den 1980er Jahren einen speziellen Topf entwickelt, der die Zubereitung von Reis erleichtert. Die traditionelle Form der iranischen Reiszubereitung kann 90 bis 150 Minuten in Anspruch nehmen. Im japanischen Schnellkochtopf kann sogar die feste Reiskruste am Boden (*Tahdiq*) entstehen, die von den Iranern besonders geschätzt wird.

Wandel in der Gastronomie

Professionelle Gastlichkeit war im Orient wie in Europa bis in das 19. Jahrhundert hinein nicht besonders weit entwickelt. Anspruchsvollere Restaurants entstanden in Frankreich erst nach der Französischen Revolution und verbreiteten sich von dort nach und nach im übrigen Europa. Zwar gab es zuvor Wirtshäuser, in denen man übernachten konnte und einfache Speisen erhielt. Diese Schenken hatten aber oft einen schlechten Ruf und wurden mit Prostitution und Homosexualität in Verbindung gebracht. Speisegaststätten, die man wegen eines guten oder besonderen Essens besuchte, sind ein neueres Phänomen. Auch im Orient hatte es besondere Orte gegeben, in denen Reisende sich aufhalten konnten. Im Karawanserail konnten die Gäste auch ihre Lasttiere und Waren sicher unterbringen und mit Wasser und Nahrung versorgen. Für sich selbst mussten die Reisenden auf den Basaren fertige Speisen, Trinkwasser und Säfte kaufen. Wer sich an unerlaubten Getränken gütlich tun wollte, konnte in Tavernen am Rand der Stadt einkehren. Dort gab es nicht nur Wein oder Bier, sondern auch Prostituierte, die ihre Dienste anboten.

Erste Restaurants

Restaurants in einem europäischen Sinn sind im Orient eine Erscheinung der späten 1870er Jahre. Sie entstanden zunächst in Regionen, die von Touristen auf der *grand tour* besucht wurden. Sie befriedigten in den großen Städten Ägyptens, Syriens und Palästinas und in Istanbul die Nachfrage der europäischen Reisenden. Häufig wurden diese Lokale von »Levantinern« betrieben. Dabei handelte es sich um Personen christlichen Glaubens, die schon seit Generationen an diesen Orten lebten, aber ursprünglich zum Beispiel aus Griechenland oder Armenien stammten. Außerdem gehörten zu den Gastwirten Personen, die erst kürzlich aus Europa eingewandert und eher zufällig zu diesem Gewerbe gekommen waren. In den französischen Kolonien und Einflusssphären in Nordafrika und der Levante waren es Franzosen, die oft über eine professionelle Ausbildung verfügten. Ansonsten übten häufig Italiener, Österreicher, vereinzelt auch Deutsche diesen Beruf aus.

Die von den Levantinern angebotenen Speisen entsprachen weitgehend orientalischen Vorbildern. Im Winter war auch Schweinefleisch zu bekommen. Die aus Europa stammenden Unternehmer boten zusätzlich Gerichte aus der Speisekarte ihrer Herkunftsländer an. Besonders die italienische Küche mit ihren Pasta-Gerichten fand bei der einheimischen Mittelklasse lebhaften Anklang und wurde zum Beispiel in den Küchenkanon ägyptischer Familien aufgenommen, häufig in Kombination mit einer Holländischen Sauce. Diese europäischen Gerichte galten bis in die 1980er Jahre als chic, auch wenn sie in der Qualität mit der einheimischen Küche nicht mithalten konnten. Die Kochbuchautorin und Historikerin orientalischer Küchen Claudia Roden berichtet in einem ihrer Bücher aus den 1960er Jahren, dass die wohlhabenden Familien ihren Dienern eine kleine Summe Bargeld gaben, damit sie sich davon selbst Lebensmittel kauften. Die Diener kochten dann auf den Dächern der Häuser, wo sie ihre Zimmer hatten, ihre eigenen Gerichte. »Manchmal legten die Bediensteten eines ganzen Blocks ihr Geld zusammen, um ein einziges großes Gericht zu machen. Die kräftigen Aromata hüllten die darunterliegenden Straßen ein und übertönten das delikate Parfüm des verfeinerten Essens der Herrschaft. Die Reichen verteidigten sich gegen den Vorwurf, sie würden gut speisen, während ihre Diener nur billiges Essen bekämen, mit dem Hinweis, Letztere würden ihre eigenen Gerichte bevorzugen. Darin lag allerdings sehr viel Wahrheit, und ich kenne viele Kinder reicher Familien, die auf die Dächer schlichen, um etwas von den Suppen und Stewes ihrer Bediensteten zu bekommen.« In diesem Zusammenhang berichtet Claudia Roden von einer besonderen Linsensuppe.

Linsensuppe mit Spinat

250 g braune Linsen in einem großen Topf in 2 l Wasser 30 bis 40 Min. kochen, bis sie gar sind. Währenddessen 250 g Tiefkühlspinat auftauen und eventuell in kleine Streifen oder Stücke schneiden. Eine große, fein gehackte Zwiebel in Öl dunkelbraun braten. Den Spinat hinzufügen und auf kleiner Flamme garen. Dann in den Topf mit den gekochten Linsen gießen. Mit Tomatenmark, Salz und Cayenne-Pfeffer abschmecken und köcheln lassen, bis alles sich gut vermengt hat. Eventuell noch etwas heißes Wasser zugießen.

Moderne Restaurants

An den Schwerpunkten des internationalen Tourismus wie Istanbul, Kairo, Assuan, Jerusalem und einigen Orten in Nordafrika wie Marrakesch entstanden Luxushotels von hoher Qualität, in denen vor allem eine französisch inspirierte Küche angeboten wurde, wie sie in allen Hotels der Welt zu finden war. Als Beispiel sei das Mena House in der Nähe der Pyramiden von Gizeh genannt, das ab 1885 zunächst saisonal geöffnet war und seit 1890 das ganze Jahr über Gäste empfing. Die Besucher gehörten vor allem den wirtschaftlichen und politischen Eliten des Orients und einer internationalen High Society an. Angehörige der ägyptischen oder osmanischen Eliten waren durchaus anspruchsvolle Gäste, die es sich auch leisten konnten, den heißen Sommer an den angesagten Tourismusorten in Frankreich oder der Schweiz zu verbringen. Nach dem Zweiten Weltkrieg war es unter wohlhabenden Nordafrikanern, Ägyptern oder Libanesen chic, im Flugzeug zu einem Diner nach Paris oder Rom zu reisen und anschließend nach Hause zurückzukehren. Dieselben Leute schätzten bei anderer Gelegenheit wiederum die verschiedenen Gerichte ihrer eigenen traditionellen Küchen.

Mit der Veränderung der Arbeitstätigkeiten und -zeiten seit den 1950er Jahren und der zunehmenden beruflichen Aushäusigkeit entstanden in den Zentren der großen orientalischen Städte kleinere schlichte Restaurants mit einem begrenzten Angebot allgemein bekannter traditioneller Speisen. Die Einrichtung besteht bis heute aus einfachen Tischen und Stühlen. Geschirr und Besteck sind ebenfalls von minderer Qualität. Man erhält kostenlos Wasser in Glaskannen. Alkoholische Getränke werden nicht ausgeschenkt, Softdrinks dagegen schon. Es gibt keine Speisekarte. Der Kellner trägt mündlich vor, was angeboten wird. Der Gast muss dann sofort entscheiden, die vorbereiteten und warmgehaltenen Gerichte werden rasch serviert. Ein typisches Gericht in diesen Lokalen ist die *Musaqqaʿa*.

Musaqqaʿa

2 mittlere Zwiebeln und 2 Knoblauchzehen kleinschneiden; in Olivenöl garen, bis sie weich sind. 500 g in Scheiben geschnittene Auberginen zugeben und garen, bis sie fast zerfallen. Eine Dose passierte Tomaten zugeben und kurz aufkochen. Salzen, eventuell gekochte Kichererbsen zugeben. Dazu wird Reis oder Fladenbrot gereicht.

Das Rezept gibt es in zahlreichen Varianten. Grundzutat sind aber immer Auberginen. Das Gericht kann als Beilage zu gebratenem Fleisch dienen, wird aber häufig als vegetarisches Gericht zubereitet.

Die Preise entsprechen den gebotenen Leistungen. Zum Abschluss des Essens wird ein Glas Tee mit Zucker serviert. Der *schaitschi* (Teeverkäufer) arbeitet zwar in dem Restaurant, tut dies aber auf eigene Rechnung. Er zahlt dem Besitzer des Restaurants für seine Duldung eine kleine Summe. Diese Art von Restaurants erhebt keinen Anspruch auf hohe kulinarische Qualität, die von den männlichen Gästen auch nicht erwartet wird. Frauen findet man unter den Gästen nicht. Einige traditionelle Restaurants weisen ein etwas anspruchsvolleres Interieur auf, bieten im Grunde aber dieselben Speisen an. Sie verfügen teilweise über eine abgetrennte Abteilung, die als »Familienbereich« bezeichnet wird; in einigen Ländern befindet sie sich im ersten Stock des Lokals. Hier können auch Frauen in Begleitung männlicher Verwandter Platz nehmen. Bei diesen Besuchern handelt es sich meist um Angehörige traditioneller Familien, die in geschäftlichen oder administrativen Angelegenheiten unterwegs sind und keine Verwandten in der Nähe haben, bei denen sie beköstigt werden können. Insgesamt werden diese Lokale von den Gästen als Notbehelf aufgefasst. Männer können angesichts weiter Entfernungen zwischen Wohnung und Arbeitsplatz und den notorisch verstopften Straßen großer orientalischer Städte nicht zur Mittagspause nach Hause kommen. Frauen sind der Meinung, dass sie ohnehin in der Lage sind, besser und vor allem preiswerter zu kochen. In einem solchen Restaurant zu essen, halten sie daher für töricht und verschwenderisch.

Seit den 1990er Jahren haben sich in den sogenannten Shopping Malls Alternativen zu diesen einfachen Restaurants entwickelt. In den mehrstöckigen Gebäuden bieten zahlreiche Geschäfte ihre Waren an. Man kann diese Einrichtungen als moderne Formen des Basars beschreiben. Es gibt in den Malls verschiedene Fast-Food-Restaurants, die zu internationalen Ketten wie McDonald's oder Kentucky Fried Chicken gehören. Bis zu einem gewissen Grad haben sich diese inzwischen dem lokalen Geschmack angeglichen und haben neben dem üblichen Programm auch orientalische Vorspeisen und klassische kleine Gerichte auf der Karte. Als Alternativen haben sich lokale oder regionale Ketten entwickelt, mit einer Palette von orientalischen, schnell zu konsumierenden Gerichten. Während des Ramadans bieten diese Lokale Sondermenüs an. Durch entsprechende Hinweise machen sie auf ihren islamischen Charakter aufmerksam. Meist verfügen diese Lokale über eine Abteilung, in der man an Tischen und Bänken sitzen kann. Eine Klimaanlage sorgt für eine angenehme Temperatur. So kommt es, dass sie während des Fastenmonats und am Donnerstag vor dem muslimischen Freitag von vielen Menschen aufgesucht werden, die häufig aus den ärmeren Stadtvierteln kommen und die angenehme Temperatur als Luxus genießen. Sie bummeln an den Schaufenstern entlang und wundern sich über die Angebote und deren Preise. Für junge Leute sind diese Malls eine Kontaktbörse. Der Besuch eines der Fast-Food-Restaurants gehört jeweils zu den Höhepunkten solcher Mall-Aufenthalte.

Seit den 1960er Jahren gibt es in orientalischen Großstädten auch gehobene Cafés und Restaurants, die keine speziellen, regional begrenzten Angebote präsentieren. In ihnen erhält man gegrilltes Fleisch mit einer Beilage und einem Salat. Zum Abschluss kann man zwischen Obst oder einer Crème brûlée wählen. Diese Restaurants werden gerne von Geschäftsleuten, Politikern und Offizieren besucht, um dort vertrauliche Gespräche führen zu können. Daneben entstanden sehr anspruchsvolle Restaurants, die eine gehobene orientalische Küche in aufwendiger orientalisierender Innenausstattung bieten, die aus Wandpaneelen mit traditionellen Intarsienarbeiten, Wasserspielen und Mobiliar aus niedrigen gepolsterten Sesseln und Tischen besteht. Die Kellner tragen eine entsprechende Kleidung mit bestickten Hemden, ärmellosen Jacken und Pluderhosen. Eventuell gibt es orientalische Live-Musik. Eines der Rezepte, das man in derartigen Restaurants in Beirut erhalten kann, ist »Huhn mit Joghurt« oder »Assyrisches Huhn«.

Dajaj suryānī

Ein Huhn (circa 1 kg) teilen. Die Teile mit zwei kleingeschnittenen Zwiebeln und 2 zerquetschten Knoblauchzehen in einem Topf mit Wasser bedeckt 20 Min. kochen lassen. Die Hühnerteile heraus-nehmen, die Brühe aufbewahren. Die Hühnerteile mit 2 El Mandel-splittern und 125 ml Hühnerbrühe, Salz und Pfeffer vermischen. Im Backofen 2 Fladenbrote knusprig backen. Die Hühner-Mandel-Mi-schung 20 Min. bei 150° im Backofen bräunen. Das Fladenbrot in kleine Stücke brechen und auf die Teller verteilen, die Hühnerteile darauf geben. Darauf je 2 El Joghurt verteilen und mit etwas Su-mach bestreuen.

Das Rezept ist die Rekonstruktion eines Gerichts aus dem Restaurant al-Wazir in Beirut Anfang der 1970er Jahre. Der Name bezieht sich auf die Assyrer, die Angehörigen verschiedener christlicher orientalischer Konfessionen.

Seit den 1970er Jahren verfügen die großen Hotels im Orient, egal ob sie internationalen Ketten angehören oder im Besitz lokaler Un-ternehmer sind, in der Regel über mindestens ein Restaurant, in dem orientalische Gerichte angeboten werden. Weil Rücksicht auf die Ge-schmacksvorlieben ihrer europäischen und amerikanischen Gäste genommen wird, entsprechen die Gerichte nicht Geschmacksvorstel-lungen orientalischer Gäste. Wenn diese nicht nach traditioneller Art essen wollen, wählen sie gezielt die Hotelrestaurants aus, die ein fran-zösisches oder italienisches Angebot auf der Speisekarte haben. Auch in den internationalen Hotels müssen die Köche heute auf die muslimi-schen Speisegesetze achten. Das gilt vor allem für das Alkoholverbot. Schweinefleisch erscheint nicht auf der Speisekarte.

Im vergangenen Jahrzehnt hat sich zwischen Marokko und der arabischen Halbinsel eine Form von Fusions-Küche entwickelt. Ideen und Techniken aus den unterschiedlichsten Traditionen werden aufgenommen und weiterentwickelt. Ein wichtiges Vermittlungsmedium ist dabei das Internet.

Angesichts der vielfältigen Möglichkeiten einer Fusions-Küche stellen sich manche orientalischen Gesprächspartner die Frage, wo denn die eigenen kulinarischen Traditionen bleiben. Sie argumentieren mit Hinweisen auf die Bekömmlichkeit ihrer Küche und auf deren preiswerte Zutaten. Häufig orientieren sie sich an den Erfahrungen in den europäischen Küchen angesichts der zahlreichen Einflüsse fremder kulinarischer Traditionen. Auf gegenwärtige Tendenzen einer Rückkehr zu lokalen und regionalen Zubereitungsarten in den europäischen Küchen reagieren sie durchaus erfreut und hoffen auf entsprechende Entwicklungen auch in ihren Küchen.

Unsre Speisen – eure Speisen: Was haben Politik und Wirtschaft damit zu tun?

Politik und Wirtschaft

Briten nennen Deutsche »Krauts« und Franzosen »Frogs«, um deren Vorliebe für Sauerkraut beziehungsweise Froschschenkel zu unterstreichen. Während des Zweiten Weltkriegs änderten die USA *Sauerkraut* in *Liberty Kraut* und während des Irakkriegs von 2003 *French Fries* in *Liberty Fries*. Deutsche beschimpfen italienische Miteuropäer als »Spaghettis« und eine deutsche Bundesfamilienministerin erregte sich 2010 öffentlich darüber, dass Kinder »mit Migrationshintergrund« ihre »herkunftsdeutschen« Spielkameraden als »Kartoffel« bezeichneten. Das sind nur wenige Beispiele dafür, dass gerne oder häufig gegessene Speisen verwendet werden, um Fremden eine Identität zuzuschreiben. Umgekehrt tragen Essensgewohnheiten und -traditionen zur Bildung einer eigenen Identität bei. Noch heute gilt in manchen Familien im Norden und Westen Deutschlands eine Mahlzeit ohne Kartoffeln als unvollständig. So wird ein häufig zubereitetes Gericht zu einem Teil des Selbstverständnisses von Holsteinern, Oldenburgern, Westfalen oder Rheinländern. Für sie sind Spätzle oder Maultaschen etwas so Exotisches wie ein *Risotto alla Milanese*.

Kulinarische Identitäten

Auch im Orient wird nationale Identität durch die Traditionen des Essens mitbestimmt. Die Islamwissenschaftlerin Anke Bentzin beschreibt dies in einem Bericht über ihre Feldforschung unter usbekischen Einwanderern in Istanbul und zitiert eine Informantin: »Ich gebe ein Beispiel von meiner Schwiegermutter. Ich habe eine türkische

Schwägerin. Sie lud zum Essen ein. Wir gingen hin, und meine talentierte Schwägerin hatte acht verschiedene Gerichte zubereitet. Sie hatte sich Mühe gegeben, hatte sehr aufwendige türkische Gerichte und auch einige von unseren usbekischen gekocht. Aber Pilav (usbekisches Reisgericht, P. H.) gab es nicht. Meine Schwiegermutter sagte: ›Nein, es gibt hier ja gar kein Essen! Es wurde kein Essen zubereitet!‹« Aus der Sicht der usbekischen alten Dame gehört Pilav zu einem usbekischen Essen, unabhängig davon, was sonst noch aufgetischt wird. Kulturelle und politische Identitäten entwickeln sich also auch über kulinarische Gepflogenheiten.

Dolma im Irak

Mitte der 1960er Jahre veranstaltete die englischsprachige Tageszeitung »Baghdad News« eine Umfrage unter den Gattinnen der im Irak akkreditierten ausländischen Botschafter über deren Eindrücke von ihrem Gastland. Den diplomatischen Gepflogenheiten entsprechend äußerten sich die Damen bei allen Fragen ebenso freundlich wie positiv über den Irak und seine Bewohner. Auf die Frage, was denn das ihnen angenehmste Gericht der irakischen Küche sei, antworteten sie alle und unabhängig von ihrer nationalen Herkunft: *Dolma*. Sie gaben damit eine seinerzeit und auch heute häufig von Irakerinnen geäußerte Feststellung wieder, dass »gefüllte Weinblätter« eine besonders feine und daher gerne für Gäste zubereitete irakische Nationalspeise seien. Nun ist aber der Name *Dolma* türkischen Ursprungs und das Gericht weit über den Irak hinaus verbreitet. *Dolma* stammt vom türkischen *dolmak* und bedeutet »füllen«. Das Wort ist nicht nur ins irakische Arabisch, sondern auch ins Albanische, Armenische, Azeri (die Sprache Aserbaidschans), Griechische und Persische übernommen worden. *Dolma* bezeichnet in der Regel mit unterschiedlichen Fleisch- oder Reismischungen gefüllte Weinblätter. Das Rezept findet sich unter dem Namen *Waraq ʿinab* (Weinblätter) auch in Syrien, Libanon, Palästina und Ägypten. Bei den

Nationen des Kaukasus benutzte man wiederum den Begriff in der Abwandlung *Dolmeh*.

Dolma

100 g Reis wie üblich kochen. 2 fein gehackte Zwiebeln und 2 zerquetschte Knoblauchzehen in Olivenöl garen und 250 g Rinder- oder Lammgehacktes zugeben und unter ständigem Rühren garen, bis alles braun ist. Den Reis, glattblättrige Petersilie, Dill oder Minze, 3 El Zitronensaft, Kurkuma, Oregano, Salz, Pfeffer zugeben und 5 Min. unter ständigem Rühren garen. Beiseitestellen. 50 g Pinienkerne in einer trockenen Pfanne kurz rösten. Sie dürfen nicht schwarz werden. Zur Hackfleisch-Reis-Mischung geben. 40 eingelegte Weinblätter in Wasser blanchieren. Dann die Weinblätter in kaltes Wasser umschütten, voneinander lösen und auf Küchenkrepp abtrocknen lassen. Den Boden eines schweren Topfes mit Weinblättern auslegen. Die übrigen circa 30 Weinblätter mit der Reis-Hackfleisch-Mischung füllen und kleine Pakete daraus formen. Die gefüllten Weinblätter fest nebeneinander auf den Weinblättern im Topf platzieren, mit 2 El Öl und etwas Wasser besprengen. Unter starker Hitze aufkochen lassen, dann zurückschalten und 50 Min. fest zugedeckt dünsten. Schließlich abdecken, auf Zimmertemperatur abkühlen lassen und servieren.

Die Füllung kann aus Hackfleisch mit Reis und Pinien bestehen, aber auch vegetarisch sein. Wie bei vielen traditionellen Gerichten gibt es zahlreiche Varianten.

Dass *Dolma* als irakisches Nationalgericht gesehen wird, zeigt, wie kompliziert kulinarische Zuordnungen auch unter politischen Gesichtspunkten sein können. Trotz des türkischen Namens und obwohl das Rezept weit über die Küchen anderer Regionen des Nahen Ostens hinaus heimisch ist, reklamieren weder Türken noch Libanesen, Syrer oder Palästinenser es für sich als Nationalgericht. Die irakische Kochbuchautorin und Historikerin Nawal Nasrallah weist darauf hin, dass die Praxis, Gemüse zu füllen, schon zur Zeit der Abbasiden in Mesopotamien gebräuchlich war. Warum aber ausgerechnet *Dolma* unter den zahlreichen mittelalterlichen Rezepten den Status eines irakischen Nationalgerichts erlangen konnten, kann auch sie nicht beantworten.

Der Streit um Hummus und Falafel

Der seit fast hundert Jahren andauernde Nahostkonflikt um das Heilige Land hat auch vor der Küche nicht haltgemacht. Ideologen und Praktiker des Zionismus, die die Gründung eines Nationalstaats zum Ziel hatten, waren überzeugt, dass eine Nation auch eine nationale Küche oder zumindest das eine oder andere Nationalgericht brauchte. Die aus verschiedenen Staaten und unterschiedlichen kulinarischen Traditionen kommenden Einwanderer sollten durch solche Gerichte daran erinnert werden, dass sie einer gemeinsamen Nation angehörten. Der Zionismus, der zumindest in der Phase der israelischen Staatsgründung sozialistisch angehaucht war, erkor mit Hummus und Falafel zwei für alle Einwohner zu finanzierende einfache nahöstliche Gerichte zu israelischen Nationalgerichten. Schon 1940, also vor der Staatsgründung, erklärte die hebräische Tageszeitung »Haaretz«, wie Falafel zubereitet werden kann. Dass die beiden Gerichte aus der arabischen Umgebung stammten, wurde ignoriert, wie man auch den Anbau von Orangen als eine genuin israelische Leistung darstellte. Natürlich musste eine gewisse historische Tiefe für die beiden Gerichte hergestellt werden. Im Sinn einer *invented tradition* fand man in der Thora Hinweise auf Kichererbsengerichte, die man als Begründung für die jüdische Tradition dieser Speisen verwenden konnte.

Die Beliebtheit von Hummus und Falafel bei muslimischen und christlichen Arabern einerseits und Juden andererseits hängt gewiss damit zusammen, dass es sich um rein vegetarische Gerichte handelt und damit keine religionsbedingten Probleme zu befürchten sind. Schon in den 1960er Jahren hatten arabische Beobachter wie der syrische Soziologe und Kenner der arabischen Küche Sādiq al-Azm (geboren 1934) beklagt, dass die Übernahme von Hummus und Falafel in den nationalen israelischen Speisekanon eine Art von kultureller Eroberung sei. »Sie haben uns nicht allein unser Land genommen. Nun nehmen sie auch noch unsere Küche.« In der Tat verteilte die israelische Botschaft in Washington in den 1960er Jahren ein Kochbuch mit dem Titel *Beyond Milk and Honey*, in dem zum Beispiel Falafel als israelisches Gericht bezeichnet wurde. Und schon in den 1950er Jahren verbreitete sich in Israel ein Falafel-Lied, in dem es hieß: »Wenn einst ein Jude nach Israel kam,/küsste er den Boden und pries den Schöpfer./Heute verlässt er kaum das Flugzeug/und kauft bereits Falafel.«

Zu einer heftigen Auseinandersetzung wurde die Meinungsverschiedenheit über die nationale Zugehörigkeit von Hummus ab 2006. Als Gag zur Steigerung des Umsatzes hatte der israelische Nahrungsmittelproduzent Sabra Food im März 2006 einen Rekord für das Guinness-Buch der Rekorde aufgestellt, indem er eine Hummus-Portion von 3,5 Metern Umfang produzieren ließ. Der propagandistische Erfolg führte dazu, dass man im Libanon 2009 ebenfalls einen Rekordversuch startete, bei dem 1350 kg Hummus zubereitet wurden. Das Ganze lief unter dem Slogan »Hummus ist Libanese.« Schließlich bereiteten im Januar 2010 Hunderte von Köchen in dem 10 km westlich von Jerusalem an der Nationalstraße 1 gelegenen arabischen Dorf Abu Gosh einen 4000 kg schweren Hummus-Brei zu, der mangels anderer Gefäße in einer Satellitenschüssel von sechs Meter Durchmesser angerichtet wurde. Das arabische Dorf ist wegen seiner Restaurants und vor allem wegen seines besonders guten Hummus bekannt. Zusammen mit einem israelischen Nachbarort stellt es auch eine arabisch-israelische Fußballmannschaft. Der Organisator des Unternehmens, Jaudat Ibrahim, kommentierte: »Ich bin glücklich, dass wir durch Hummus den

Gegenstand des Nahostkonflikts verändern können. Sich über Essen zu streiten ist besser, als sich über irgendetwas anderes zu streiten. Ich sage den Menschen in Libanon, Syrien, Jordanien und Ägypten: Ich weiß, dass die Situation schwierig ist, weil es keinen Frieden gibt. Ich würde es aber gerne haben, wenn es eines Tages geschehen würde, dass wir eine Schüssel mit 10 Tonnen Hummus zubereiten würden. Das könnten wir dann mit dem ganzen Nahen Osten teilen.« In der Tat bereiteten libanesische Köche einen Hummus-Brei von 10 452 kg zu. Zu einer Verbesserung der Beziehungen zwischen Israel und seinen Nachbarn kam es dadurch allerdings noch nicht.

Israelische und arabische Firmen stellen Hummus als Fertigprodukte her, die sie auf dem amerikanischen und europäischen Markt anbieten. Natürlich wird in den arabischen Staaten genauso wie in Israel von den Hausfrauen behauptet, dass nur frisch zubereitetes Hummus gegessen werden sollte und die Massenproduktion nie die Qualität eines häuslich zubereiteten Hummus auch nur annähernd erreichen könnte. In der Praxis aber findet der industriell hergestellte Kichererbsenbrei zahlreiche Kunden da wie dort. Eine weitere Volte des Hummus-Kriegs ist der Versuch libanesischer Produzenten, in der Europäischen Union Hummus als ein typisch libanesisches Produkt zu deklarieren. Damit hätte Hummus von israelischen Firmen auf dem europäischen Markt nicht mehr unter diesem Namen präsentiert werden können. Der Nahrungsmittelstreit bei den Behörden der Europäischen Union dauert immer noch an.

Falafel ist im Gegensatz zu Hummus ein Produkt, das möglichst frisch konsumiert werden sollte. Im Nahen Osten wie in Europa wird es in der Regel von kleinen Imbiss-Unternehmen angeboten. Es gibt Postkarten, auf denen eine Falafel-Kugel mit einer israelischen Flagge abgebildet ist. Bei offiziellen Einladungen israelischer staatlicher Institutionen wird Falafel regelmäßig gereicht und hat aus diesem Grund in Israel seinen Ruf als preiswertes und einfaches Gericht teilweise verloren. Zwar hat sich auch bei Falafel eine industrielle Produktion entwickelt. Die Zutaten werden dabei zusammengestellt und als Trockenprodukt verkauft. Die Konsumenten müssen sie jedoch anfeuchten, formen und schließlich frittieren. Angesichts der grundsätzlichen Ablehnung dieser Produkte durch Hausfrauen wie gastronomische Betriebe und deren Gäste hat sich hier aber bislang kein großer Markt entwickelt. Ein Falafel-Krieg ist also nicht zu erwarten.

Chefs for Peace

Neben dem Engagement von Jaudat Ibrahim in Abu Gosh soll auf die Organisation der »Chefs for Peace« hingewiesen werden. »Chefs for Peace« wurde im November 2001 in Jerusalem von dem dort geborenen armenischen Koch und Unternehmer Kevork Alemian gegründet. Er war zehn Jahre zuvor bei einer Slow-Food-Veranstaltung in Italien mit einem jüdischen und einem muslimisch-arabischen Koch zusammengetroffen. Die gemeinsame Arbeit in der Küche ließ das Verständnis füreinander wachsen, und so beschloss man, ein *non-profit*-Unternehmen zu gründen mit dem Ziel, auf der kulinarischen Ebene zu einer Verständigung zwischen den Angehörigen der verschiedenen Religionsgemeinschaften in Jerusalem beizutragen. Derzeit beteiligen sich neun christliche, jüdische und muslimische Chefköche an »Chefs for Peace«. Sie organisieren Veranstaltungen verschiedener Art, Treffen zum Essen in verschiedenen Restaurants, vor allem in Jerusalem und Israel, aber auch in europäischen Städten. Daneben machen die Mitglieder von »Chefs for Peace« ihre Gäste bei geführten Spaziergängen mit der kulinarischen Situation in Jerusalem bekannt.

Es ist zu hoffen, dass sich die Kontrahenten weniger auf quantitative Auseinandersetzungen wie in dem Hummus-Krieg konzentrieren, als vielmehr die Grundrezepte weiterentwickeln. Als Beispiel sei auf eine Falafel-Version von Silvena Rowe hingewiesen.

Mangold-Falafel

In 1 El Olivenöl eine kleingehackte rote Zwiebel, 2 Tl gemahlenen Kreuzkümmel, eine kräftige Prise Piment 3 bis 4 Min. andünsten, in eine kleine Schüssel geben und beiseitestellen. 500 g roten Mangold grob zerkleinert 2 Min. blanchieren und abgießen, abkühlen lassen und gründlich ausdrücken. 200 ml Milch zum Kochen bringen, Hitze reduzieren und weiter köcheln lassen. Nach und nach 100 g Kichererbsenmehl unter Rühren zugeben, bis eine geschmeidige Paste entsteht. 3 El Olivenöl zugeben, weiterrühren und erhitzen, bis sich die Masse von der Topfwand löst und ein Klumpen entsteht. Die Teigmasse abkühlen, dann die Zwiebeln, die Kichererbsen und den Mangold zugeben und gut durchkneten. Aus der Masse kleine Kugeln formen und einige Stunden im Kühlschrank durchziehen lassen. Die Bällchen 3 bis 4 Min. frittieren, mit einem Schaumlöffel herausholen und auf Küchenkrepp abtropfen lassen.

Silvena Rowe schlägt dazu eine Tahini-Zitronen-Sumach-Sauce vor:

3 El Tahini, 1 Tl gemahlenen Kreuzkümmel, den Saft von 2 kleinen Zitronen in einer Schüssel verrühren. Nach und nach 1 bis 2 El Wasser unterrühren, bis eine dickliche Creme entsteht, 2 gepresste Knoblauchzehen zugeben, salzen und pfeffern. Einen halben Tl gemahlenen Sumach mit 2 El Olivenöl vermischen und über die Sauce träufeln, mit 1 Tl schwarzen Sesamkörnern bestreuen.

Andere Konflikte um die Herkunft von Lebensmitteln

Eine ähnliche Auseinandersetzung gibt es neuerdings auf der zwischen Griechen und Türken geteilten Insel Zypern. Vor der Teilung der Insel 1974 war die Produktion von *Halloumi*, türkisch *Hellim*, bei beiden Bevölkerungsgruppen verbreitet. Der halbfeste Weichkäse wurde als gemeinsames zyprisches Nationalprodukt allgemein akzeptiert. Griechische und türkische Produzenten kooperierten bei der Herstellung und beim Verkauf. Seit 2015 wird von griechischer Seite immer vernehmlicher behauptet, dass es sich um ein griechisch-zyprisches Produkt handele. Als solches soll dafür auch europäischer Patentschutz in Anspruch genommen werden. Dagegen wehren sich die türkischen *Hellim*-Produzenten auf der Insel, weil sie dann ihre Produkte nur noch in der Türkei und vielleicht im Libanon vermarkten könnten. Dass Kulturhistoriker nachgewiesen haben, der Weichkäse sei schon im alten Ägypten hergestellt worden, macht die Situation nicht einfacher.

Auch in der Frage der gefüllten Weinblätter, *Dolma*, gibt es eine vergleichbare Kontroverse. Nach einem Bericht der »Süddeutschen Zeitung« herrscht zwischen Aserbaidschan und Armenien Streit über den Ursprung dieses Gerichts. Zwischen beiden Ländern besteht seit dem Ende der Sowjetunion eine erbitterte Feindschaft, wobei Aserbaidschan Armenien unter anderem Völkermord vorwirft. »In Aserbaidschan gibt es ganze Fernsehsendungen, in denen es darum geht, zu beweisen, dass es kein armenisches Gericht ist … In Armenien macht man umgekehrt das Gleiche.«

Nach einem Bericht von Epochtimes Europa ist auch die Erfindung der bekannten Süßigkeit *Kunāfa* umstritten. Mathilde Chèvre beschreibt die Herstellung des Crêpes-Teigs, der mit einer Mischung aus gemahlenen Mandeln, Zucker, Zimt und Orangensaft gefüllt und mit einem Zuckersirup mit Zitronensaft und Orangenschalen übergossen wird, sagt aber, dass die Zubereitung so aufwendig ist, dass das Dessert besser in einer arabischen Konditorei zu kaufen sei. Im Juli 2009 wurde im palästinensischen Nablus ein Weltrekord in der Herstellung der größten *Kunāfa*-Portion unternommen, bei der eine *Kunāfa* von

1765 kg und einer Länge von 74 Metern zubereitet und anschließend unter den Schaulustigen verteilt wurde. Zweck des Rekords war es nach Erklärung der Veranstalter, einen positiven Aspekt in das Bild Palästinas zu bringen. Zugleich ging es aber auch darum, *Kunāfa* als ein palästinensisches Gericht zu deklarieren und ägyptischen Behauptungen entgegenzutreten, es stamme aus dem Land am Nil. Zusätzlich mag es auch noch darum gegangen sein, dem Ansinnen, *Kunāfa* wie Hummus als israelisches Gericht zu reklamieren, einen Riegel vorzuschieben.

Neue Formen des Gärtnerns

Was als »Urban Gardening« seit einigen Jahren eine wachsende Anhängerschaft in den großen Städten der westlichen Welt gefunden hat, gibt es längst in den großen Städten des Orients. Diese Art von privatem Gärtnern wird zum Beispiel in Kairo betrieben. Die Metropole und die sie umgebende Region zählen vermutlich etwa 20 Millionen Einwohner. Die Bevölkerungszahl nimmt durch die hohe Geburtenrate und den Zuzug vom Land weiter zu. Zu den mit dieser demographischen Situation verbundenen Problemen gehört auch die Schwierigkeit, eine so große Anzahl von Menschen mit ausreichenden und dazu noch gesunden Nahrungsmitteln zu versorgen. Zwangsläufig kommt es immer wieder zu Engpässen. Es sind die einfachen ägyptischen Hausfrauen, von denen viele vom Land kommen, die versuchen, durch eigenes Gärtnern in der Stadt Abhilfe zu schaffen. In vielen Fällen leben die Familien dieser Frauen in mehrstöckigen Häusern, die dicht gedrängt in Kairos volkstümlichen Vierteln zu finden sind. Schon seit Jahrzehnten hielten manche Familien Hühner, sogar Schafe auf den flachen Dächern dieser Häuser. Die »Verländlichung« Kairos, die in der soziologischen Literatur regelmäßig diskutiert wird, wirkt sich also nicht nur im gesellschaftlichen Bereich aus, sondern auch im ganz praktischen wirtschaftlichen Handeln. Seit einigen Jahren legen Hausfrauen auf diesen Dächern auch kleine Gärten in Form von Hochbeeten an. Sie ziehen hier Kräuter wie Rosmarin, Minze, Petersilie, Basilikum sowie verschiedene Salatsorten, Tomaten oder Paprika. Die Beete werden meist auf tischhohen Ständern und durchlässigen Böden angelegt, damit das überschüssige Wasser ablaufen und mit einem geschickten System wieder aufgefangen und erneut verwendet werden kann. Die Ernten sind häufig so reich, dass die Hausfrauen einen Teil davon an Gemüseläden in der Nachbarschaft weitergeben können und auf diesem Vermarktungsweg ihr schmales Haushaltsgeld aufbessern. Männer beteiligen sich nur in seltenen Fällen an dieser Gärtnerarbeit. Frauen haben diese Tätigkeit dagegen schon vor ihrem Zuzug in die große Stadt in den Dörfern des Deltas oder des Niltals in traditioneller Bodenbearbeitung gepflegt.

Halāl als Wirtschaftsfaktor

Im ersten Jahrzehnt des 21. Jahrhunderts wurden nach einem Bericht der Sinologin Madlen Mählis an zahlreichen chinesischen Universitäten Mensen eingerichtet, in denen die Speisen gemäß den Vorschriften des islamischen Rechts zubereitet wurden. Dieses zusätzliche Angebot wurde von den Betreibern offensiv annonciert. Die Zahl der Muslime in China ist mit 27 Millionen größer als die von Ländern wie Tunesien, Syrien oder Saudi-Arabien. Mit einem Anteil von zwei Prozent an der Gesamtbevölkerung stellen die Anhänger des Islams aber doch eine winzige Minderheit dar. Umso erstaunlicher ist, dass Speisen in Großküchen *halāl* zubereitet werden. Eine Rolle mag spielen, dass *halāl* zubereitete Speisen als besonders gesund gelten. Zudem erfreuen sich vegetarische Gerichte unter den Speisen bei Muslimen häufig großer Beliebtheit. Beides mag vor allem für ein akademisches nicht-muslimisches Publikum in China von Bedeutung sein. Vor allem aber bieten große international operierende muslimische Lebensmittelproduzenten eine Vielzahl von Fertigprodukten und sogenannten »Convenience«-Gerichten an, die Betreiber von Großküchen gerne ihren Gästen anbieten.

Das Land, aus dem die meisten Produkte der muslimischen Lebensmittelindustrie weltweit exportiert werden, ist Malaysia. Die Firmen liefern auch nach China, das 2007 Investitionen im Umfang von 500 Millionen US-Dollar für die Entwicklung eines »Malaysia International Halal Park« beisteuerte. Vor allem aber liefert die malaysische Lebensmittelindustrie ihre Produkte in das benachbarte Indonesien, auf den indischen Subkontinent, in den Nahen Osten und zu den in Europa lebenden muslimischen Minderheiten, besonders in Großbritannien. Die systematische Organisation dieser muslimischen Lebensmittelproduktion in Malaysia wurde seit 1981 unter der Regierung von Premierminister Mahathir Mohamad staatlich gefördert und kontrolliert. Für die Kontrolle der Einhaltung islamischer Vorschriften bei der Lebensmittelproduktion sorgte ab 1982 das Department of Islamic Development Malaysia, das die entsprechenden *Halāl*-Bescheinigungen gegen einen offiziell festgelegten Gebührensatz ausstellt. Das Department of Islamic Development vergibt diese Bescheinigungen nicht nur für einheimische Produkte, sondern bestätigt auch die Vereinbarkeit mit den Vorschriften des islamischen Rechts für Waren aus der nicht-islamischen Welt. So gibt es ein *Halāl*-Zertifikat für Coca-Cola oder für einige Produkte des Schweizer Lebensmittelkonzerns Nestlé. Die Behörde kritisiert häufig den Umstand, dass in Europa private Einrichtungen oder Privatpersonen *Halāl*-Bescheinigungen für Lebensmittel ausstellten, denen aber die erforderlichen Kenntnisse für solch schwerwiegende Beurteilungen nicht selten fehlten, wie dem Islamic Food and Nutrition Council of America und dem Islamic Co-ordinating Council of Victoria, Australia. Die Konkurrenz beschränkt sich also nicht nur auf den wirtschaftlich enorm bedeutenden Markt der Produktion von *Halāl*-Lebensmitteln, sondern dehnt sich sogar auf die Ausstellung von *Halāl*-Bescheinigungen aus. Um welche Märkte es im internationalen Rahmen derzeit und in Zukunft geht, machte eine Erklärung der Australian Federation of Islamic Councils aus dem Jahr 2006 deutlich. Die etwa 1,4 Milliarden Muslime auf der Welt leben zu einem großen Teil in Regionen, in die Lebensmittel importiert werden müssten. Viele dieser Staaten hätten die höchsten Pro-Kopf-Einkommen der Welt und die am schnellsten wachsenden Mittelklassen. Zugleich handele es sich um Gesellschaften mit den weltweit stärksten Geburtenraten. In Zukunft sei also mit hohen Steigerungsraten bei der Nachfrage nach muslimisch einwandfreien Nahrungsmitteln und nach *Halāl*-Bescheinigungen zu rechnen.

Die Organisatoren der Vermarktung von *Halāl*-Produkten sehen in dem weltweiten Interesse von Muslimen auch eine Chance, eine Art von muslimischer Freihandelszone zu initiieren. Zu den in dieser Zone vermarkteten Waren sollen nicht nur Lebensmittel gehören, sondern auch Kosmetika, zahnmedizinische Produkte wie Zahnpasta, Medikamente, Kleidung, Bankprodukte, Versicherungen und Unterrichtsangebote. Auch diese müssten *Halāl*-Zertifikate erhalten. Die Befürworter einer solchen muslimischen Freihandelszone glauben, dass die weltweite Kritik am Islam und die wachsende Islamophobie nach dem 11. September 2001 einem muslimischen freien Markt den Boden bereiten. Denn durch die weit verbreitete negative Haltung gegenüber dem Islam wenden sich auch Muslime, die ihren Glauben weniger intensiv praktizieren, dem Konsum von *Halāl*-Produkten zu. Welche beträchtliche Marktmacht diese Konsumenten bedeuten, ist inzwischen auch den wichtigen nicht-muslimischen Akteuren des internationalen Handels deutlich geworden.

Über die engeren wirtschaftlichen Aspekte hinaus versteht die malaysische Regierung die staatliche Förderung von Produkten der muslimischen Lebensmittelindustrie als eine Möglichkeit, das Land als modern, fortschrittlich und islamisch von moderner Ausprägung darzustellen. Sie sieht damit auch die Möglichkeit, den in Malaysia praktizierten Islam als moderat bekannt zu machen. Malaysia ist es dabei durch die Einführung eines Logos für *Halāl*-Produkte offenkundig gelungen, seine Standards auf dem internationalen Lebensmittelmarkt für Muslime dauerhaft zu etablieren.

Dazu erläuterte der malaysische Premierminister Badawi aus Anlass der Eröffnung des Malaysia International Halal Showcase 2004: »Today we will mark the unveiling of a new standard for Malaysia – a Muslim standard for the world.« Mit seinen Ausführungen bezog er sich auf die

Herausgabe des Malaysian Standard MS 1500 des Department of Standards Malaysia. Darin sind allgemeine Vorschriften für die Produktion, Zubereitung, Behandlung und Lagerung von *Halāl*-Produkten zusammengestellt. Ziel dieser Vorgaben ist es auch, die Kooperation mit international operierenden Lebensmittelproduzenten zu erleichtern und zu verbessern.

Ein südostasiatisches Hühnergericht, das Einflüsse aus Indien ebenso aufweist wie solche aus dem Nahen Osten, kann als *halāl* gelten:

Nasi Kebuli

In einem Topf mit schwerem Boden 3 El Butter oder Öl erhitzen, 10 geschälte und kleingeschnittene Schalotten, 7 geschälte und fein gehackte Knoblauchzehen, Ingwer, geschält und fein gehackt, 1 Tl Koriander, 1 knappen Tl weiße Pfefferkörner, etwas Muskatnuss, ein Stück Zimtstange, 4 zerstoßene Kardamom-Kapseln, 2 Nelken, zerstoßenes Zitronengras, Galgant, Garnelenpaste und Sojasauce zugeben und kurz rösten. 500 g Hühnerfleisch, kleingeschnitten, ohne Haut und Knochen zugeben und bei großer Hitze braten, mit 250 ml Hühnerbrühe ablöschen, salzen und leicht kochen lassen, bis das Fleisch gar ist. Die Hühnerstücke mit einem Schaumlöffel herausheben und zur Seite stellen. 250 g Langkornreis in einen Topf geben, 250 ml Hühnerbrühe zugeben und kochen lassen. Den Topf zudecken und so lange köcheln lassen, bis der Reis fast gar ist. Das Hühnerfleisch zugeben und weiter kochen, bis der Reis endgültig gar ist. In einer Schüssel mit braun gebratenen Schalotten und 250 g kleingeschnittener Ananas servieren.

Neue *Halāl*-Konzepte

Seit etwa zwei Jahrzehnten entwickeln sich in den USA und in Kanada in den dort ansässigen muslimischen Gemeinschaften immer wieder neue Konzepte eines muslimischen Lebens, zu denen auch Regeln für Nahrungsmittel gehören. Als Beispiel sei auf die 2010 gegründete *Taqwa* Eco-Food Cooperative in Chicago hingewiesen. Das arabische Wort *taqwā* kann mit »Gottesfurcht« oder »Gottesgedenken« wiedergegeben werden, bezieht sich also auf die gesamte muslimische Lebensführung. Die *Taqwa* Eco-Food Cooperative verwendet also grundsätzlich nur solche Nahrungsmittel, bei denen die Regeln der »Bewahrung der Schöpfung« beachtet werden. Beim Fleisch werden nicht nur die Regeln der rituellen Form der Schlachtung beachtet, sondern auch, dass die Tiere artgerecht gehalten werden, die Produzenten einen fairen Preis und die mit der Tieraufzucht, der Schlachtung und der Verarbeitung von Fleisch beschäftigten Arbeiter einen fairen Lohn bekommen. Die Vertreter der *Taqwa* ergänzen daher den Begriff *halāl* mit dem Begriff *zabih*, abgeleitet von dem arabischen Wort *dhabīh*, was so viel wie »korrekt geschlachtet« bedeutet. In den Texten amerikanischer *Taqwa*-Organisationen ist in diesem Kontext häufig von *sustain* und *sustainability* die Rede. Bei Nachhaltigkeit geht es also nicht nur um Fleisch, sondern um alle Lebensmittel. Muslime sollten sich demnach bemühen, grundsätzlich lokale oder regionale Produkte zu kaufen und darauf zu achten, dass bei deren Produktion ökologische Prinzipien beachtet werden. Es sind nicht Rechtsgelehrte oder Imame, die diese Lebenshaltung vertreten, sondern Laien mit einer ganz persönlichen Interpretation der autoritativen Texte des Islams. Sie beziehen sich aber häufig auf Schriften des in den USA lebenden Iraners Seyyed Hossein Nasr (geboren 1933). Er ist Professor für Islamwissenschaft an der Georgetown University in Washington, D.C. Eine andere einflussreiche Persönlichkeit im muslimischen ökologischen Diskurs ist Ibrahim Abdul-Matin, der mit seinem Buch *Green Deen: What Islam Teaches about Protecting the Planet* von 2010 zu einem der wichtigsten Sprecher der muslimischen ökologischen Bewegung der USA geworden ist.

Auch in Deutschland entwickelt sich in jüngster Zeit in der muslimischen Minderheit die Tendenz, den *Halāl*-Begiff umfassender zu interpretieren, obwohl im Vordergrund weiterhin die Frage nach der rituellen Reinheit von Speisen und ihren Zutaten steht. Nach einer Meldung der »Süddeutschen Zeitung« vom 26. Juni 2014 beträgt die Kaufkraft allein der Gruppe von Muslimen mit türkischem Hintergrund in Deutschland circa 17,6 Milliarden Euro. Hinzu kommt das finanzielle Potenzial von in Deutschland lebenden Muslimen, die aus arabischen Staaten, aus Iran, Afghanistan und Pakistan stammen, um nur die größeren Gruppen zu nennen. Auch Muslime in Deutschland, die es mit ihrer Religion nicht sehr ernst nehmen, sind in Bezug auf Nahrungsmittel häufig eher konservativ. Sie achten darauf, nichts zu konsumieren, das mit Schweinefleisch in Verbindung gebracht werden kann. Das ist bei zahlreichen Lebensmitteln wie Salami, Joghurt oder Fruchtgummis aber nicht ohne weiteres zu erkennen. Lebensmittelgeschäfte, die sich an eine muslimische Kundschaft wenden, weisen mit dem Schriftzug *halāl* darauf hin, dass ihr gesamtes Angebot den muslimischen Speiseregeln entspricht. Einige große deutsche Lebensmittelproduzenten sind inzwischen dazu übergegangen, unter Hinweis auf die Übereinstimmung ihrer Produkte mit den Vorschriften des islamischen Rechts um Marktanteile der muslimischen Bevölkerung zu kämpfen. Aus muslimischer Sicht geht es zunehmend nicht nur um die rituelle Reinheit im engeren Sinn, sondern auch um eine gerechte und faire Gesamtproduktion und Nachhaltigkeit. So wird der *Halāl*-Begiff in Deutschland auf Kleidung, andere Textilien, Bankprodukte, Seifen und Parfüme, Spielzeug et cetera ausgeweitet. Interessant wird sein, ob Teile der nicht-muslimischen deutschen Bevölkerung die Bezeichnung *halāl* für Lebensmittel und andere Produkte als Gütesiegel empfinden.

Nahrungsmittel bei streng konservativen Muslimen in der Diaspora

Vor allem für die neo-salafistischen Gruppen in Europa steht die Frage der rituellen Reinheit von Nahrungsmitteln im Vordergrund. Der französische Islamwissenschaftler Olivier Roy sagt dazu: »Neofundamentalisten haben natürlich kein Interesse an Kochkunst und Küche. Alles, was *halāl* ist, ist gut, wobei Zutaten und Rezept keine Rolle spielen.« Dementsprechend interessieren sie sich auch nicht für die verschiedenen orientalischen Küchentraditionen. Eher nehmen sie die Unterschiede dieser Küchen als ein Zeichen für die mangelnde Einheitlichkeit der islamischen Gemeinschaft wahr, die überwunden werden sollte. Weil die rituelle Reinheit absolut im Vordergrund der Bewertung der Nahrungsmittel steht, haben Neo-Salafisten auch kein Problem damit, in Deutschland angebotenes Fast-Food zu konsumieren. Es kommt nicht auf die kulinarische Tradition oder eine spezielle Geschmacksrichtung an, sondern auf eine rituelle Norm. Gleichgültig ob Hamburger oder Falafel, entscheidend ist die Frage nach der rituellen Reinheit. Sie können sogar Coca-Cola trinken, auch wenn es in Frankreich Versuche gegeben hat, für den muslimischen Markt als Alternative »Mekka Cola« zu etablieren. Hinsichtlich der Speisen sind sie weniger sensibel als in Fragen der Kleidung, bei der sie sich zumindest in Westeuropa auf *invented traditions* beziehen wie das pakistanische *Salwar* oder *Kameez*, die den Zeitgenossen des Propheten Muhammad nicht bekannt gewesen sind. Nahrungsmittel bleiben dagegen aus der Sicht von Neo-Salafisten so lange ethisch und religiös neutral, wie sie nur als *halāl* angesehen werden können. Für sie ist damit der Nahrungsmittelmarkt kein religiöser Markt, sondern ein globaler.

Schluss

Essen und Trinken, in Familie, mit Freunden, Gastfreundschaft, Rituale, Feste sind seit jeher zentrale Themen in den orientalischen Literaturen; sei es vorislamische arabische Poesie, der Koran oder die Prophetentraditionen. In den umfangreichen Sammlungen arabischer, persischer oder türkischer Sprichworte finden sich viele kulinarische Beispiele. Der Literaturwissenschaftler Sabry Hafez hat sich einmal die Mühe gemacht, den Prozentsatz der auf Speisen oder Getränke bezogenen Sprichworte in den entsprechenden Sammlungen zu eruieren. Etwa zwanzig Prozent aller aufgeführten Proverbien handelten von Essen und Trinken! Das sind allgemeine sprichwörtliche Feststellungen wie: »Viel essen bedeutet nicht stark sein.« Oder: »Wenn du heute alles isst, was hast du dann morgen?« Es gibt aber auch Sprichworte, die sich auf bestimmte Nahrungsmittel und Zutaten beziehen: »Wenn du eine Mahlzeit mit Früchten am Tor eines Obstgartens findest, dann betritt ihn nicht.« Oder: »Wer mit der Bratensoße seines Nachbarn rechnet, wird die Nacht ohne Abendessen verbringen.« Auch in modernen orientalischen Literaturen wimmelt es nur so von kulinarischen Bezügen wie: »Brot und Salz« für eine Sammlung von Kurzgeschichten oder »Oliven und Datteln«. Orangen finden sich in Titeln wie dem der berühmten Novelle *Ard al-burtuqāl al-hazīn* (Land der traurigen Orangen) von Ghassān Kanafānī (1936–1972).

Zutaten und Speisen sind unverfängliche Unterhaltungsthemen unter Männern. Man kann so politischen Debatten oder konfessionellen Streitigkeiten aus dem Weg gehen. Lieber redet man über die Qualität eines neuen Restaurants oder über die Gerichte, die es beim letzten Fastenbrechen gegeben hat. Frauen bieten sie die Möglichkeit, auf ihre häusliche Kompetenz hinzuweisen. Andererseits kann indirekte Kritik an politischen Verhältnissen oder an der sozioökonomischen Situation eines Landes in Gespräche über Essen und Trinken eingewoben werden: »Zwei Männer stehen auf einer Anhöhe des Jabal Qasyūn über Damaskus. Der eine sagte: ›All die Schlote gehören zu Fabriken.‹ Der andere darauf: ›Nein, das sind Küchen!‹« Ein einfältiger Informant des allgegenwärtigen Geheimdienstes könnte darin kaum einen Angriff auf das herrschende Regime erkennen. Kritik an den politischen oder gesellschaftlichen Verhältnissen lässt sich auf diese Weise dennoch formulieren.

Das rege Interesse an kulinarischen Themen in orientalischen Gesellschaften verdankt sich auch der Tatsache, dass die ausreichende Verfügbarkeit von Nahrung, ja der Überfluss von Nahrungsmitteln, wie er sich in manchen westlichen Gesellschaften seit einigen Jahrzehnten feststellen lässt, in der Mehrzahl der orientalischen Gesellschaften nicht zu den allgemeinen Erfahrungen zählt. Von Hungersnöten infolge von kriegerischen Auseinandersetzungen oder klimatischen Katastrophen und nicht zuletzt von Spekulationen wird in den Quellen immer wieder berichtet. 639 soll es unter der Herrschaft des 3. Kalifen Omar Ibn al-Khattāb (regierte 634–644) auf der arabischen Halbinsel zu einer Hungersnot gekommen sein. Oft aber war fehlender Weizen als Grundnahrungsmittel nur ein regional eng begrenztes Problem. Bei bürgerkriegsähnlichen Zuständen im Baghdad des Jahres 814 hatte Brot nach dem Bericht des arabischen Universalhistorikers al-Masʿūdī (896–956) in Baghdads Westen den zwanzigfachen Preis im Vergleich zu den Preisen im Osten der Stadt. Der Grund war, dass der Westen von einem dichten Belagerungsring umgeben war, während die übrigen Stadtteile ohne Schwierigkeiten versorgt werden konnten. In Ägypten gab es zwischen 1064 und 1072 eine Folge von Missernten, die mehr als 10 000 Menschen das Leben kosteten. Zeitweise war die Hafenstadt Alexandria davon ausgenommen, weil sie aus Griechenland mit Weizen versorgt wurde. Als der zentralasiatische Herrscher Timurleng (gestorben 1405) sich aus Kleinasien zurückziehen musste, kam es dort zu einer Hungersnot. Schließlich soll einer der Gründe für den Volksaufstand in Syrien seit 2011 die knappe Versorgung mit Lebensmitteln gewesen sein.

Schon der Zugang zu trinkbarem Wasser ist in vielen Regionen keine Selbstverständlichkeit. Das Wasser musste von Brunnen über oft weite Strecken herbeigeschafft werden. In der Regel war und ist der Transport der schweren Tonkrüge voll Wasser Aufgabe der Frauen. In den Städten gab es bis in die Gegenwart Träger, die das Wasser in Ledersäcken verteilten. Manche verkauften gekühltes Wasser an durstige Passanten. Wasserleitungen zu einzelnen Häusern und Wohnungen sind erst eine Errungenschaft des späten 19. oder 20. Jahrhunderts.

Viele Haushalte in orientalischen Gesellschaften waren und sind bis heute in einem hohen Maße von schwankenden internationalen Lebensmittelmärkten abhängig und von den lokalen Erntemengen bei Grundnahrungsmitteln. Das fördert den Austausch über Konservierungstechniken oder die Zubereitung von speziellen, weniger üblichen Zutaten. In Marokko ist *Khlii* eine typische Art der Konservierung von Fleisch. Rindfleisch wird in lange Streifen geschnitten, kräftig gesalzen und zum Schutz vor Ungeziefer in Leinensäcken einen Tag lang mariniert. Dann wird es mit Gewürzen, Fett und Salz kräftig eingerieben und weitere 24 Stunden mariniert. Anschließend hängt man die Fleischstreifen über Tag in einem Leinensack zum Trocknen in die Sonne. Das kann mehrere Tage dauern. Die Säcke müssen also abends ins Haus gebracht werden, um sie nicht der Feuchtigkeit von Nacht und Morgen auszusetzen. Wenn das Fleisch ganz trocken ist, wird es in einer Öl- und Wassermischung gegart. Zur Aufbewahrung dienen Einmachgläser. Das Gericht steht in vielen marokkanischen Restaurants auf der Speisekarte. Wird es von einem Gast bestellt, finden die Kellner gerne eine Ausrede, warum sie es nicht servieren können. Entweder ist es für die Jahreszeit zu fett oder noch nicht fertig zubereitet. Man müsse es vorbestellen. Deshalb ist es ein beliebtes Thema unter Freunden. Die Erinnerung an schmackhafte oder seltene Speisen bietet gerade in Mangelsituationen eine Möglichkeit, die aktuellen Beschwernisse zu ertragen, die zugleich die Hoffnung auf eine Verbesserung verspricht.

Witzige Anekdoten über Essen und Trinken, Gedichte und natürlich die Kochkunst selbst sind Themen bei Tisch, sie sind Themen bei den langen Überlandfahrten in den Taxis und Bussen der zahlreichen Buslinien zwischen den großen Städten. Dabei entwickeln sich Wettbewerbe darum, wer die meisten Texte rezitieren kann. Besonders beliebt sind kurze Gedichte.

Sprichst Du von Gemüse und Fischen,
Bist Du aus ihrer Sicht ein Mensch von großem Wissen.
Sprichst Du über Dinge von Bedeutung,
bist Du Spaßverderber und Mensch mit langer Leitung.
(Sālih Ibn ʿAbd al-Quddūs, gestorben 738)

Sonne, Mond und Sterne
spiegeln in Flusswasser sich gerne.
Dann werden die Sonne ein Brot und die Sterne Eier
Und der Vollmond ein Büffelkäs' im Weiher.
(Ibn Sudūn, gestorben 1464)

Ein beliebter Streit dreht sich um die Frage, wo ein bestimmtes Gericht entstanden ist oder welcher Koch es besonders gut zubereitet. Solche Gedichte sind Teil der kommunikativen Traditionen des Orients. Das Teilen von Speisen aus dem Reiseproviant auf Überlandfahrten wie bei zahlreichen anderen Gelegenheiten schafft oder intensiviert Beziehungen. Der verbale und der konkrete kulinarische Austausch steht aber nicht bewusst unter diesem zweckbestimmten Aspekt. Er gehört zu den kulturellen Traditionen orientalischer Gesellschaften und wird von klein auf als eine positiv bewertete ethische Verhaltensweise erlernt und weitergegeben. Trotz des durch den Islam empfohlenen Maßhaltens auch im großzügigen Verhalten gegenüber jeder und jedem hat sich diese Grundhaltung vom Teilen nicht begrenzen lassen.

In den letzten Jahren hat in Deutschland die Zahl der Restaurants zugenommen, in denen orientalische Speisen angeboten werden. An erster Stelle stehen dabei türkische Imbisse und Gaststätten. Döner ist so beliebt, dass Rechtsradikale schon zu »Bockwurst statt Döner« aufrufen. Es gibt einige arabische Restaurants und zahlreiche Falafel-Imbisse. Die Zahl der persischen Restaurants ist immer noch sehr klein. Die Kulturhistorikerin Maren Möhring hat darauf hingewiesen, dass es den türkischen Restaurants noch kaum gelungen ist, die Kategorie der anspruchsvollen kulinarischen Angebote zu erreichen. Das ist auch bei arabischen und persischen Köchen in Deutschland der Fall. Gute arabische Köche in Deutschland arbeiten in italienischen Spitzenrestaurants. Maren Möhring erklärt das Fehlen anspruchsvoller orientalischer Restaurants mit dem immer noch geringen Ansehen der orientalischen Zuwanderergruppen in der deutschen Gesellschaft. Eine andere Ursache mag sein, dass sich auch die feine Küche in den Herkunftsländern immer noch sehr traditionell darstellt. Die Wiederentdeckung der osmanischen Palastküche durch türkische Köche ist ein Beispiel. Die *New Arabian Cuisine* ist bislang nicht mehr als ein Phänomen der absoluten arabischen Spitzengastronomie. Es wäre die Aufgabe der jungen Köche aus den Zuwanderergruppen in Deutschland, für eine Veränderung und Modernisierung ihrer traditionellen Küchen in ihren Herkunftsländern und in Deutschland zu sorgen.

»Das ist keine orientalische Höflichkeit«, kann man hören, wenn ein orientalischer Gesprächspartner verdeutlichen will, dass er es wirklich ernst meint. Das Wort von der »orientalischen Gastfreundschaft« ist dagegen seltener gebräuchlich. Stattdessen hört man: »Das ist bei uns so üblich.« Das Wort »orientalisch‹ wird zu Recht als eine Bezeichnung von außen aufgefasst. Der präpositionale Ausdruck »bei uns« ist offener. Er bedeutet: Jeder, der so handelt wie wir, der gastfreundlich ist, der Anteil gibt und Anteil nimmt, gehört zu uns. Großzügigkeit, zumindest im kulinarischen Bereich, ist Teil unserer Identität, unabhängig von nationaler, ethnischer, religiöser oder persönlicher Zugehörigkeit. Orientalische Gesellschaften waren über Jahrhunderte multinational, multiethnisch, multireligiös und sozial hochdifferenziert. Die vorhandenen nationalen, ethnischen, sozialen oder religiösen Grenzen wurden vor allem durch den kulinarischen Austausch besonders leicht und regelmäßig überwunden. Leider haben die kulinarischen Verbindungen die politischen und religiösen Verwerfungen und die gewaltförmigen

Konflikte des vergangenen Vierteljahrhunderts nur in wenigen Regionen überlebt. So bleibt nur die Hoffnung, dass sie sich in künftigen, friedlicheren Zeiten als Teil einer großen gemeinsamen Tradition rasch wiederherstellen lassen.

Verzeichnis der Rezepte

Zutaten

Aloe   Enthält einen sehr bitteren Saft, wirkt abführend. Heute wird vor Aloe als Nahrungsmittel gewarnt.

Ambra, auch **Amber**   Wachsartige Substanz aus den Eingeweiden des Pottwals, fett und von süßem Geruch, wurde im Mittelalter als Würzmittel im Orient, aber auch im Okzident als sehr teures Würz- und Stärkungsmittel und zur Parfümherstellung genutzt.

Betel   Unreife Nüsse der Betelpalme werden gehackt, mit gelöschtem Kalk vermengt und in die Blätter von Betelpfeffer, eines Pfeffergewächses, eingerollt; sehr bitter, daher wird es mit Pfefferminze oder Lakritze zusammen konsumiert. Durch das langsame Kauen entsteht ein leichter Rausch, wirkt gegen Müdigkeit.

Chili, auch **Cayenne-Pfeffer**   Schote aus Mittel- und Südamerika. In unterschiedlichen Schärfegraden im Gemüse- und Gewürzhandel erhältlich, sowohl frisch als auch getrocknet.

Curry   Gemeint ist damit meistens das Currypulver, eine für die indische Küche typische Gewürzmischung (hauptsächlich Kurkuma), und nicht die Blätter des Currybaums, die nach Limetten oder Mandarinen riechen.

Dattelsirup   Wird aus entsteinten Datteln gewonnen, die mit Wasser eingekocht und dann gefiltert werden. In Biomärkten und im Internet erhältlich.

Dill   Alte Gewürzpflanze. Verwendet werden vor allem die Spitzen, im Orient vielfältig gebraucht mit Reis, Fisch, Fleisch, Gemüsen und Hülsenfrüchten. Vor allem getrocknet erhältlich, lässt sich leicht ziehen.

Fenchel   Pflanze aus Indien. Die Knollen werden als Gemüse verwendet, das Fenchelgrün und der Samen dienen als Gewürze. Im Gemüse- bzw. Gewürzhandel erhältlich.

Galgant   Die Pflanze gehört zur Familie der Ingwergewächse und wird in Südostasien zum Würzen, aber auch als Heilpflanze benutzt.

Gewürznelken   Blüten des Nelkenbaums. Das alte Gewürz kam zunächst nur auf den Molukken vor und wurde durch die Araber nach Westen gebracht. Möglichst ganz gebrauchen, vorsichtig verwenden. Im Gewürzhandel erhältlich.

Ghee, auch Butterfett oder geklärte Butter   Die Butter wird leicht erhitzt, Wasser und Schaum werden abgeschöpft. Butterfett lässt sich stärker erhitzen als Butter.

Granatapfel, auch **Paradiesapfel**   Schwierig zu züchten, als Würzmittel wird vor allem der säuerliche Saft und der Sirup verwendet. Man kann den Saft durch Erhitzen eindicken. In Orientläden erhältlich.

Ingwer   Der Wurzelstock in Form einer Hand wird heute viel verwendet, beliebt auch als Tee.

Kampfer   Wird aus dem Harz und der Rinde des in Asien heimischen Kampfer-Baums gewonnen. Es wird vor allem als Medikament verwendet, diente aber auch zur Parfümierung von Speisen.

Kardamom (-Samen)   Altes Gewürz, ursprünglich aus Indien, wird auf Basaren als Kapsel angeboten, die geöffnet werden muss, um die für die Würzung verwendeten Samen zu erhalten. In Deutschland vor allem als Pulver erhältlich.

Kassie   Pflanze mit Zimtgeschmack, gilt als weniger delikat im Vergleich zu Zimt. Im Internet erhältlich.

Katharinenpflaumen, auch **Spilling**   Vor allem in Südeuropa vorkommend, mirabellenartig im Geschmack. Im Internet erhältlich.

Kermaner Kümmel, auch **Kreuzkümmel**, **Kumin** (*Bunium persicum*)   Sehr beliebtes Gewürz in allen Küchen des Orients. Im Gewürzhandel und Internet erhältlich.

Knoblauch   Allium-Gewächs von kräftigem Geschmack, wird mit und ohne Schale verwendet, von manchen Essern wegen seines nachhaltigen Dufts vermieden.

Koriander   Robuste Pflanze, bei der man die grünen Blätter ebenso verwenden kann wie die reifen Samen. Man sollte die Samen erst kurz vor dem Gebrauch zerreiben. Man kann die Pflanze selber anbauen.

Kreuzkümmel   siehe Kermaner Kümmel

Kumin   siehe Kermaner Kümmel

Kurkuma, auch **Gelbwurz**   Kann als Teil von Gewürzmischungen verwendet werden, harziger, leicht brennender Geschmack, wird vor allem als Färbemittel und zur Verlängerung von Safran verwendet. Im Gewürzhandel erhältlich.

Lorbeer   Blatt des Lorbeerbaums, kann frisch und getrocknet verwendet werden, entwickelt ein warmes Aroma, muss vor dem Essen aus den Gerichten entfernt werden.

Mastix Harzige Substanz von speziellem Geschmack, der an Tannennadeln erinnert. Im Internet erhältlich.

Minze Weit verbreitete Pflanze mit zahlreichen Arten (im Orient ist die Nana-Minze besonders häufig), in der Küche vor allem frisch verwendet, hat einen kühlenden Geschmack. Kann man selbst ziehen, verbreitet sich wie Wildkraut.

Moschus Stammt aus der Bauchdrüse des Moschustiers, sehr intensiver Duft, galt als ebenso kostbar wie Ambra.

Murrī Säuerliche Würzsauce der mittelalterlichen arabischen Küche. Zusammensetzung umstritten, wahrscheinlich aus Salzlauge, künstlich fauliger Gerste und verschiedenen Gewürzen.

Muskat Nuss (eigentlich Samenkern) eines immergrünen tropischen Baums, vielfältig verwendbar, sollte frisch gerieben werden. Vorsicht bei der Verwendung, kann leicht zu Überwürzung führen.

Narde Alte, schon in der Antike bekannte indische Pflanze, wurde zu weißem Fleisch verwendet, mit Baldrian vergleichbar. Im Internet erhältlich.

Pfeffer Allround-Gewürz von verschiedenen Sorten, im Mittelalter sehr teuer.

Quitten Kernobst, aus dem Marmeladen und Säfte hergestellt werden. Das Fruchtfleisch kann auch zu Fleischeintöpfen verwendet werden. Im Herbst in Obst- und Gemüsegeschäften erhältlich.

Raute Ein schon in der Antike bekanntes Gewürz. Verwendet wurden die Blätter für Fleisch-, Fisch- und Eierspeisen. Wegen seines an Wein erinnernden Geruchs auch Weinraute genannt.

Rosen (-blätter/-wasser) Blütenblätter, die ohne Bearbeitung oder kandiert benutzt werden können. Rosenwasser ist ein Destillat von Rosenblütenblättern. Getrocknete Blütenblätter und kandierte Rosenblütenblätter sind in Orientgeschäften zu erhalten, Rosenwasser in den Backabteilungen von Kaufhäusern.

Rosinen Getrocknete Weinbeeren, sollten vor der Verwendung gewässert werden, in verschiedenen Sorten (Sultaninen, Korinthen etc.) erhältlich.

Safran Teuerstes Gewürz der Welt, aus den getrockneten Narben des Safran-Krokus, von speziellem süßlichem Aroma, wird mit dem Duft von Moschus und Ambra verglichen, »macht den Kuchen gel(b)«.

Sumach Säuerliches Pulver aus den Früchten eines bestimmten Sumachbaums (*Rhus coriaria*). Da die Früchte anderer Sumachbäume giftig sind, sollte man es nur in Gewürzläden kaufen.

Tahini Paste aus den Resten der Gewinnung von Sesamöl. In Orientgeschäften erhältlich.

Thymian Mittelmeerkraut, das sich auch in Deutschland anbauen lässt, leicht süßlich und erdig.

Verjuice Saft von sauren Trauben (eigentlich »grüner Saft«), wird anstelle von Weinessig verwendet.

Zimt Altes orientalisches Gewürz, zartbitter im Geschmack, passt zu ganz unterschiedlichen Rezepten.

Zitronengras, auch **Lemongras** Die zu den Süßgräsern gehörende Pflanze wird vor allem in Ostasien benutzt.

Zeittafel

622	Hidschra und Entstehung des ersten muslimischen Staates
632–661	Zeit der rechtgeleiteten Kalifen und rasche Ausbreitung des muslimischen Staates
661–750	Dynastie der Omayyaden mit der Hauptstadt Damaskus
750–1258	Dynastie der Abbasiden mit der Hauptstadt Baghdad
756–1031	Omayyaden in Andalusien mit der Hauptstadt Córdoba
909–1171	Dynastie der Fatimiden in Nordafrika, Sizilien und Ägypten
1056–1147	Dynastie der Almoraviden in Nordafrika und Andalusien
1130–1269	Dynastie der Almohaden in Nordafrika und Andalusien
1169–1260	Dynastie der Ayyubiden in Syrien und Ägypten
1206–1526	Sultane von Delhi in Nordindien
1230–1492	Nasiriden in Andalusien mit der Hauptstadt Granada. Ende der muslimischen Herrschaft.
1250–1517	Mamluken in Ägypten
1300–1924	Dynastie der Osmanen in Nordafrika, dem fruchtbaren Halbmond, Vorderasien, Balkan
1501–1736	Dynastie der Safawiden im Iran, Hauptstadt Isfahan
1526–1858	Dynastie der Moghul-Herrscher in Indien, Hauptstädte Delhi, Lahore
1798	Besetzung Ägyptens durch Napoleon Bonaparte, Beginn des modernen europäischen Kolonialismus
1945–1955	Entkolonialisierung der muslimischen Staaten

Verwendete Literatur

Der Koran wird in der deutschen Übersetzung von Adel Theodor Khoury zitiert (Ausgabe Gütersloh: Gütersloher Verlags-Haus, 5. Aufl. 2007).

Abala, Ken: *Food in Early Modern Europe*, Westport, Conn. 2003

Abaza, Mona: *The Changing Consumer Cultures of Egypt. Cairo's Urban Reshaping*, Kairo 2006

Abaza, Mona: *The Cotton Plantation Remembered. An Egyptian Family Story*, Kairo 2013

Achaya, Konganda T.: *Indian Food. A Historical Companion*, Delhi 1994

Başan, Ghillie: *Classic Turkish Cookery*, London 1997 (deutsche Ausgabe: *Die klassische türkische Küche*, München 1998)

Başan, Ghillie und Jonathan: *Die orientalische Küche. 157 Gerichte aus Tausendundeiner Nacht*, München 2001

Bentzin, Anke: *Von der ersten in die zweite Heimat. Usbekische Migranten in Istanbul zwischen türkischer, türkistanischer und usbekischer Identität*, Würzburg 2013

Bickel, Walter: *Nationalgerichte aus aller Welt*, Gießen o. J.

Bolens, Lucie: *La cuisine andalouse, un art de vivre*, Paris 1990

Bolens, Lucie: *L'Andalousie du quotidien au sacré*, London 1991

Braun, Mathilde: *Die Führung der bürgerlichen und feinen Küche*, 15. Aufl., Lingen 1951

Brothwell, Patricia und Don R.: *Manna und Hirse. Eine Kulturgeschichte der Ernährung*, Mainz 1984

Chèvre, Mathilde: *Süßes aus dem Orient*, München 2000

Choueiry, Ramzi: *Chef Ramzis arabisches Kochbuch*, Hildesheim 2012

Davidis-Holle, Henriette: *Praktisches Kochbuch für die gewöhnliche und feinere Küche*, 43. Aufl., Bielefeld 1907

Degner, Rotraud: *Das Kochbuch fürs Leben*, Stuttgart 1957

Dusy, Tanja/Ronald Schenkel: *Indien. Küche und Kultur*, München 2005

Ehlert, Trude: *Das Kochbuch des Mittelalters. Rezepte aus alter Zeit*, Zürich 1990

Faroqhi, Suraiya: *Kultur und Alltag im Osmanischen Reich*, München 1995

Fischer, Johan: *The Halal Frontier. Muslim Consumers in a Globalized Market*, Basingstoke 2011

Flandrin, Jean-Louis/Massimo Montanari (Eds.): *Food. A Culinary History*, New York 1999

Fontane, F. C.: *Wie man in Berlin zur Zeit der Königin Luise kochte. Ein gastronomischer Beitrag nach im Jahre 1795 niedergeschriebenen Aufzeichnungen von F. C. Fontane*, Berlin 1903 (Reprint 1989)

Fragner, Bert G.: ›From the Caucasus to the Roof of the World: A Culinary Adventure‹, in: Sami Zubaida/Richard Tapper (Eds.): *Culinary Cultures of the Middle East*, London 1994, S. 49–62

Fragner, Bert G.: ›Social Reality and Culinary Fiction: The Perspective of Cookbooks from Iran and Central Asia‹, in: Sami Zubaida/Richard Tapper (Eds.): *Culinary Cultures of the Middle East*, London 1994, S. 63–71

Frembgen, Jürgen W. (Hg.): *Derwische und Zuckerbäcker. Bilder aus einem orientalischen Basar*, München 1996

Friedlander, Michael/Cilly Kugelmann (Hgg.): *Koscher und Co. Über Essen und Religion*, Berlin 2009

Gelder, Geert Jan van: *Of Dishes and Discourse. Classical Arabic Literary Representations of Food*, Richmond 2000

El Glaoui, Mina: *Ma Cuisine Marocaine*, Paris 1987

Goodwin, Godfrey: *The Janissaries*, London 1994

Goody, Jack: *Cooking, Cuisine and Class. A Study in Comparative Sociology*, Cambridge 1982

Goody, Jack: *Food and Love. A Cultural History of East and West*, London 1998

Gruschke, Andreas/Andreas Schörner/Astrid Zimmermann: *Tee. Süßer Tau des Himmels*, München 2001

Guinaudeau, Zette: *Fès vu par sa cuisine. Gastronomie Marocaine*, 9. Aufl., Saint Cloud 1976

Guinaudeau-Franc, Zette: *Les secrets des cuisines en terre Marocaine*, Paris 1981

Hage, Salma: *Die libanesische Küche*, Hamburg 2013

Halıcı, Nevin: *Das türkische Kochbuch*, Augsburg 1993

Halıcı, Nevin: *Sufi Cuisine*, London 2005

Harms, Florian und Lutz Jäkel: *Kulinarisches Arabien*, Wien 2004

Harris, Marvin: *Wohlgeschmack und Widerwillen. Die Rätsel der Nahrungstabus*, Stuttgart 1988

Al Hashimi, Miriam: *Traditional Arabic Cooking*, Reading 1993

Hattox, Ralph S.: *Coffee and Coffeehouses. The Origins of a Social Beverage in the Medieval Near East*, Seattle 1985

Heine, Peter: *Weinstudien. Untersuchungen zu Anbau, Produktion und Konsum des Weins im arabisch-islamischen Mittelalter*, Wiesbaden 1982

Heine, Peter: *Kulinarische Studien. Untersuchungen zur Kochkunst im arabisch-islamischen Mittelalter*, Wiesbaden 1988

Heine, Peter: *Food Culture in the Near East, Middle East, and North Africa*, Westport, Conn. 2004

Heise, Ulla/Beatrix Freifrau von Wolff Metternich (Hgg.): *Coffeum wirft die Jungfrau um. Kaffee und Erotik in Porzellan und Grafik aus drei Jahrhunderten*, Leipzig 1998

Hundsbichler, Helmut (Red.): *Kommunikation zwischen Orient und Okzident. Alltag und Sachkultur*, Wien 1994

Husain, Salma: *Nuskha-e-Shahjahani. Pulaos from the Royal Kitchen of Shah Jahan*, New Delhi 2004

Hutton, Wendy (Red.): *So kocht Indonesien. Eßkultur und Originalrezepte der Gewürzinseln*, Gütersloh 1997

İlkin, Nur/Sheilah Kaufman: *The Turkish Cookbook. Regional Recipes and Stories*, London 2012

Jäkel, Lutz: *Dubai – New Arabian Cuisine*, Neustadt 2006

Jaourhari, Alain: *Marokko. 90 Originalrezepte*, München 2005

Kitchen, Leanne: *Pişmek. Kochen auf Türkisch. Geschichten und Rezepte aus dem Land am Bosporus*, München 2012

Küster, Hansjörg: *Am Anfang war das Korn. Eine andere Geschichte der Menschheit*, München 2013

Lewicka, Paulina B.: *Food and Foodways of Medieval Cairenes. Aspects of Life in an Islamic Metropolis of the Eastern Mediterranean*, Leiden 2011

Lovatt-Smith, Lisa: *Moroccan Interiors*, München 1995

Lutz-Auras, Ludmilla/Pierre Gottschlich (Hgg.): *Aus dem politischen Küchenkabinett. Eine kurze Kulturgeschichte der Kulinarik*, Baden-Baden 2013

Mählis, Madlen: ›Eating gingzhen in China‹. Master-Thesis at London School of Oriental and African Studies. Nicht gedruckt, 2011

Marín, Manuela/David Waines (Eds.): *Kanz al-fawā'id fī tanwī'al-mawā'id* (Medieval Arab/Islamic Culinary Art), Beirut 1993 (Neudruck Berlin 2010)

Marín, Manuela/David Waines (Eds.): *La Alimentación en las culturas islámicas. Una collección de estudios*, Madrid 1994

Marín, Manuela/Cristina de la Puente (Eds.): *El banquete de las Palabras: La alimentación en los textos árabes*, Madrid 2005

Martino da Como: *The Art of Cooking*. Engl. Übersetzung von Jeremy Parzen, Berkeley 2005

al-Mausilī, Zubaida, u.a.: *Min fann al-tabkh al-sa'ūdī*, 4. Aufl., Jidda 1990

Mintz, Sidney W.: *Die süße Macht. Kulturgeschichte des Zuckers*, Frankfurt/M. 1995

Möhring, Maren: *Fremdes Essen. Die Geschichte der ausländischen Gastronomie in der Bundesrepublik Deutschland*, München 2012

Morse, Kitty: *Rezepte aus der Kasbah*, München 1999

Moryoussef, Viviane et Nina: *La cuisine juive marocaine*, Paris 1983

Müller, Christa: *Wurzeln schlagen in der Fremde. Die internationalen Gärten und ihre Bedeutung für Integrationsprozesse*, München 2002

Nasrallah, Nawal: *Delights from the Garden of Eden. A Cookbook and a History of the Iraqi Cuisine*, Bloomington, Ind. 2003

Peschke, Hans-Peter von/Werner Feldmann: *Das Kochbuch der Renaissance*, Düsseldorf 1997

Peter, Peter: *Kulturgeschichte der italienischen Küche*, 2. Aufl., München 2007

Platina, Bartolomeo: *Platina, on Right Pleasure and Good Health. A Critical Edition and Translation of De honesta voluptate et valetudine by Mary Ella Milham*, Tempe, Ariz. 1998

Reimers, Britta (Hg.): *Gärten und Politik. Vom Kultivieren der Erde*, München 2010

Roden, Claudia: *Die Küche des Vorderen Orients*, München 1982

Roden, Claudia: *The New Book of Middle Eastern Food*, New York 2000

Roden, Claudia: *Arabesque. 180 orientalische Rezepte*, München 2007

Rowe, Silvena: *Granatapfel, Sumach und Zitrusduft. Die schönsten Rezepte aus der nahöstlichen Küche*, Aarau 2011

Roy, Olivier: *Der islamische Weg nach Westen. Globalisierung, Entwurzelung und Radikalisierung*, München 2006

Sauner-Nebioglu, Marie-Hélène: *Evolution des pratiques alimentaires en Turquie: Analyse comparative*, Berlin 1995

Schievelbusch, Wolfgang: *Das Paradies, der Geschmack und die Vernunft. Eine Geschichte der Genußmittel*, München 1980

Seidel-Pielen, Eberhard: *Aufgespießt. Wie der Döner über die Deutschen kam*, Hamburg 1996

Serjeant, Robert B. / Roland Lewcock (Eds.): *San'ā, an Arabian Islamic City*, London 1983

Taneja, Meera: *Pakistani Cookery*, London 1985

Tariq, Zubeida: *From Zubeida Tariq's Kitchen*, Lahore 2005

Teuteberg, Hans Jürgen/Gerhard Neumann/Alois Wierlacher (Hgg.): *Essen und kulturelle Identität. Europäische Perspektiven*, Berlin 1997

Titley, Norah M. (Ed. and Transl.): *The Ni'matnāma Manuscript of the Sultans of Mandu*, London 2005

Trummer, Manuel: *Pizza, Döner, McKropolis. Entwicklungen, Erscheinungsformen und Wertewandel internationaler Gastronomie, am Beispiel der Stadt Regensburg*, Münster 2009

Al-Tujībī, Ibn Razīn: *Fadālat al-khiwān fī tayyibāt al-taʿām wa l-alwān*, ed. Muhammad Benchekroun, Rabat 1981

Unger, Andreas: *Von Algebra bis Zucker. Arabische Wörter im Deutschen*, Leipzig 2006

Vámbéry; Hermann: *Sittenbilder aus dem Morgenlande*, Berlin 1876

Waines, David: *In a Caliph's Kitchen. Mediaeval Arabic Cooking for the Modern Gourmet*, London 1989

Al-Warrāq, Ibn Sayyār: *Annals of the Caliph's Kitchens*. English Translation by Nawal Nasrallah, Leiden 2007

Watson, Andrew M.: *Agricultural Innovation in the Early Islamic World. The Diffusion of Crops and Framing Techniques, 700 – 1100*, Cambridge 1983

Westrip, Joyce: *Moghul Cooking. India's Courtly Cuisine*, London 1997

Wierlacher, Alois (Hg.): *Gastlichkeit. Rahmenthema der Kulinaristik*, Berlin 2011

Wilkins, John/David Harvey/Mike Dobson (Eds.): *Food in Antiquity*, Exeter 1995

Wolfsgruber, Linda: *Pistazien und Rosenduft. Die Kunst der persischen Küche*, Wien 2007

Zeller, Benjamin E./Marie W. Dallam/Reid L. Neilson/Nora L. Rubel (Eds.): *Religion, Food, and Eating in North America*, New York 2014

Peter Heine, geboren 1944, lehrte an den Universitäten in Münster und Bonn und war bis 2009 Professor für Islamwissenschaft an der Humboldt-Universität zu Berlin. Unter anderem erschienen von ihm *Halbmond über deutschen Dächern* (München 1997); *Allah und der Rest der Welt* (Frankfurt 2000); *Terror im Namen Allahs* (Freiburg 2001); *Schauplatz Irak* (Freiburg 2002). Bei Wagenbach erschien in Zusammenarbeit mit Hans J. Nissen *Von Mesopotamien zum Irak. Kleine Geschichte eines alten Landes bis heute.*

Lesen und Kochen Sie weiter

Alice Vollenweider   Italiens Provinzen und ihre Küche
Eine Reise und 88 Rezepte

Eine Reise durch Italien und seine höchst verschiedenen regionalen Küchen mit vielen Rezepten und anderen nützlichen Hinweisen auf Leute, Orte, Unterhaltungen. Von einer großen Kennerin der heutigen italienischen Schriftsteller und Kochtöpfe.

SVLTO. Rotes Leinen. Fadengeheftet. 160 Seiten und mit vielen Abbildungen

Alice Vollenweider   Die Küche der Toskana
Eine Reise durch ihre Regionen mit passenden Rezepten

Alice Vollenweider wirft einen unterhaltsamen und fundierten Blick in die Mutter aller Kochtöpfe: Eine Reise in die Toskana, zu Köchen und ihren Leibgerichten.

SVLTO. Rotes Leinen. Fadengeheftet. 144 Seiten und mit vielen Abbildungen

Françoise Hynek / Peter Urban-Halle   Jahreszeiten der französischen Küche
Eine kulinarische Reise mit 77 Rezepten

Für zwei Dinge – so sagt man – lassen sich die Franzosen und Französinnen gerne viel Zeit: für die Liebe und fürs Kochen. Dieses schön gestaltete Kochbuch führt mit vielen Anekdoten und Rezepten genüsslich durch Frankreichs Jahreszeiten und Regionen.

SVLTO. Rotes Leinen. Fadengeheftet. 168 Seiten

Luciano Valabrega   Puntarelle & Pomodori
Die römisch-jüdische Küche meiner Familie

Luciano Valabrega, römischer Künstler, Dichter und passionierter Koch, hat mit den traditionellen Gerichten seiner jüdischen Familie auch seine Erinnerungen an das Leben im Rom des Faschismus und der Nachkriegsjahre aufgeschrieben. Ein ungewöhnliches, überreiches Kochbuch voller Geschichten.

Aus dem Italienischen von Marianne Schneider
SVLTO. Rotes Leinen. Fadengeheftet. 144 Seiten

Lesen Sie weiter

Michael Axworthy   Iran
Weltreich des Geistes

Axworthy führt in großem Bogen und zugleich detailreich durch drei Jahrtausende iranischer Kulturgeschichte. Ein längst fälliger Einblick in eine wenig bekannte Region.
Aus dem Englischen von Gennaro Ghirardelli
Sachbuch. Gebunden mit Schutzumschlag. 352 Seiten

Nilüfer Göle   Europäischer Islam
Muslime im Alltag

Moscheebau? Kopftuch? Scharia? Die letzten Jahre waren geprägt von kontroversen Debatten über den Islam. Nilüfer Göle geht ihnen auf den Grund, indem sie mit den Menschen spricht, die diese Fragen angehen – von Köln bis Sarajevo, von Istanbul bis Paris.
Aus dem Französischen von Bertold Galli
Sachbuch. Klappenbroschur. 304 Seiten

William Montgomery Watt   Der Einfluß des Islam auf das europäische Mittelalter

Eine kurze und allgemeinverständliche Einführung in die islamische Kultur und ihre prägende Rolle für die Geburt der Wissenschaften in Europa.
Aus dem Englischen von Holger Fließbach. Mit einem Vorwort von Ulrich Haarmann
WAT 420. 128 Seiten

Peter Heine / Hans J. Nissen   Von Mesopotamien zum Irak
Kleine Geschichte eines alten Landes bis heute
Zwischen Euphrat und Tigris entstanden die ersten Städte, das erste Gesetz, die erste Schrift. Heute versinkt die Wiege der Menschheit in einem blutigen Chaos. Der jahrhundertealte Konflikt zwischen Sunniten und Schiiten zerstört das von den USA aufgezwungene brüchige System ebenso wie ein immenses kulturelles Erbe.
WAT 732. 224 Seiten

Lesen Sie weiter

Istanbul   Eine literarische Einladung

Zur Entdeckung der einzigartigen Topographie und Kultur der türkischen Metropole laden diese Texte ein.

SVLTO. Rotes Leinen. Fadengeheftet. 144 Seiten

Ryad Assani-Razaki   Iman

Ein hochaktueller, aufwühlender Roman über das Leben dreier Straßenkinder in Afrika. Ein Buch über Freundschaft und Liebe, Hass und Verrat. Assani-Razaki zeigt unvergesslich, was Menschen dazu bewegen kann, alles hinter sich zu lassen und ihr Leben einem Boot zu überantworten, mit Kurs auf Europa.

Aus dem Französichen von Sonja Finck. WAT 750. 320 Seiten

Saphia Azzeddine   Bilqiss

Die junge Witwe Bilqiss soll gesteinigt werden, weil sie anstelle des (betrunkenen) Muezzin zum Morgengebet gerufen hat und zudem (bewiesenermaßen) Make-up, Stöckelschuhe und sogar einen Lyrikband besitzt …

Aus dem Französischen von Birgit Leib
Quartbuch. Gebunden mit Schutzumschlag. 176 Seiten

Amara Lakhous   Scheidung auf islamisch in der Via Marconi

Christian alias Issa soll eine terroristische Zelle aufdecken und gerät dabei in erhebliche Kalamitäten. Wie soll er der drohenden Gefahr auf die Spur kommen, wenn er Safia vor rassistischen Pöbeleien und seinen marokkanischen Mitbewohner Mohamed vor der Polizei schützen muss?

Aus dem Italienischen von Michaela Mersetzky. WAT 685. 256 Seiten

Wenn Sie mehr über den Verlag und seine Bücher wissen möchten, schreiben Sie uns eine Postkarte oder elektronische Nachricht (mit Anschrift und E-Mail). Wir informieren Sie dann regelmäßig über unser Programm und unsere Veranstaltungen.

Verlag Klaus Wagenbach   Emser Straße 40/41   10719 Berlin
www.wagenbach.de   vertrieb@wagenbach.de

© 2016 Verlag Klaus Wagenbach, Emser Straße 40/41, 10719 Berlin
www.wagenbach.de

Umschlaggestaltung: Julie August unter Verwendung eines Fotos von einem
orientalischen Mosaik in Usbekistan © Konstantin Kalishko / depositphotos.
Gesetzt aus der Minion Pro und der Gill Sans von Denise Sterr. Vorsatz-
material von Winter & Company und Einbandmaterial von Bamberger Kaliko.
Gedruckt auf Kamiko. (Der Verlag dankt Schleipen für die freundliche Bereit-
stellung.) Gebunden bei Pustet, Regensburg. Printed in Germany.

ISBN: 978 3 8031 3661 9